2020

国家统一法律职业资格考试系列用书

命题人讲主观题

民 法

命题预测+考点精讲+典型真题+模拟金题

桑 磊 ◎ 主编
张作华 ◎ 编著

图书在版编目（CIP）数据

命题人讲主观题．民法/桑磊主编．
—北京：中国经济出版社：中国石化出版社，2020.4
2020国家统一法律职业资格考试系列用书
ISBN 978-7-5136-6073-0

Ⅰ.①命… Ⅱ.①桑… Ⅲ.①民法—中国—资格考试—自学参考资料 Ⅳ.①D92

中国版本图书馆CIP数据核字（2020）第036674号

策划编辑	崔姜薇
责任编辑	王建昌
责任印制	马小宾
封面设计	任燕飞装帧设计工作室

出版发行	中国经济出版社
印 刷 者	北京柏力行彩印有限公司
经 销 者	各地新华书店
开　　本	710mm×1000mm　1/16
印　　张	16.25
字　　数	350千字
版　　次	2020年4月第2版
印　　次	2020年4月第1次
定　　价	46.80元

广告经营许可证　京西工商广字第8179号

中国经济出版社 网址 www.economyph.com 社址 北京市东城区安定门外大街 邮编100011
本版图书如存在印装质量问题，请与本社销售中心联系调换（联系电话：010-57512564）

版权所有　盗版必究（举报电话：010-57512600）
国家版权局反盗版举报中心（举报电话：12390）　　服务热线：010-57512564

>> PREFACE 前｜言

法考元年，考试主管机关经过多年酝酿，最终将考试分为客观题和主观题两个阶段，将主观题从司考时代的第四卷独立为一个阶段的考试，分值也从150分增至180分，同时考场上配备法律法规汇编，实现了客观题考查基础知识、主观题考查能力的不同分工，彰显了主管机关不断推进考试改革的决心。至今为止的实践表明，这项改革措施极大增强了考试的科学性，将法律职业人才的考试选拔工作向前推进了一大步。

一、主观题考试的特点

根据多年的相关经验，在"2018年桑磊法考主观题保过班"上，本人即预测了主观题考试的四大特点，即理论性、融合性、开放性和限缩性。

（一）**理论性显著增强**。主观题考试考查考生运用法律知识解决实际问题的能力，在一定程度上，可以说就是考查理论深度。

（二）**融合性突出**。出现两学科甚至多学科的交叉融合考查，是主观题试题形式上的最大变化。其分两个层次：①民法与民诉结合、刑法与刑诉结合，甚至民法与商法、民诉结合。②再进一步，将民法、刑法、行政法结合，或者与司法制度、法律文书结合。

（三）**开放性进一步得到体现**。司考时期只有第四卷第七题是开放性试题，无标准答案，评阅时实行"双评"。法考时期，开放性试题会增多，允许有多个答案，只要言之有理、有理有据即可。

（四）**限缩性趋势明显**。这一特点主要在于主观题考试题量的变化方面，即法考主观题考试可能在原来卷四基础上增加一两道融合性试题，也可能减少题量。法考未来的趋势是主观题数量会减少，通过少量的论述题即可考查考生的能力。

从2018年和2019年两届考生的普遍反馈来看，上述四大特点基本得到了验证，特别是融合性和限缩性两个方面。在融合性方面，出现了一道"大民事"综合性试题，融合考查了民法、商法、民事诉讼法三科的相关知识要点；在限缩性方面，全卷只有6道试题，其中两道选做题择一，考生实际上只需做五道试题，与司考时代第四卷相比，题量减少了两道试题。

二、主观题考试趋势分析

2020年及之后的主观题考试会怎样考查呢？本人认为有以下几点值得强调：

一是融合性继续扩大。在连续两年出现一道综合性大题之后，2020年及之后会加大考查力度，有可能增加此种类型题目的命题数量，或者出现融合三大实体法的试题。

二是限缩性进一步增强。多学科综合性试题增多之后，无须增加题量即可达到考查的目的，所以题量的长远趋势是继续削减。我国的法考改革借鉴了大陆法系国家的成熟经验，从大陆法系国家的通行做法来看，只需少量试题即可实现对考生法律实际运用能力的考查。

三是主观性逐步强化。主观题之所以为主观题，是因为无论在考查目的上还是试题形式上，都与客观题明显不同。其中的一个显著特点是提问的笼统性，并且往往只设置极少提问，如司考时期只设置了一问的刑法主观题（2017年、2015年、2014年、2009年）和卷四第七题，这样才能真正考查考生的分析能力。而传统的、设有很多小问的案例分析大题并不是真正意义上的主观题，那样更类似客观题，其并不能实现主观题考试的测试目的。因此，长远来看，主观题的问题设置数量应该减少，答案也将会更加开放。

根据以上主观题考试命题趋势，本人特意组织前命题人团队编写了本套用书。其中，撰写每个科目的作者老师均具有丰富的命题经验，他们在书中为大家分析了本学科的命题规律和趋势，提炼了解题思路，详细阐述了主观题考点，并从近十年的主观题中精选出典型试题进行了深入剖析。最后，每科为大家提供了3~5道高质量的模拟试题，其中有两科甚至多科的融合性试题，希望大家反复认真练习，力争掌握解题的诀窍。

需要特别强调的是，由于司法部不再公布法考试题，而考生对2018年和2019年主观题真题的需求较为强烈，为此，本人组织各位前命题人搜集了网上多个版本的考生回忆资料，在此基础上，按照真题的标准进行了精心改造和复原，最终的成果应该比较接近2018年和2019年主观题真题的原貌，特收入本书第三部分，以飨广大读者。

另外，对于书中的经典真题和模拟试题，各科目的作者老师还分别录制了配套的微课讲解视频，大家在书中试题的位置手机扫码关注"桑磊法考"公众号即可免费观看。自2020年4月开始，本人也会组织各科老师为大家带读2020年主观题考点内容，届时敬请广大读者关注"桑磊法考"微信公众号。

由于成书仓促，错误之处在所难免，恳请大家指正。

最后，预祝大家2020年度能够顺利通过主观题考试，圆梦法考！在法考之路上，我们将和大家同行！

桑 磊

2020年4月

CONTENTS 目录

第一部分　命题人讲命题 …………………………………………………… 1
第二部分　命题人讲考点 …………………………………………………… 5
 考点1　民事法律关系 …………………………………………………… 5
 考点2　法人与非法人组织的责任承担 ……………………………… 11
 考点3　法律行为 ………………………………………………………… 13
 考点4　代理制度 ………………………………………………………… 19
 考点5　诉讼时效的适用范围 ………………………………………… 23
 考点6　物权的变动 ……………………………………………………… 26
 考点7　所有权的特别取得制度 ……………………………………… 33
 考点8　共有制度 ………………………………………………………… 41
 考点9　物权的保护 ……………………………………………………… 44
 考点10　用益物权 ……………………………………………………… 48
 考点11　抵押权 ………………………………………………………… 51
 考点12　质权 …………………………………………………………… 62
 考点13　留置权 ………………………………………………………… 67
 考点14　混合担保、担保竞合、非典型担保 ……………………… 70
 考点15　债的履行与债的消灭 ………………………………………… 76
 考点16　债权保全与债的相对性 ……………………………………… 86
 考点17　债的移转与债的同一性 ……………………………………… 90
 考点18　保证担保 ……………………………………………………… 95
 考点19　合同的解除 …………………………………………………… 102
 考点20　违约责任 ……………………………………………………… 106
 考点21　买卖合同 ……………………………………………………… 112
 考点22　赠与合同 ……………………………………………………… 121
 考点23　借款合同 ……………………………………………………… 122

考点 24	租赁合同	125
考点 25	融资租赁合同	128
考点 26	建设工程合同	130
考点 27	委托合同	133
考点 28	夫妻财产关系	134
考点 29	遗产继承	143
考点 30	侵权行为的客体（人格利益）	148
考点 31	侵权责任归责原则	156
考点 32	数人侵权	160
考点 33	侵权责任的承担	162
考点 34	特殊侵权主体	170
考点 35	产品侵权与医疗损害责任	174
考点 36	机动车交通事故责任	177

第三部分　典型真题解析 ········ 180

- 2019 年 ········ 180
- 2018 年 ········ 185
- 2017 年 ········ 194
- 2016 年 ········ 201
- 2015 年 ········ 207
- 2014 年 ········ 213
- 2008 年 ········ 220

第四部分　命题人模拟金题 ········ 227

- 论述题 ········ 227
- 案例分析题（一） ········ 232
- 案例分析题（二） ········ 237
- 案例分析题（三） ········ 241
- 案例分析题（四） ········ 246

第一部分 命题人讲命题

2018年开启"国家统一法律职业资格考试"新时代,即"法考时代"。法考与以前的司考最大的区别就是实行"主客观分离",即考试分为两大部分——客观题考试与主观题考试,二者分设不同的试卷、针对不同的考生、在两个不同的阶段实施。在这种分离模式下,主观题的命题内容和考查目的具有相对的独立性,不再因与客观题置于同一套试卷而受当年客观题的"整体性""关联性"之约束。同时,司考时代卷四的民法部分明显呈现"客观化"特征——简单、直接、法条依赖性强!而法考时代主观题卷的考试受众是经历客观题基础知识的复习准备、通过第一阶段考试的考生,因此其考查层次、考查目的更高,考题的"主观性"愈来愈名副其实!这样一种重大的模式改革背景下,我们可以对法考时代的主观题命题趋势进行合理研判,并对备考策略进行有效指引。

一、命题规律与趋势

(一)既往命题规律

2008—2019年民法主观题考点

年份	民法部门	分值	考点及分值分布
2019 (26)	总则	4分	法人的人格独立与人格否认(4)
	债与合同	11分	债的保全撤销(5);以物抵债协议(6)
	物权法	6分	票据质押的效力(6)
	婚姻法	5分	夫妻共同债务的认定(5)
2018 (30)	总则	6分	表见代理(2);表见代表(2);法定代表人的变更(2)
	债与合同	20分	合同成立(2)合同解除权(2)委托合同任意解除(6);民间借贷的特殊担保(4);建设工程合同优先权(6)
	物权法	4分	不动产物权担保(4)
2017 (22)	债与合同	11分	民间借贷中的买卖型担保(5);租赁合同(3);买卖风险分担(3)
	物权	6分	混合担保(1);质权的消灭(1);不动产所有权变动(4)
	其他	5分	个人独资企业的投资人责任承担(2);财产保险合同(3)
2016 (22)	债与合同	6分	无权处分合同的效力(3);租赁合同(2);不当得利(1)
	物权	10分	让与担保(4);特殊动产的物权登记(3);留置权(3)
	侵权	3分	机动车交通事故责任(2);替代责任(1)
	其他	3分	涉及破产的诉讼纠纷管辖和申请执行(3)

续表

年份	民法部门	分值	考点及分值分布
2015（21）	总则	3分	离婚损害赔偿请求权的时效（3分）
	债与合同	6分	预约合同的强制履行（3分）；买卖合同的瑕疵担保义务（1分）；违约责任（2分）
	物权	10分	预告登记的效力（3分）；物权变动的区分原则（3分）；混合担保（2分）；担保人的追偿权（1分）；房产登记的撤销（1分）
	婚继	2分	夫妻共有财产的处分（2分）
2014（22）	总则	6分	恶意串通（3分）；表见代理（3分）
	债与合同	9分	合同变更（6分）；情势变更（3分）
	物权	4分	基于法律行为的不动产物权变动（4分）
	侵权	3分	共同侵权（2分）；职务侵权（1分）
2013（22）	债与合同	14分	次承租人的代位清偿请求权（3分）；出租人的适租义务（3分）；出租人对租赁物的维修义务（3分）；房租租赁合同装饰装修费用的处理（3分）；违约责任（2分）
	侵权	8分	过错侵权（2分）；产品责任（2分）；用人单位责任（1分）；过失的判断（3分）
2012（22）	总则	2分	民事法律关系（2分）
	债与合同	14分	无名合同（2分）；免责的债务承担（3分）；违约责任（3分）；合同相对性和违约责任（3分）；实践性合同（3分）
	物权	6分	抵押权的物上代位性和物权优先受偿权（3分）；物权的优先效力（3分）
2011（19）	总则		
	债与合同	12分	合同效力（2分）；不安抗辩权（4分）；约定解除权（2分）；合同效力（1分）；连带债务（1分）；违约金（2分）
	物权	7分	动产浮动抵押（2分）；共同抵押物权法（2分）；物权法定原则（2分）；物权区分原则（1分）
2010（20）	总则	3分	无权代理（3分）
	债与合同	11分	合同的效力（1分）；在途货物买卖合同的风险负担（2分）；合同的相对性（2分）；违约金与定金（3分）；无权处分合同的效力（3分）
	物权	6分	基于法律行为的动产物权变动（2分）；一物数卖（1分）；善意取得（3分）
2009（22）	债与合同	15分	不定期租赁合同的期限与解除（3分）；租赁物的维修（3分）；无名合同（2分）；租赁物的改造及费用承担（3分）；共同居住人的继续租赁权（3分）；违约责任（1分）
	物权	3分	占有回复请求权（3分）
	侵权	4分	雇主责任（1分）；定作人责任（1分）；侵权责任（2分）

续表

年份	民法部门	分值	考点及分值分布
2008 (23)	总则	1分	合伙责任（1分）
	债与合同	11分	违约金酌减（2分）；一房二卖法律后果、履行不能（3分）；法定解除权、解除的法律后果（3分）；违约责任（2分）；建设工程款的支付（1分）
	物权	6分	保证方式的推定（3分）；建设用地使用权抵押（3分）
	侵权	5分	雇主责任（2分）；物件致害归责原则（3分）

通过对近十年民法主观题部分的考点及分值统计，可以看出，主观题的命题范围集中在合同法与物权法部分，占比达80%以上；且均以案例分析形式设题。这对法考时代主观题的命题仍具有重要的参考意义。法考元年（2018年）及次年（2019年），主观题与客观题分离之后，民法部分的考查点仍然集中在合同法与物权法部分（2019年扩展到夫妻财产关系）。当然，这一命题传统范围的基本维持，表明在法考改革初始的过渡期，考试组织者持谨慎态度，即在考生体验和社会接受度还不明朗的情形下，在改革者尚处于探索调研的背景下，不宜过度变革。而且，2019年的主观题加大了对考生主观性、能动性的考查，将理论争议纳入考查，并使答案具有明显开放性。

（二）2020年命题趋势

2020年，变革与探索仍不会停止。2020年的主观题命题趋势仍可以合理把握。

1. 理论性加强

真正体现主观题之"主观"性，考题将深度涉及民法基本原理、理论争议共识。据此，答案将具有一定的开放性、灵活性，允许并鼓励考生合理地自圆其说。

2. 综合性加大

考查重点虽然会以传统的合同法、物权法为主，但可能辅以民法总则、侵权责任法以及婚姻继承法的综合考查。同时注意实体法与程序法的贯通、一般法与特别法的融合，也即民商融合。

3. 考题模式不变

基本延续案例分析题模式，仍然以案例材料+提问（判断+理由）。有可能会尝试"结合某一案例事实，阐述某一重要民法原理"，或请考生"结合民法相关原理，谈谈对本案件的处理意见"。

4. 回避单纯法条考查

每小题的理由部分将会对相关法条的内涵、立法趣旨的深度理解予以考查，并重点考查考生通过应用法律、司法解释处理案件和评价案件处理结果的能力。

二、备考策略

我们建议 2020 年参加主观题考试的考生，注意以下几个方面：

（一）认真阅读并厘清案件事实

在阅读案情材料时，或以时间为线索，或以人物为线索，或以标的物为线索，将案例所涉法律关系梳理清楚。利用简图、简表精准掌握案情事实，初步预测并标注"题眼"。

（二）捕捉命题意图，有的放矢

这一点特别需要考生在做模拟题时，逐渐培养自己的"猜度"能力。成功破解命题人的意图，试题往往迎刃而解。

（三）解题要求

对于案例分析题，要做到要点清晰，逻辑清楚，语言精练。对于论述题，要做到围绕问题，段落分明，将要点清单化，切忌"一段到底"，堆砌字码。

最后，祝大家能够顺利通过主观题考试！

第二部分 命题人讲考点

考点1 民事法律关系

命题分析

"民事法律关系"是民法内容体系的构架骨干,也是解析具体民事案例的有效工具。在主观题卷中,该知识点虽然不会直接设题考查,但是会成为考生民法素养的检测依据,也会为考生做好主观题案例分析提供方法论上的有力支撑。

从考试角度来看,本知识点需要掌握民事法律关系的识别、民事法律关系的静态要素(民事权利)和动态要素(法律事实)。民事权利的救济与民事责任也需要从宏观上加以把握。

考点解析

一、民事法律关系的识别

民事法律关系,指民事主体之间依据一定民事法律事实产生、以民事权利和民事义务为内容的社会关系,是民法对平等主体之间的人身关系和财产关系加以调整的结果。正确识别民事法律关系,既是民事主体主张实体权利的前提,也是民事法庭受理民事纠纷的依据。

(一)从重要特征上识别民事法律关系

相较于其他法律关系,民事法律关系具有以下主要特征:

1. **主体具有平等性**

作为民事主体的自然人、法人和非法人组织,其间的法律地位一律平等,不存在从属、管理或支配关系。这是民事法律关系的前提条件,也是私法本质特征的体现。

2. **内容具有实体性**

民事法律关系实质上就是民事权利义务关系,欠缺实体权利义务的法律关系无法言说、不可捉摸、殊难想象。民事权利与民事义务相辅相成。民事义务一般与民事权利相对应而存在，也是民事权利行使与利益实现的基础；民事责任则是民事义务履行的强制保障。

3. 发生具有事实性

民事法律关系总是基于一定民事法律事实而产生、变更或消灭。民法之所以要调整这类私的社会关系，主要是因为出现了法律规范所认可的民事法律事实，推动了这种关系的产生和变动。不同的法律事实，会产生不同的民事法律关系。

（二）从易混法律关系中识别民事法律关系

1. 民事法律关系与行政法律关系

行政法律关系是指行政主体和行政相对人依据行政法产生的权利义务关系。比如征收、征用、罚款、责令停产停业。民事法律关系中，双方地位是平等的；行政法律关系中的当事人一方是代表国家公权力的行政主体，与行政相对人地位并不平等。**识别的关键是厘清代表国家公权力的组织或个人在所涉法律关系中以何种身份参与，即需要识别国家公法人格与私法人格的不同体现。**

> **注意：** 国有土地使用权出让、政府采购、国家赔偿等仍属于私法意义上的民事法律关系。

2. 民事法律关系与好意施惠关系

好意施惠，泛指社会生活中出于相互帮助、增进情谊，但行为人之间无意产生民法上权利义务约束关系的无偿约定或承诺。常见类型包括：①搭乘便车；②自愿管理他人事务；③顺便提供劳务；④一般活动邀约等。该类社会关系一般属于道德关系，但通过一定的转化情节，有可能产生侵权责任关系或其他债权债务关系。

二、民事法律关系的动态要素——法律事实

民事法律事实是指符合民事法律规范，能够引起民事法律关系发生、变更、消灭的客观现象。它是从动态视角认识民事法律关系的关键。民事法律事实是民事法律关系的发动机，是判断民事法律关系是否发生的基础。在法律职业资格考试中，通常涉及民事法律事实的认定，是民事法律关系类型化的依据，是案例分析的"万能钥匙"，具有重要的法律实践意义。考生应重点掌握法律事实的类型化，详见下表：

类型	依据	再分类及法效依据	具体类型
事件	不受意志决定	事件（效果法定）	①人的出生；②人的死亡；③自然灾害；④社会事件；⑤不当得利
		状态（效果法定）	事实状态的持续。如失踪状态、占有状态、权利不行使状态等
行为	受意志决定	法律行为（效果意定）	①单方行为（遗嘱、抛弃、单方允诺）；②双方行为（合同）；③共同行为（合伙协议、团体章程协议）
		事实行为（效果法定）	①发现埋藏物、隐藏物；②拾得遗失物、漂流物、走失动物等；③无主物先占；④创作、发明、发现；⑤生产消费；⑥加工添附；⑦无因管理；⑧侵权
其他事实	公法	效果法定	①司法裁判行为（仅限于形成性裁判）；②行政行为（征收、征用、登记、收缴、扣押）

三、民事法律关系的静态要素——民事权利

（一）概说

民事权利是民事主体所享有特定利益上的法律之力。
（1）主体所享有的特定利益：人身利益、财产利益、行为可能性。
（2）法律之力：法律确认；法律保障（保护与救济）。
（3）民事权利+民事法益——合法利益受保护。

（二）民事权利的分类

按照不同的分类标准，民事权利可以做如下分类：

分类标准	权利类型
按照是否具有实体利益	①实质性权利；②非实质性权利
按照权利体现的实体利益性质	①财产权；②人格权与身份权
按照权利的功能作用	①支配权；②请求权；③形成权；④抗辩权
按照权利的效力范围	①绝对权；②相对权
按照权利之间相互关联	①主权利；②从权利

【说明】

1. 实质性权利与非实质性权利

（1）实质性权利，指具有实体利益内容的权利，如财产权、人格身份权。《民法典》确认的18种权利均属于实质性权利。实质性权利还可以按照属性进一步分为绝对性权利和相对性权利。

（2）非实质性权利，通常是基于实质性权利的内容、效力而衍生出来的制度性工具，无实体利益，仅具有资格性、工具性、权能性等意义。如监护权、代理权、支配权、请求权、抗辩权、撤销权、追认权等权利。

2. 财产权与非财产权——实质性权利的再分类，依据是实体利益的两种属性

（1）财产权指以具有经济价值的利益为客体的权利。财产权可以评价，可以转让。以权利的效力和内容为标准，财产权可以划分为物权、债权、知识产权、股权、继承权等。

（2）非财产权是与权利主体的人格、身份不可分离的，没有直接经济利益的权利。非财产权包括人身权和其他非财产权。人身权是以人身要素为客体的权利，可以进一步划分为人格权和身份权。其他非财产权，如自然人信息权等。

3. 支配权、请求权、形成权、抗辩权——学理分类，依据实体权利的权能或行使方式

（1）支配权是对权利客体进行直接的排他性支配并享受其利益的权利。支配权的行使无须其他人积极的配合，只要容忍、不行使同样的支配行为即可。人身权、物权等都是支配权。

（2）请求权是特定人得请求特定他人为一定行为或不为一定行为的权利，请求权人对权利客体不能直接进行支配，其权利的实现有赖于义务人的协助，没有排他效力。债权是典型的请求权。

（3）形成权是依权利人单方意思表示就能使法律关系发生、变更或消灭的权利。撤销权、解除权、追认权、抵销权、选择权等都属于形成权。

> **重点法条**：《民法典》第 515 条：债务标的有多项而债务人只需履行其中一项的，债务人享有选择权；但是，法律另有规定、当事人另有约定或者另有交易习惯的除外。享有选择权的当事人在约定期限内或者履行期限届满未作选择，经催告后在合理期限内仍未选择的，选择权转移至对方。
>
> 《民法典》第 516 条：当事人行使选择权应当及时通知对方，通知到达对方时，债务标的确定。确定的债务标的不得变更，但是经对方同意的除外。

> **相关法条**：《民法典》第 199 条：法律规定或者当事人约定的撤销权、解除权等权利的存续期间，除法律另有规定外，自权利人知道或者应当知道权利产生之日起计算，不适用有关诉讼时效中止、中断和延长的规定。存续期间届满，撤销权、解除权等权利消灭。
>
> 《民法典》第 564 条：法律规定或者当事人约定解除权行使期限，期限届满当事人不行使的，该权利消灭。
>
> 法律没有规定或者当事人没有约定解除权行使期限，自解除权人知道或者应当知道解除事由之日起一年内不行使，或者经对方催告后在合理期限内不行使的，该权利消灭。

（4）抗辩权是能够阻止请求权效力的权利，抗辩权主要是针对请求权的，通过行使抗辩权，一方面可以阻止请求权效力，另一方面可以使权利人拒绝向相对人履行义务。合同中的同时履行抗辩权、不安抗辩权等都属于抗辩权。

4. 绝对权与相对权

（1）绝对权是权利效力所及相对人为不特定人的权利。绝对权的义务人是权利人之外的一切人，又称"对世权"。物权、人格权属于绝对权。

（2）相对权是权利效力所及相对人仅为特定人的权利，相对权的效力只及于特定的义务人，故又称"对人权"。债权就是典型的相对权。

（三）民事权利行使

权利行使是指具体实现民事权利内容的行为，将可能的民事权益变为现实。

1. 行使方式

（1）法律行为之方式（如出卖、出租）；

（2）事实行为之方式（占有、使用、消费）；

（3）积极方式（用益、抛弃）；

（4）消极方式（维持现状、不行使）。

> **注意**：怠于行使权利≠滥用权利。

2. 民事权利行使之限制原则

（1）权利不得滥用：以有害他人的方式或目的行使权利。

（2）不得违背诚信：以违背诚实守信的道德原则行使权利。

（3）不得违反公序良俗：以违反强制保护的公共利益行使权利。

> **注意**：违反后果：行为无效；承担责任。

（四）民事权利的救济

1. 概念

无救济则无权利，民法对民事权利的保护，首先体现在救济机制上。民法许可民事主体在一定条件下依靠自身强制力量实施自力救济，但更倡导权利人采用公力救济手段。

2. 类型

（1）公力救济

公力救济是权利人通过行使诉权，诉请法院依民事诉讼和强制执行程序保护自己权利的措施，是保护民事权利的主要手段，在能够援用公力救济的场合，排除自力救济的适用。比如诉讼、仲裁、执行等。

（2）自力救济

自力救济是权利人依靠自己的力量捍卫自己权利的行为，包括自卫行为和自助行为。自卫行为包括紧急避险和正当防卫等；自助行为主要指债权人及时维护债权实现，对债务人实施人身限制和财产扣押、毁损的行为。

> **重点法条：**【自助救济】《民法典》第1177条：合法权益受到侵害，情况紧迫且不能及时获得国家机关保护，不立即采取措施将使其合法权益受到难以弥补的损害的，受害人可以在必要范围内采取扣留侵权人的财物等合理措施；但是，应当立即请求有关国家机关处理。
>
> 受害人采取的措施不当造成他人损害的，应当承担侵权责任。

自力救济只有在来不及适用公力救济而权利被侵犯或者有被侵犯的现实危险时，才允许被例外适用，它只是公力救济的有限补充；而且自力救济不得超过一定的限度，超过限度的，构成侵权。

（五）民事责任

1. 概念

民事主体违反民事义务应当承担的民事法律后果。它是民事权利实现的强制保障。

2. 特征

（1）民事性：民事责任与行政责任、刑事责任应予以区分；并存时以民事责任优先。

（2）义务违反性：以违反民事义务为前提。

（3）填补性：民事责任原则上是对损害后果的补救，使其恢复到原有水平；无损害无救济，也无责任。禁止利用他人过错行为更多获利，体现"救济主义"。责任竞合择一主张。

（4）强制性：可以自动承担、请求承担，但最终强制承担（以国家强制力为保障）。事后可放弃、协商，即具有一定的任意性。

（5）可归责性：兼具行为非难功能，以过错责任为主，以无过错责任为例外。

3. 分类

分类依据	责任形态
责任发生的根据	合同责任、侵权责任与缔约责任
承担内容的财产性	财产责任与非财产责任
财产责任的承担范围	无限责任与有限责任
承担主体的数量	单独责任与共同责任
共同责任的承担方式	按份责任、连带责任与不真正连带责任
过错归责原则	过错责任、无过错责任和公平责任

4. 民事责任的减免——《民法典》规定

（1）第180条：不可抗力免责，主要指不能履行民事义务的，不担责。

（2）第181条：正当防卫不担责。但防卫过度，适当担责。

（3）第182条：紧急避险由引起险情者承担民事责任。但避险过度，适当担责。

（4）第183条：见义勇为自损，侵权人担责；受益人可以补偿。没有侵权人、侵权人逃逸或者无力承担民事责任，受害人请求补偿的，受益人应当给予适当补偿。

（5）第184条：因自愿实施紧急救助行为造成受助人损害的，救助人不承担民事责任。

考点2　法人与非法人组织的责任承担

命题分析

民事主体分为两大类型：自然人和组织体。作为自然人的结合体，组织体在民事生活，尤其在市场经济中扮演越来越重要角色。民法对其法律地位的塑造既参照自然人，又有别于自然人，相关法律规则有其特殊性。作为民事主体的组织体又分为法人组织与非法人组织，其法律地位的界定与民事责任的承担是法考中重要的考查点。相关法律机制背后的法理基础也是法考主观题考查切入点。需要重点关注设立中的"法人"的法律地位及其责任承担、法定代表人的代表关系与其他职务人员的代理关系、法人合并与分立后的责任承担以及非法人组织的责任承担问题。

考点解析

一、设立中的"法人"的法律地位及其责任承担

（一）法人资格取得

需办理登记的，领取企业法人营业执照之日起取得法人资格；不需登记则从设立时取得。未取得资格之前，按照"合伙性组织"处理。

> **重点法条**：《民法典》第58条：法人应当依法成立。法人成立的具体条件和程序，依照法律、行政法规的规定。设立法人，法律、行政法规规定须经有关机关批准的，依照其规定。

（二）设立过程中发起人（设立人）的责任（《民法典》第75条）

（1）设立成功的，为设立法人从事的民事活动，其法律后果由法人承担。

（2）法人未成立的，其法律后果由设立人连带承受（包括违约责任、侵权责任、对认股人已缴股款本息的返还责任）。

（3）间接代理责任：设立成功的，设立人为设立法人以自己的名义从事民事活动产生的民事责任，第三人有权选择请求法人或者设立人承担。

二、法人的法律地位及其责任承担

（一）"法人三独"特征

所谓"法人三独"，即法人具有独立人格、独立财产和独立责任。法人人格独立于组成法人的设立人、投资人、管理人。法人对出资财产享有独立的所有权，出资人仅享有投资收益权。法人以其全部财产对外独立承担责任。法人成员仅以其出资为限对法人的债务承担责任。

法人"人格否认"适用情形：营利法人的出资人滥用法人独立地位和出资人有限责任，逃避债务，严重损害法人的债权人利益的，应当对法人债务承担连带责任（《民法典》第83条）。

（二）法定代表人的责任承担——"代表关系"（《民法典》第61条、第62条）

法定代表人参与民事活动的法律后果直接由法人承受。法人章程或者法人权力机构对法定代表人代表权的限制，不得对抗善意相对人。

法定代表人因执行职务造成他人损害的，由法人承担民事责任。法人承担民事责任后，依照法律或法人章程的规定，可以向有过错的法定代表人追偿（追偿属于内部问题）。

（三）其他职务人员的责任承担——"代理关系"（《民法典》第162条、第1191条）

法人的其他工作人员对外以法人的名义从事民事活动时属职务代理行为，成立委托代理关系；由法人承担代理行为的法律后果。若履行职责构成侵权，也由被代理人责任。【法理同"单位责任"】

三、法人合并与分立后的责任承担（《民法典》第67条）

为了避免法人组织通过合并与分立的形态变化逃避责任，损害债权人的利益，民法特别规定了法人合并与分立后的责任承担机制。

（1）企业法人分立合并的，应经债权人同意或向债权人提供担保或提前清偿。

（2）由合并、分立后的公司承受原债权债务（分立后的当事人连带承受）。

（3）分立当事人内部协议，不得对抗第三人，但债权人参与协议者除外。

（4）分立合并均不导致清算发生（因为其债权债务已依法处置）。

四、非法人组织及其责任承担

（1）非法人组织是不具有法人资格，但是能够依法以自己的名义从事民事活动的组织。非法人组织包括个人独资企业、合伙企业、不具有法人资格的专业服务机构等。

（2）设立条件：非法人组织应当依照法律的规定登记或经设立批准（注意区别于普通民事合伙、设立中的法人）。

（3）拥有相对独立的财产，对外首先应当以自己的财产承担责任。

（4）不能完全独立承担民事责任。当非法人组织不能清偿到期债务时，应由该非法人组织的出资人或者开办单位承担无限、连带责任（《民法典》第104条）。

（5）法人分支机构的地位与责任（《民法典》第74条）：

①法人可依法设立分支机构。分支机构不具有独立的法人地位，属于法人的组成部分。

②分支机构以自己的名义从事民事活动，产生的民事责任由法人承担；也可以先以该分支机构管理的财产承担，不足以承担的，由法人承担。

考点3　法律行为

命题分析

民事法律行为是民事主体通过意思表示设立、变更、终止民事法律关系的行为。法律行为制度是民法的基石性制度，它是法律关系的引擎；是意思自治的工具；是对公权强制的博弈；也是民法原理的精髓所在。法律行为的实质就是意思表示行为，具有复杂的内部构造和深刻的理论基础。因此，该知识点也一定是法考主观题考查理论宽度和深度的重要依据，同时也能用于考查考生运用基础理论判断实务中合同、承诺、遗嘱、结婚等效力的实践能力。命题的重点在于意思表示的内部构造及瑕疵状态、影响法律行为效力的一般因素和特殊因素。

考点解析

一、意思表示

（一）概述

意思表示是指行为人将意图发生一定私法上效果的内心意思，以一定的方式表达于外部的行为。它由目的意思、法效意思及表示行为三要素组成。意思表示是法律行为的核心要素，决定法律行为的成立与效力。《民法典》专设"意思表示"一节，将以往的民法理论学说法律化，体现立法者对基本法理的接受和认可。

（二）意思表示的形态、方式、生效及解释

形态	含义	相对人	方式	生效规则	规则适用	解释规则
明示	以文字、语言、网络数据、特定体态语言进行明确表示	特定相对人	双方对话	了解主义	相对人知道时生效	表示主义：有相对人，按照所用词句，确定表示含义
		特定相对人	双方非对话	到达主义	未指定特定系统的，相对人知道或者应当知道该数据电文进入其系统时生效	
		不特定相对人	双方不对话	发出主义	广告、公开悬赏等公布时生效	
		无相对人	单方不对话	作出主义	所有权抛弃、立遗嘱等表示完成时生效	意思主义：无相对人，不拘泥词句，探求真意
默示	积极作为	特定相对人	双方不对话	—	法律推定	无明确词句，无须解释
	消极沉默				依法律规定、当事人约定或者交易习惯时，可以视为意思表示【注意：《民法典》第1124条规定了"放弃继承或受遗赠的默示表示"】	

重点法条：【相对人不特定的单方法律行为】《民法典》第499条：悬赏人以公开方式声明对完成特定行为的人支付报酬的，完成该行为的人可以请求其支付。

【默示行为】《民法典》第1142条：遗嘱人可以撤回、变更自己所立的遗嘱。立遗嘱后，遗嘱人实施与遗嘱内容相反的民事法律行为的，视为对遗嘱相关内容的撤回。

（三）意思表示瑕疵及其撤销

（1）概述：意思表示由内心意思与外部表示所构成，意思与表示不一致或者意思表示不自由，产生非真实意思表示，即为意思表示瑕疵。瑕疵原因包括：①虚伪表示；②错误表示；③欺诈表示；④胁迫表示；⑤显失公平表示。相关行为的法律后果或无效，或可撤销。

（2）虚伪表示，无效；而隐藏行为可以有效。【新增一种瑕疵，但不属于可撤销】

（3）错误表示，要求"重大误解"；单方行为也可撤销；除斥期间3个月（为了保护相对人的信赖利益）。

（4）欺诈表示，受欺诈方有权撤销；除斥期间1年；第三人欺诈须相对人知情。

（5）胁迫表示，受胁迫方有权撤销；包括第三人胁迫；自胁迫行为终止之日起1年内撤销。

（6）一方利用对方处于危困状态、缺乏判断能力等情形，致使民事法律行为成立时显失公平的，受损害方有权撤销。除斥期间1年。

（7）撤销权受双重期间限制。先看短时（1年或3个月），再看长时（5年）。注意起算点。当事人自民事法律行为发生之日起5年内没有行使撤销权的，撤销权消灭。

（四）法律行为能力

1. 概述

行为能力是指民事主体通过独立的法律行为行使民事权利、履行民事义务的能力。其核心为"意思能力"，即行为人认识、判断、识别自己行为性质、后果的能力。它是法律行为效力的重要依据。价值趣旨在于尊重意思自治、保护弱者利益、维护交易安全。民法按照"年龄＋智力发育、精神状态"标准，将法律行为能力分为三种状态：①无能力；②限制能力；③完全能力。

> **注意**：法律行为能力制度与非法律行为无关，如与侵权行为、无因管理行为等无关。

2. 行为能力与法律行为效力（《民法典》第18~22条）

（1）无民事行为能力人，不能独立实施任何有效法律行为！需要代理人代为实施。

（2）限制行为能力人：
①可独立实施纯获利益的法律行为；或与其年龄、智力相应的法律行为。

②其他行为可被代理、同意、追认。
③其他行为独立实施的，原则为无效，如遗嘱行为、合伙行为等。

> **重点提示**：欠缺行为能力人实施的重要合同行为，如果确定未被催告、未被追认或被拒绝追认的，应以"自始绝对无效"对待，而非所谓"效力待定"。

二、法律行为的效力

法律行为效力判断是各类民法考试设题的必备选项。民事主体依照意思自治原则成立的法律行为，是否能获得法律的认可，产生其所预期的法律后果，达到自己的行为目的，取决于民法对当事人所实施行为的有效认可。法律为了凸显对意思自治的尊重，原则认可已成立的法律行为的有效性，而谨慎适用无效判断机制管控当事人的自治行为，同时通过补正机制和部分无效机制，最大限度对交易秩序与交易效益进行维护。考生在要求判断合同、遗嘱、婚姻等行为效力时，既要通盘考量各种影响行为效力的法定因素，也要领会立法者、司法者在效力判断机制设计上的当代价值取向。

（一）法律行为的有效要件

当事人自治完成的意思表示行为获得了法律的肯定性评价；法律赋予法律行为以拘束力，并容许产生行为人预期的民事法律后果，此谓有效的法律行为，其要件具体包括：

（1）行为能力——达标（私益要件，但具有公益性）。

（2）意思表示——真实（自愿、一致；私益要件，仅导致一般效力瑕疵）。

（3）行为内容——合法（典型公益要件；不违反法律法规的强制性规定；不违背公序良俗）。

（4）特殊生效要件：死亡（遗嘱）、失能（意定监护）、附条件期限合同、主管审批、交付（自然人借款、定金合同、保管合同）。

> **重点法条**：《民法典》第679条：自然人之间的借款合同，自贷款人提供借款时生效。
>
> 《民法典》第586条：当事人可以约定一方向对方给付定金作为债权的担保。定金合同自实际交付定金时生效。
>
> 《民法典》第980条：保管合同自保管物交付时生效，但是当事人另有约定的除外。【注意，原《合同法》第367条表述为"成立"，《民法典》中改变为"生效"】

（二）法律行为一般无效情形

（1）欠缺相应行为能力（无效Ⅰ——无能行为）：不具有相应行为能力者其法律行为原则上无效。

（2）通谋的虚假行为（无效Ⅱ——双方虚假行为）：缺乏真实法效意思。如不害他人的阴阳合同、名卖实赠合同等。【但假离婚有效，隐藏行为可以有效】

（3）恶意串通损害他人的行为（无效Ⅲ——恶意串通行为）：不仅意思表示瑕疵，而且目的非法。如代理人为拿回扣订立高价合同；开发商与知情第三人一房二卖、用合法形式掩盖非法目的等。

（4）违反强制法律（无效Ⅳ——违法行为）：违反法律、行政法规的强制性规定的民事法律行为无效，但是该强制性规定不导致该民事法律行为无效的除外。【违法并不一定无效】

（5）违背公序良俗（无效Ⅴ——背俗行为）：欺诈胁迫订立合同损害国家利益、销赃行为、维持婚外不正当性关系协议、忠诚协议、免除亲属法定义务的协议、人工代孕合同、解除亲子关系协议等。

（三）未生效合同与无效合同的区分

（1）不生效仍有一定拘束力：无效合同是成立的合同不符合有效要件而本无约束力的合同，分为本来无效和得而无效。而未生效合同是指合同已经有效成立，但有待特殊的生效要件满足后产生主要履行效力的合同。未生效合同已具备合同的有效要件，对双方具有一定的拘束力，任何一方不得擅自撤回、解除、变更，但因欠缺法律、行政法规规定或当事人约定的特别生效条件，在该生效条件成就前，不能产生请求对方履行合同主要权利义务的法律效力。

> **衍生规则：** 报批义务条款独立生效。

> **重点法条：**《民法典》第502条第2款：法律、行政法规规定应当办理批准等手续生效的，依照其规定。未办理批准等手续的，该合同不生效，但是不影响合同中履行报批义务条款以及相关条款的效力。应当办理申请批准等手续的当事人未履行义务的，对方可以请求其承担违反该义务的责任。法律、行政法规规定合同的变更、转让、解除等情形应当办理批准等手续生效的，适用前款规定。

（2）无效仍有无效的后果：无效之后的"对待返还"按照"不当得利"把握；"过错赔偿"按照"缔约责任"把握。在确定合同不成立、无效或者被撤销后财产返还或者折价补偿范围时，要根据诚实信用原则的要求，在当事人之间合理分配。案例分析时注意以下几点：

①不能使不诚信的当事人因合同不成立、无效或者被撤销而获益。

②合同不成立、无效或者被撤销情况下，当事人所承担的缔约过失责任不应超过合同履行利益。

③买卖合同撤销、无效后对待返还中，出卖人的价款"占用费"可与买受人的标的物"占用费"可相应抵充。

> **相关法条**：《民法典》第157条：民事法律行为无效、被撤销或者确定不发生效力后，行为人因该行为取得的财产，应当予以返还；不能返还或者没有必要返还的，应当折价补偿。有过错的一方应当赔偿对方由此所受到的损失；各方都有过错的，应当各自承担相应的责任。法律另有规定的，依照其规定。

（四）法律行为特别无效规定

1. 合同法

（1）未取得预售许可证明的商品房买卖合同无效（但可补正）；开发商与第三人恶意串通订立商品房买卖合同并将房屋交付使用，导致其无法取得房屋的，无效。

（2）承包人非法转包、违法分包建设工程或者没有资质的实际施工人借用有资质的建筑施工企业名义与他人签订建设工程施工合同的行为无效。

（3）违章建筑房屋的租赁合同无效。

2. 物权法

当事人之间订立有关设立、变更、转让和消灭不动产物权的合同，除法律另有规定或者合同另有约定外，自合同成立时生效；未办理物权登记的，不影响合同效力。【扩大解释：动产未交付的，也不影响合同效力】【区分原则】

3. 担保法

（1）保证合同因主合同无效而无效。

（2）主合同当事人双方串通，骗取保证人提供保证的；主合同债权人采取欺诈、胁迫等手段，使保证人在违背真实意思的情况下提供保证的；债权人知道或者应当知道欺诈、胁迫事实的，保证人不承担保证责任（即保证合同无效）。

4. 婚姻继承法

（1）婚姻无效事由：重婚；近亲婚；未到法定婚龄结婚（《民法典》第1051条）。

(2) 胁迫结婚、恶疾欺诈结婚可以撤销。

> **重点法条**：《民法典》第 1053 条：一方患有重大疾病的，应当在结婚登记前如实告知另一方；不如实告知的，另一方可以向人民法院请求撤销婚姻。请求撤销婚姻的，应当自知道或者应当知道撤销事由之日起一年内提出。【注意：未规定可向"婚姻登记机构"申请撤销】

(3) 无效遗嘱：无民事行为能力人或者限制民事行为能力人所立的遗嘱无效；受欺诈、胁迫所立的遗嘱无效；伪造的遗嘱无效；遗嘱被篡改的，篡改的内容无效（《民法典》第1143条）。

（五）厘清行为的拘束范围、当事人、时间

如可撤销行为被撤销前为有效；限制行为能力人的行为被追认前为无效；无权代理合同被拒绝追认仅对被代理人无效；无权处分行为仅对物权变动无效；遗嘱、合同中的部分内容无效不影响其他有效部分；无效行为可依法定事由嗣后补正而有效、内部效力不能对抗善意。

> **特别提示**：无权代理的默示追认
> 《民法典》第503条：无权代理人以被代理人的名义订立合同，被代理人已经开始履行合同义务或者接受相对人履行的，视为对合同的追认。

考点4　代理制度

命题分析

代理制度是指代理人依据代理权，以被代理人的名义独立与第三人实施民事行为，由此产生的法律效果直接归属于被代理人的一种法律制度。该知识点具有一定的理论性和综合性，涉及民事法律行为制度、婚姻家庭制度；关系多重主体的利益平衡，属于主观题的高频考点。

本考点的主观题设题角度将围绕代理关系与其他类似关系的区别、代理权的行使、代理责任的分配等。

考点解析

一、代理关系与其他关系的易混点

代理关系须从三个基本特征进行认定：
（1）代理人以被代理人的名义（含隐名代理）。因而，**行纪行为不构成代理**。
（2）代理人独立实施法律行为。因而，**居间行为不成立代理**。
（3）代理人以利益被代理人为目的，并将代理效果归属于被代理人。因而，**单纯的冒名行为不成立无权代理关系**。

另外，还需注意代理关系与代表、无权处分、无因管理等法律关系的区别。

（一）代理与代表

代理责任和代表责任虽然都可以归属于所代理或代表的组织体，但：①代表人与被代表人是同一人格体，而代理人和被代理人是两个独立的主体；②代表人的代表行为是组织体的行为，不发生效力归属问题，代理人的行为不是被代理人的行为，但发生效力归属问题。

> **注意区分：** 法定代表人和其他职务人员的地位与责任。

> **相关法条：**《民法典》第61条：法定代表人以法人名义从事的民事活动，其法律后果由法人承受。法人章程或者法人权力机构对法定代表人代表权的限制，不得对抗善意相对人。
>
> 《民法典》第170条：执行法人或者非法人组织工作任务的人员，实施民事法律行为，对组织发生效力。法人组织对职权范围的限制，不得对抗善意相对人。
>
> 《民法典》第50条：法定代表人、负责人超越权限订立的合同，除相对人知道其超越权限外，代表有效。

（二）无权代理与无权处分

比较项	无权代理	无权处分
权源瑕疵	欠缺代理权	欠缺处分权
行为名义	以被代理人的名义	以行为人自己的名义
行为效果	被追认时为被代理人承担，被拒绝时则代理人承担	无权处分成立侵权、不当得利、物权追及效力或第三人善意取得等

(三) 无权代理与无因管理

虽都有利益本人的意图,但由于前者源于代理权欠缺,后者源于好意相助,二者存在以下区别:

比较项	无权代理	无因管理
利益关系人	三方关系	双方关系
行为性质	代理行为一般为法律行为	管理行为一般为事实行为
行为能力要求	代理人需具有完全行为能力	管理人可以是欠缺行为能力人
本人的名义	以被代理人的名义	可以被管理人或自己名义进行管理
责任承担	本人承担;被拒绝则行为人承担	被管理人承担;行为人轻过失免责

二、代理权的行使

代理权是指代理人基于被代理人的意思表示或法律的直接规定,能够以被代理人的名义为意思表示或受领意思表示,其法律效果直接归于被代理人的资格。代理权从本质上说只是一种资格或法律地位,代理人取得代理权只是意味着他得以代理人的名义与第三人进行民事行为,其行为后果直接归属于被代理人。

代理权的行使要求代理人本着诚信和勤勉态度履行职责、行使代理权,具体要求:①亲自代理;②有权代理;③利益本人代理;④合法代理。

(一) 代理权的滥用及其后果

代理人在实施代理行为时,违背代理权的设定宗旨和基本准则、有损被代理人利益的行为,构成代理权的滥用,其代理行为原则无效,并将产生相应责任承担后果。

(1) 自己代理:代理人以本人的名义对于自己为意思表示或受领自己作出的意思表示,而实施代理行为。该行为非经被代理人追认,无效。

(2) 双方代理:"一手托两家",代理人同时兼任双方当事人的代理人实施代理行为,非经双方被代理人同意的,无效。

(3) 恶意串通代理:代理人与第三人恶意串通,损害被代理人的利益而实施代理行为,当然无效,并连带承担责任。

(二) 合法复代理

本着"亲自代理"的诚信原则,代理人在没有被代理人授权或同意不得转委托(次代理)。但紧急情况下为被代理人利益也可转委托代理。次代理人是被代理人的代理人而不是代理人的代理人;代理人仅承担对于次代理人的指示责任和选任责任。非法转委托的，代理无效；代理人承担一切后果。

三、表见代理

表见代理，本属于无权代理，但因具有外表授权的特征，致使相对人有理由相信行为人有代理权而与其进行民事法律行为，法律使之发生与有权代理相同的法律效果。表见代理的发生，往往与本人有某种可归责的关联性，法律为了保护善意第三人利益，维护交易安全特设该制度。因此，考生须从法理上理解，严格把握表见代理的如下构成要件：

（1）符合狭义无权代理的四要件：①欠缺代理权（未被授权、超越代理权限和代理权已终止）；②本人名义；③利益本人并将效果归属本人；④代理人独立行为。

（2）无权代理人实施的法律行为有效（符合有效要件，不具备无效情形）。

（3）有使相对人相信行为人具有代理权的事实和理由（相对人负举证义务）。

（4）相对人善意且无过失，即不知代理人欠缺代理权，且没有疏忽或懈怠（被代理人负举证义务）。

四、代理的效力推定和连带责任

（一）代理效力推定

作为被代理人的自然人死亡或者丧失行为能力。但代理行为在下列情形下仍然有效：

（1）代理人不知道被代理人死亡；

（2）被代理人的继承人承认；

（3）约定完成时终止的；

（4）被代理人死亡后为了其继承人利益继续完成的。

（二）代理中的连带责任

（1）代理人和第三人恶意串通、损害被代理人的利益的，由代理人和第三人负连带责任。

（2）第三人知道行为人无权代理而实施代理行为给他人造成损害的，由第三人和行为人负连带责任。【不知情者享有催告权或撤销权；有理由相信者，代理有效】

（3）转委托授权不明时，代理人与有过错的次代理人对本人承担连带责任；因转托不明给第三人造成损失的，被代理人应当向第三人承担民事责任，有过错的代理人负连带责任。

（4）代理人知道被委托代理的事项违法仍然进行代理活动的，或者被代理人知道代理人的代理行为违法不表示反对的，由被代理人和代理人负连带责任。

（5）共同代理人就共同过错的代理行为对本人承担连带责任，未与其他代理人协商的除外。

考点5　诉讼时效的适用范围

命题分析

民事主体享有权利行使自由，只要不构成"滥用权利"，其可以自由选择行使权利的方式和时间，甚至选择不行使权利或抛弃权利。但"诉讼时效制度"对这一基本原则进行了突破。该制度背后的法理基础和价值基础具有一定的理论性，成为主观题考查的切入点。同时，许多案例纠纷都涉及当事人主张权利的时效问题，这一知识点便容易纳入案例分析的考点。《民法典》对时效制度做了重要改变；许多特殊时效制度散见于部门法，因而也极有可能成为综合题的考点。

主观题考查重点围绕诉讼时效的适用范围（客体）、诉讼时效期间的变化以及权利存续期间的特殊规定三个方面。

考点解析

一、诉讼时效的适用范围（客体）

根据《民法典》第188条规定，请求法院保护民事权利的权利，受法定期间的限制。理论上，诉讼时效的适用范围包括一切需要公力救济的民事权利。该制度通过限制权利的消极行使，达到促使权利人及时地、主动地主张权利，以提高交易效益和维护交易安全。该"限权"制度使得义务人享有积极利益，而权利人承受消极利益。不管是绝对性权利还是相对性权利，都应当积极行使，都有被督促的必要。但由于绝对性权利内含"状态维持"利益，权利人可以通过"懈怠"方式行使之，一般不需要法律强令其行使。所以，理论和实务中，诉讼时效的客体一般限于相对性的债权及其请求权，原则上不适用于绝对性的物权、人身权、知识产权。

所谓债权请求权，是基于债权的权能而生的请求权，该类债权包括合同债权、单方允诺债权、无因管理债权、不当得利债权、侵害绝对权之债权。

但基于投资、存款行为所生债权不适用；基于身份关系所生请求权不适用。

> **法条解读**：《民法典》第196条：下列请求权不适用诉讼时效的规定：
>
> （1）请求停止侵害、排除妨碍、消除危险。【绝对性权利的支配维持不受时效限制】
>
> （2）不动产物权和登记的动产物权的权利人请求返还财产。【物权的支配回复不受限制；但未登记的动产则例外的受限制】
>
> （3）请求支付抚养费、赡养费或者扶养费。【基于身份关系的债权请求权不受时效限制】
>
> （4）其他请求权。【按照前述原理把握，并结合特别法把握】

二、诉讼时效的变化

（一）诉讼时效期间的中止

在诉讼时效期间的最后6个月内，权利人主观上积极行使，而因客观障碍不能行使！可依法中止诉讼时效期间的进行。自中止时效的原因消除之日起满6个月，诉讼时效期间届满。

法定中止情形如下：

（1）不可抗力；

（2）无民事行为能力人或者限制民事行为能力人没有法定代理人，或者法定代理人死亡、丧失民事行为能力、丧失代理权；

（3）继承开始后未确定继承人或者遗产管理人；

（4）权利人被义务人或者其他人控制；【债权人一开始就被控制，应适用20年期间】

（5）其他导致权利人不能行使请求权的障碍。

（二）诉讼时效期间的中断

在诉讼时效进行中，因法定事由的发生致使已经进行的诉讼时效期间全部归于无效，诉讼时效期间重新计算。法定的中断事由如下：

（1）权利人向义务人提出履行请求。【私力方式主张债权】

（2）义务人同意履行义务（认诺）：①同意分期履行或部分履行；②请求延期；③提供担保；④支付利息或租金；⑤制定清偿计划等承诺或者行为等。【被动方式主张债权】

（3）权利人提起诉讼或者申请仲裁，包括提起诉讼，反诉，独立第三人参加诉讼等。

（4）同等效力的其他情形：包括向准司法机关请求保护自己权利，如行政申诉；申请人民委员会调解；信访；申请支付令；申请执行；申请破产；申请诉前财产保全；诉中主张抵销；为主张权利而申请宣告义务人失踪或死亡等。【公力方式主张债权】

> **特别注意：**诉讼时效届满，债务人同意履行，视为债务人对诉讼时效利益的放弃，事后不得以诉讼时效期间届满为由抗辩；诉讼时效重新开始，但并不是诉讼时效中断。

三、诉讼时效特殊规定【考试中的法律适用：特别法不同于民法总则规定，以特别法为准】

（1）欠缺行为能力人对其法定代理人的请求权的时效期间，自法定代理终止之日起计算。

（2）未成年人遭性侵的损害赔偿的时效期间，自受害人年满 18 周岁之日起计算。

（3）产品缺陷损害的诉讼时效 2 年，该请求权在缺陷产品交付最初消费者满 10 年丧失；但是，尚未超过明示的安全使用期的除外。

（4）环境污染损害赔偿时效期间为 3 年，从当事人知道受到污染损害时起计算。

（5）有关船舶发生油污损害的请求权，时效期间为 3 年，自损害发生之日起计算；但是，在任何情况下时效期间不得超过从造成损害的事故发生之日起 6 年。

（6）遗失物通过转让被他人占有的，权利人有权向无处分权人请求损害赔偿，或者自知道或者应当知道受让人之日起 2 年内向受让人请求返还原物。【权利存续期间，即受让人 2 年后可以取得遗失物的所有权，此为取得时效的特殊规定】

（7）遗失物自发布招领公告之日起一年内无人认领的，归国家所有（《民法典》第 318 条）。【国家所有权的时效取得】

（8）占有人返还原物的请求权，自侵占发生之日起 1 年内未行使的，该请求权消灭。【占有回复权存续期间，并非严格意义上的诉讼时效期间】

（9）债权人领取提存物的权利，自提存之日起 5 年内不行使而消灭，提存物扣除提存费用后归国家所有。【提存权存续期间】

（10）抵押权人应当在主债权诉讼时效期间行使抵押权；未行使的，人民法院不予保护（《民法典》第 419 条）。【应解释为抵押债权的诉讼时效，并非抵押物权的消灭时效】

（11）在合同约定的一般保证期间或连带保证期间（没有约定或约定不明，一律推定6个月），一般保证人债权人未对债务人提起诉讼或者申请仲裁的，或连带保证人未向保证人主张权利的，保证人不再承担保证责任（《民法典》第692、693条）。【保证债权的存续期间】

（12）《民法典》第694条：一般保证的债权人在保证期间届满前对债务人提起诉讼或者申请仲裁的，从保证人拒绝承担保证责任的权利消灭之日起，开始计算保证债务的诉讼时效。【原《担保法》司法解释规定"从判决或者仲裁裁决生效之日起"，即须向保证人主张】

连带责任保证的债权人在保证期间届满前请求保证人承担保证责任的，从债权人请求保证人承担保证责任之日起，开始计算保证债务的诉讼时效。【保证债务的诉讼时效】

（13）买受人在合理期间内未通知或者自标的物收到之日起2年内未通知出卖人的，视为标的物的数量或者质量符合约定（有质量保证期者除外）（《民法典》第621条）。【质量异议权存续期】

（14）夫妻一方隐藏、转移、变卖、毁损、挥霍夫妻共同财产，或者伪造夫妻共同债务企图侵占另一方财产，另一方在离婚后发现的，可以诉讼请求再次分割夫妻共同财产。【财产侵权的时效期间，新法虽然未明确规定，应解释为适用3年普通时效，自发现之日起算】

（15）因人身侵害而产生的离婚损害赔偿请求权，也应该适用普通3年诉讼时效，自办理离婚登记手续或离婚判决生效时起算。【此为人身侵权的时效期间；原司法解释为1年】

（16）登记离婚的"撤回期间"：通过登记离婚的，自登记机关收到离婚登记申请之日起30日内，任何一方不愿意离婚的，可以向婚姻登记机关撤回离婚登记申请。该"离婚反悔期"或"离婚冷静期"届满，当事人未再申请离婚的，视为撤回离婚登记申请（《民法典》第1077条）。

考点6　物权的变动

命题分析

物权变动是历年主观题（案例分析大题）考试的永恒考点，经常与"一物二卖"或"且卖且抵"结合起来考查，其重要性毋庸赘述。

考试重点围绕基于法律行为物权变动之区分原则、非基于法律行为的物权原始取得、物权变动的公示制度等方面。

考点解析

一、基于法律行为的物权变动与区分原则

考试中,区分原则的应用从不动产扩及动产、从所有权扩及担保物权和用益物权,改变了以往考试重心集中在不动产转让与不动产抵押的倾向。

(一)区分原则的适用前提:基于法律行为的物权变动

只有在物权变动基于一定的法律行为(即债权行为)发生时,才有区分原则适用的空间。因此,需先把握我国物权发生变动的基本条件,才能进一步把握区分原则。物权变动的基本条件如下:

(1)法律行为须有效。我国不承认物权变动的无因性,因此法律行为的效力直接影响物权变动的效果。法律行为若因效力瑕疵被撤销或无效,即使已完成交付或者登记,物权变动也会通过"不当得利返还请求权"而回复。

(2)行为人具有处分权。转让人对处分标的物享有处分权(所有者或被授权者)。欠缺处分权虽不影响债权行为效力,但直接影响物权变动效果。

(3)物权变动须公示。不动产登记或动产占有,法律另有规定除外。

(二)区分原则的实质:法律行为与物权变动既相区别又相关联

物权变动的区分原则是指通过买卖、赠与、用益、设立担保等法律行为进行物权变动时,应当将法律行为的效力与物权变动的效果区别对待,即法律行为的效力依照法律行为效力机制判断,而物权变动是否发生则依据物权变动规则判断;而且,因欠缺公示不发生物权变动效果的,法律行为(债权行为、基础行为或原因行为)的效力不因此受影响,但是法律行为无效时则影响物权变动的实际发生。

物权变动区分原则是中国民法对传统德国民法"物权行为理论"创造性继受的结果。区分原则的建立不但支持了"物权绝对性"基本法理,而且为构建"物—债"二元体系、厘清物权法和债权法不同制度功能、建立完备的物权变动规则、区分当事人的不同法律责任等,提供了科学的准则。

我国物权变动区分原则,适用于动产物权和不动产物权的设立、转让、变更和消灭;该物权变动涵盖所有权、用益物权、担保物权的变动。我国民事立法和实务在继受该原则时保留了自己的特点:

(1)物权变动的区分原则仅体现为两种法律事实效果的区分,即区别对待物权变动的效果与其原因行为——债权行为的效力。

(2)物权变动的区分原则不承认物权行为的无因性。物权行为的无因性是指物权变动中,只要物权行为有效,即使其原因行为——债权行为无效也不影响物权变动的发生。而在我国,作为原因行为的债权行为无效,物权变动虽然有效,但其效力维持的基础则丧失,即物权的取得变为不当得利。

（三）物权变动区分原则的规范应用

（1）不动产转让（买卖、赠与、互换）中，若未办理过户登记，物权不发生转让，受让人尚未取得不动产物权，但转让合同若无其他效力瑕疵，依然有效（《物权法》第15条）。

（2）不动产抵押中，未办理抵押登记，则抵押权不设立，但抵押合同的效力不因此受影响（《物权法》第187条）。【抵押合同有效体现在抵押人有义务就抵押物的相应价值向抵押权人履行清偿】

（3）动产转让（买卖、赠与、互易），若未交付动产，不发生动产所有权的变动，受让人尚未取得动产所有权。但转让合同是否有效仅需遵照合同法效力制度确定（《物权法》第23条）。

（4）动产质押中，未交付动产（或依占有改定方式交付），质权不设立，但质押合同另行依合同法相关规则确定其效力（《物权法》第212条）。

（5）土地承包经营权的转让、地役权的设立、动产抵押权的设立自合同生效时发生物权变动效果，未经登记不得对抗善意第三人。【两者效力虽然具有同步牵连性，但仍体现区分原则】

二、非基于法律行为的物权变动

（一）非基于法律行为的物权变动概述

除因法律行为引起物权关系变动者外，民事生活中还有大量因其他类型法律事实而产生物权变动的情形。非基于法律行为的物权变动有两个特点：第一，物权变动不需要有效的法律行为；第二，物权变动不需要公示或不必公示。该种物权变动的法律事实或原因包括：因善意取得、继承或受遗赠、合法建造房屋、先占、添附等事实行为，以及生效裁判、征收、没收、强制执行等公权行为发生的物权变动。

（二）非基于法律行为的物权变动的规范应用

1. 因生效法律文书或人民政府的征收决定发生的物权变动（《民法典》第229条）

（1）物权变动时间：物权变动自法律文书或者人民政府的征收决定等生效时发生效力。

（2）生效法律文书的性质：通说认为，因生效法律文书发生的物权变动中的法律文书仅限于行使形成诉权所产生的形成判决、裁定，不包括确认判决和给付判决，且不包括行使单独形成权产生的生效判决，之所以不包括单独形成权是因为单独形成权通过权利人自身行使即产生形成力，其生效判决属于确认判决。例如，解除合同，解除通知到达时即发生物权变动效果，后诉诸法院产生的生效判决仅为确认判决。

（3）生效法律文书的范围：属于《民法典》第229条规定的常见的生效形成判决有：①人民法院、仲裁机构在分割共有不动产或者动产等案件中作出的改变原有物权关系的生效判决书、裁决书、调解书；②人民法院在执行程序中作出的拍卖成交裁定书、以物抵债裁定书；③行使离婚请求权形成的分割财产的生效判决；④依据可撤销合同中的撤销权产生的生效判决；⑤债权人行使撤销权所产生的生效判决。

2. 因继承发生的物权变动（《民法典》第230条）

（1）物权变动时间：因继承发生的物权变动，物权变动自继承开始时发生效力。即被继承人死亡时，继承人取得遗产所有权或者他物权，无须登记或者交付。

（2）共同共有：法定继承中，若继承人有两个或两个以上，则在继承开始之后遗产分割之前，法定继承人对遗产成立共同共有。

3. 因合法建造房屋、拆除房屋等事实行为发生的物权变动（《民法典》第231条）

（1）物权变动时间：物权变动自事实行为成就时发生效力。

（2）事实行为成就：合法建造房屋的，房屋封顶之时，建造人取得房屋所有权；拆除房屋的，每一层屋顶掀开之时，房屋所有权消灭。

> **注意：**
> （1）依照《民法典》第229～231条发生物权变动的，无须登记即可发生物权变动。
> （2）依照《民法典》第229～231条发生物权变动虽无须登记即可发生物权变动效果，但未办理宣示登记（原始登记），权利人处分该不动产的，**不发生物权变动效果**，但不影响合同效力；欠缺宣示登记仅影响处分权，不影响该不动产物权的其他权能，例如权利人可以依法出租房屋。
> （3）欠缺宣示登记不影响权利人获得物权保护，物权遭受侵害的，物权人可以依法主张保护请求权。【司法实践注重对事实物权的保护，参见《全国法院民商事审判工作会议纪要》（法〔2019〕254号，以下简称为《九民纪要》）前言内容】
> （4）依照《民法典》第229～231条规定取得物权的事实物权人，再行处分其中的不动产物权的，应当依法办理登记（原始登记或变更登记）。【《民法典》第232条】

4. 无主物的先占取得

所谓先占，指的是以据为己有的意思，占有无主动产的法律事实。先占人可以原始取得该动产的所有权。《民法典》对于先占这种所有权取得方式未作规定，但习惯法及学理事实上均承认先占取得所有权的效力。

先占须具备以下几个要件：①必须是动产；②须为无主物，包括自始无主物及因他人抛弃而成为无主之物；③以所有的意思为占有；④不违反法律禁止性规定或公序良俗。

先占理论上归于"事实行为"，其法律后果为：先占人取得其先占之无主物的所有权。该所有权取得的效果系基于法律的直接规定，而非基于他人既存的权利，故为原始取得。

5. 添附

> **相关法条**：《民法典》第 322 条：因加工、附合、混合而产生的物的归属，有约定的，按照约定；没有约定或者约定不明确的，依照法律规定；法律没有规定的，按照充分发挥物的效用以及保护无过错当事人的原则确定。因一方当事人的过错或者确定物的归属造成另一方当事人损害的，应当给予赔偿或者补偿。

添附是传统民法上原始取得的重要方式。添附包括附合、混合和加工。其中，附合与混合涉及两个以上的属于不同人所有之物相互结合而成为一个新物的情形，加工则涉及原材料与一定劳动的结合，即原材料经过加工后成为一个新物。

所谓附合，指的是两个以上的物相互结合，而形成社会经济观念上一个"新物"的法律事实。发生附合的物可能是动产，也可能是不动产。

所谓混合，指的是属于不同人所有的两个以上的动产相互混合，以至于不能识别或识别成本过巨的法律事实。

添附，学理认为属于"事实行为"，类似于"生产建造取"，《民法典》原则上规定了相关所有权的归属规则，实则交给司法实践个案决定。权利人因加工、附合、混合可以取得他人之物的所有权，取得条件为：①取得人无过错；②取得可增进物的效用发挥。

传统实务中的归属规则：①不动产物权吸收动产物权；②价值大的物权吸收价值小的物权；③丧失物权者可向对方主张不当得利或侵权等债权请求权。

三、不动产物权变动公示——登记的种类和效力

类型	适用条件	法律效力
原始登记	不动产所有权、用益物权首次确权登记（国有自然资源可不登记）	未办理的，不得办理其他类型登记
移转登记	不动产权属发生转移的登记	所有权发生移转

续表

类型	适用条件	法律效力
更正登记	经权利人、利害关系人申请，登记名义人书面同意更正或者证明登记确有错误的事项予以更正	（1）在错误登记之后已经办理了涉及不动产权利处分的登记、预告登记和查封登记的，登记机构不应当予以办理更正登记； （2）更正登记之后以更正登记的内容确定物权的归属和内容
异议登记	因登记名义人不同意更正且未办理更正的、事实上的权利人以及利害关系人对不动产登记簿记载的权利提出的异议记入登记簿（"更正登记"是"异议登记"之前置登记）	（1）因异议登记不当给权利人造成损害的，赔偿损害； （2）申请人在异议登记之日起15日内不起诉，异议登记失效； （3）异议登记期间，登记权利人以及第三人因处分权利申请登记的，应当提供知悉异议登记存在并自担风险的书面承诺
预告登记	当事人签订商品房等不动产预售、买卖、抵押协议的，为了保全债权的实现、保全物权的顺位等而进行的提前登记	（1）未经预告登记的权利人同意，转移不动产所有权，或者设定他物权的，不发生物权效力； （2）预告登记生效期间，未经预告登记的权利人书面同意，处分该不动产权利申请登记的，不动产登记机构应当予以不办理； （3）预告登记后，债权消灭、预告登记的权利人放弃预告登记的或者三个月内未申请登记的，预告登记失效

四、动产物权变动公示——交付

交付是动产物权变动的公示方法，是指动产占有或者所有权凭证的移转。交付的要件有二：其一，移转占有，既可以是直接占有，也可以是间接占有；其二，具有交付的合意。交付通常指现实交付，但为了交易便利，法律规定有时也可以以观念交付（拟制交付）代替现实交付。据此，交付的类型有四：现实交付、简易交付、指示交付、占有改定。以下我们重点讲述现实交付、简易交付和指示交付三个方面。

（一）现实交付

现实交付指标的物占有的现实移转，即对动产的事实管领力的移转，使受让人取得标的物的直接占有。生活中大多数民事交易关系都是现实交付。

1. 现实交付的类型

现实交付并不仅限于让与人，假借他人之手进行的交付也可视为现实交付，主要有三种情况：

（1）经由占有辅助人为交付。例如，甲将玉佩出售于乙，约定由乙的员工丙接收拿玉佩，后甲依约定将玉佩交付于丙。丙是乙的占有辅助人，当甲将玉佩交付于丙时即完成现实交付，乙取得玉佩所有权。

（2）经由占有媒介关系为交付。例如，甲将玉佩出售于乙，乙与丙约定由丙帮其保管该玉佩，乙与丙之间成立占有媒介关系，故甲将玉佩交付于丙时即完成交付。

（3）经由被指令人为交付。例如，甲将玉佩出售于乙，乙转售于丙，乙请甲将该玉佩交付与丙，甲依约定将玉佩交付于丙。丙是被指令人，当甲将玉佩交付于丙时即完成现实交付，乙取得玉佩所有权。

2. 动产买卖的现实交付

交易双方约定了交付地点的则在约定的交付地点完成现实交付，若未约定交付地点，则完成现实交付的情况有以下两种：

情形	完成现实交付的地点
标的物不需要运输（买受人上门提货）	出卖人和买受人签订合同时知道标的物在某一地点的，出卖人应在该地点交付标的物；订立合同时不知道标的物所在地点的，应在出卖人订立合同时的营业地交付标的物
标的物需要运输	出卖人将标的物交付第一承运人时视为完成现实交付

（二）简易交付

简易交付是指动产物权设立和转让前，受让人已经事先占有该动产时，让与人与受让人之间关于动产物权变动的合同生效则视为交付，以代替现实交付。

（三）指示交付

指示交付是指动产物权设立和转让前，动产被第三人直接占有，让与人与受让人达成协议出让人将其对于第三人的返还请求权让与受让人以代替现实交付的交付。指示交付中存在两个合意：第一，移转标的物所有权或设立质权的合意；第二，让与返还请求权的合意。

> **注意：** 转让合意成立时物权变动生效，而转让事实通知第三人时物权变动对第三人生效。

（四）占有改定交付

动产物权转让时，当事人又约定由出让人继续占有该动产的，该约定生效时发生交付效力。

> **注意**：由于买受人未取得直接占有，其所有权的效力应解释为：未经登记，不能对抗善意第三人。

考点7 所有权的特别取得制度

命题分析

所有权的特别取得方式涉及物权法"物权法定"原则的理解和应用。这种取得制度的设置涉及信赖利益和交易秩序的保护，也关乎财产利益变动的道德基础的维护。对该制度的理解和应用需要把握背后的立法价值趣旨，符合主观题命题思路。本考点重点介绍善意取得制度和遗失物拾得制度。

考点解析

一、善意取得

（一）概述

"善意取得"，是物权法中考查频率最高的知识点，加上《最高人民法院关于适用〈中华人民共和国物权法〉若干问题的解释（一）》将该制度进行了更新，考生须慎重对待！除掌握善意取得构成要件之外，还要全面把握善意取得与拾得遗失物制度之间的联系。

现代民法基于公示公信原则，为了保护第三人利益规定了善意取得制度。善意取得是指动产或不动产的占有人无权处分该财产，并将该财产以市场价格转让给第三人或向第三人设立物权负担，受让人取得该财产物权时出于善意且无重大过失，则受让人依法取得该财产的相关物权。

善意取得以无权处分为前提，理论上认为善意取得是原始取得的方式之一，其既适用于动产物权和不动产物权的取得，且从所有权扩展至用益物权以及担保物权。但盗赃物、遗失物、埋藏物等不适用善意取得。

（二）善意取得的一般效力

1. 物权效力

（1）善意受让人取得物权（所有权、担保物权、用益物权）；真正物权人丧失所有权或者承受他物权负担；物权人基于物权的追及效力受到阻碍。

（2）因善意取得系原始取得，故善意受让人不承担标的物上原有的权利负担。

例外：动产善意受让人善意取得所有权之时知道该动产上存在抵押权或质权的，抵押权和质权不消灭。

2. 债权效力

发生善意取得时，在债权法领域仍对原所有权人因善意取得遭受的损害予以救济，即原所有权人可以对无权处分人主张违约损害赔偿请求权、不当得利请求权、侵权损害赔偿权。

3. 善意取得的条件限制

具有下列情形之一，受让人不能通过善意取得制度主张物权：

（1）转让合同因违反《合同法》第 52 条规定被认定无效。

（2）转让合同因受让人存在欺诈、胁迫或者乘人之危等法定事由被撤销。

（三）不动产所有权善意取得的构成要件

1. 一般构成要件

（1）不动产登记簿出现权属登记错误。

（2）不动产的登记名义人以自己的名义对该不动产实施无权处分。

（3）受让人受让之时为善意。

（4）转让人以合理的价格转让。

（5）受让人已经办理完毕不动产过户登记。

2. "善意"的认定

"善意"的含义	受让人不知转让人无处分权，且其对此不知无重大过失
"善意"的时间	受让人须在"依法完成不动产物权移转登记之时"为善意，此后变为恶意的，不影响善意取得的发生
"善意"的证明	原则上，推定受让人为善意，真实权利人主张受让人不构成善意的，应当承担举证明责任。真实权利人有证据证明不动产受让人应当知道转让人无处分权的，应当认定受让人具有重大过失
"善意"的除外	（1）登记簿上存在有效的异议登记； （2）预告登记有效期内，未经预告登记的权利人同意； （3）登记簿上已经记载司法机关或者行政机关依法裁定、决定查封或者以其他形式限制不动产权利的有关事项； （4）受让人知道登记簿上记载的权利主体错误； （5）受让人知道他人已经依法享有不动产物权

3. "合理价格"的认定

应当根据转让标的物的性质、数量以及付款方式等具体情况,参考转让时交易地市场价格以及交易习惯等因素综合认定。

> **注意:**
> (1) 赠与、继承、受让人以"明显不合理的低价"受让的,故不适用善意取得。
> (2) 受让人是否已经支付合理的价格不影响善意取得的成立。

(四) 动产所有权善意取得的构成要件

(1) 动产须为占有委托物。占有委托物是指基于原占有人的意思取得占有的动产,例如保管物、租赁物、借用物、质押物等。

> **注意:** 不适用善意取得的动产
> (1) 占有脱离物(如盗赃物、遗失物、埋藏物等)。例外:占有脱离物通过转让被他人占有的,权利人自知道或者应当知道受让人之日起二年内向受让人请求返还原物,超过二年期限的,善意受让人善意取得该动产。
> (2) 货币和无记名有价证券。因为此二者适用"占有即所有",不存在无权处分的问题。
> (3) 禁止流通物。

(2) 动产占有人以自己的名义对该动产实施无权处分。

(3) 受让人受让之时为善意:

① "善意"的含义。同不动产所有权善意取得。

② "善意"时间。受让人须于"动产交付之时"为善意,此后变为恶意的,不影响善意取得的发生。

③ "善意"的证明。原则上,推定受让人为善意,真实权利人主张受让人不构成善意的,应当承担举证证明责任。受让人受让动产时,交易的对象、场所或者时机等不符合交易习惯的,应当认定受让人具有重大过失。

(4) 转让人以合理的价格转让。

(5) 转让人与受让人之间已完成动产交付。交付的类型:①简易交付。动产交付之时为转让动产法律行为生效之时。②指示交付。动产交付之时为转让人与受让人之间关于让与返还原物请求权的约定生效之时。③占有改定不发生善意取得。

(五)担保物权的善意取得

担保物权的善意取得 VS 所有权的善意取得
(1) 质权、抵押权的设立中,因质押合同、抵押合同属于无偿合同,因此质权和抵押权的善意取得不以"转让人以合理的价格转让"为构成要件
(2) 动产抵押中,抵押合同成立生效时抵押权即设立,因此动产抵押的善意取得不以"转让人与受让人之间已完成动产交付"为构成要件,不动产抵押的善意取得仍以已完成抵押登记为构成要件
(3) 留置权的善意取得不以"无权处分"构成要件。 留置权的善意取得构成要件:①动产不归债务人所有;②债权人对动产不归债务人所有不知情;③符合留置权的其他成立要件

(六)善意取得的除外情形:占有脱离物不适用

善意取得制度旨在保护物的现实占有人对物的管控状态,以体现物尽其用、稳定交易秩序的制度功能。但一些特殊的非正常交易没有保护的价值,故民法将"占有脱离物"的交易排除在善意取得制度的涵盖范围之外。所谓"占有脱离物"是"占有委托物"的对称,指非基于物权人的意思表示(委托)而取得占有的物,包括盗赃物、遗失物、漂流物、埋藏物、隐藏物、失散的动物等。原则上,占有脱离物不适用善意取得。但《民法典》仅对遗失物做了明确规定,而且该条规定又引起了学者的认识分歧,认为该规定有条件地承认了善意取得制度对"遗失物"的适用。本书认为,《民法典》并没有将善意取得制度扩展到遗失物的转卖情形。

> **重要法条**:《民法典》第312条:所有权人或者其他权利人有权追回遗失物。该遗失物通过转让被他人占有的,权利人有权向无处分权人请求损害赔偿,或者自知道或者应当知道受让人之日起二年内向受让人请求返还原物;但是,受让人通过拍卖或者向具有经营资格的经营者购得该遗失物的,权利人请求返还原物时应当支付受让人所付的费用。权利人向受让人支付所付费用后,有权向无处分权人追偿。

在这里,我们将《民法典》第312条解读如下:

(1) 遗失物不适用善意取得制度,失主可依"物权追及效力"从遗失物的现实占有人处取回遗失物。

(2) 遗失物被拾得人擅自转让给第三人的,拾得人有权在知道该受让人之日起2年内取回遗失物。遗失物被无偿转让的,或被"偷卖"的,则无偿收回;若该第三人通过正当购买,即通过拍卖或者辗转经具有经营资格的经营者购得,失主则须有偿"赎回"遗失物。

（3）失主知道后逾 2 年未主张取回或赎回，则失去所有权，而受让人确定地取得遗失物所有权。于失主而言，物权可谓"时效消灭"；于受让人而言，可谓"时效取得"物权，得失分明。

（4）失主的"赎回"费用支出，或永久失去所有权的损失，全因拾得人不当行为所致，失主固然可以对其主张追偿或赔偿。

（5）《民法典》及原《物权法》均对"善意取得制度"做了严格的要件规定，《物权法》司法解释在转让合同效力上又进行补强规定，按照这些要件，该制度实难"扩张"到无偿的担保物权取得或具有完备登记制度的不动产物权取得之上。具有考试意义或实践意义的案例，还是限于动产为妥。

（6）"善意取得制度"理论上属于"即时取得"，与时效取得相对。而本条规定中，善意的买受人却需要从善意取得占有开始至少经过 2 年后才能确定的取得所有权，不符合善意取得制度的基本构造。也就是说，民法中许多物权受让人"善意"的情形，并不能简单适用或参照适用特定的"善意取得制度"。民法"奖善抑恶"，其实有许多其他的制度可援用。

二、拾得遗失物

"拾得遗失物"经常与善意取得制度结合起来考查，重点在于拾得人与失主之间的权利义务配置。

（一）拾得人的义务

1. 返还义务

拾得遗失物应当向权利人返还遗失物及孳息。拾得人应当及时通知权利人领取，或者送交公安等有关部门。有关部门收到遗失物，知道权利人的，应当及时通知其领取；不知道的，应当及时发布招领公告。

2. 保管义务

拾得人在遗失物送交有关部门前，有关部门在遗失物被领取前，应当妥善保管遗失物。因故意或者重大过失致使遗失物毁损、灭失的，应当承担民事责任。

（二）拾得人的权利

1. 必要费用返还请求权

权利人领取遗失物时，应当向拾得人或者有关部门支付保管遗失物等支出的必要费用。必要费用是指维持遗失物的存在必须支出的费用。

2. 赏金支付请求权

权利人悬赏寻找遗失物的，领取遗失物时应当按照承诺履行义务。

> **注意**：拾得人侵占遗失物（或恶意占有遗失物）的，无权请求失主返还保管遗失物等支出的必要费用，也无权请求失主按照悬赏承诺履行义务；而且恶意占有人还需承担因过失导致遗失物毁损灭失的赔偿责任。

3. 遗失物留置权

由于拾得人与失主成立法定保管关系，若失主不支付必要管理费用，拾得人有权留置遗失物，以担保其必要费用债权实现。但权利人已经支付必要费用，只是未按照悬赏广告支付报酬的，拾得人不得留置遗失物（理由：拾得行为与悬赏行为不存在"同一法律关系"）。

（三）遗失物的归属

（1）物归原主：失主享有物权法上的原物返还请求权；原占有人享有占有回复请求权。

（2）遗失物自发布招领公告之日起 1 年内无人认领的，归国家所有。

（3）转卖受让人有条件的善意取得：

①权利人有权自知道或者应当知道受让人之日起 2 年内向受让人请求返还原物。

②但受让人通过拍卖或者向具有经营资格的经营者购得该遗失物的，失主请求返还原物时应当支付受让人所付的费用。失主向受让人支付所付费用后，有权向拾得人追偿。【不当渠道转卖的，失主无须通过"赎回"方式取回遗失物】

（4）拾得漂流物、发现埋藏物或者隐藏物的，参照拾得遗失物的有关规定。

三、物权的附随取得（性质上属于原始取得）

（一）孳息的取得

孳息是指由原物产生之物，包括天然孳息和法定孳息。天然孳息是指依原物的自然属性而产生的物，例如果树所结的果实、母牛生下的小牛、土地上生长的粮食等。法定孳息是指原物依法律规定而产生的物，例如出租房屋收取的租金、彩票中奖所获奖金或奖品。原物所有人、用益物权人可取得原物的天然孳息所有权。

> **注意**：抵押物在法院扣押期间的孳息，以及质押人占有质物期间的孳息，抵押权人、质权人仅有"收取权"，而非所有权。可以冲抵收取孳息的费用，也可以纳入抵押财产范围。

> **重点法条**：《民法典》第 321 条：天然孳息，由所有权人取得；既有所有权人又有用益物权人的，由用益物权人取得。当事人另有约定的，按照其约定。
> 《民法典》第 412 条：债务人不履行到期债务或者发生当事人约定的实现抵押权的情形，致使抵押财产被人民法院依法扣押的，自扣押之日起抵押权人有权收取该抵押财产的天然孳息或者法定孳息，但是抵押权人未通知应当清偿法定孳息的义务人的除外。
> 前款规定的孳息应当先充抵收取孳息的费用。

（二）从物所有权的取得

权利人可以通过取得主物所有权而取得从物所有权（《民法典》第 320 条）。

（三）担保物权随主权利而取得

债权的受让人可以"原始"取得该债权的抵押权、质权等担保物权，且不需要经过"交付"或"登记"。

> **重点法条**：《民法典》第 547 条：债权人转让债权的，受让人取得与债权有关的从权利，但是该从权利专属于债权人自身的除外。受让人取得从权利不因该从权利未履行转移登记手续或者未转移占有而受到影响。

（四）抵押权负担的附随取得

抵押物的受让人可以随抵押物所有权移转而取得抵押权负担。

> **重点法条**：《民法典》第 406 条：抵押期间，抵押人可以转让抵押财产。当事人另有约定的，按照其约定。抵押财产转让的，抵押权不受影响。

（五）"房地一体处分"中的附随取得

受让人可以通过建设用地使用权与地上建筑设施所有权的"相互附随转移"而取得相关物权。

重点法条：《民法典》第 356 条：建设用地使用权转让、互换、出资或者赠与的，附着于该土地上的建筑物、构筑物及其附属设施一并处分。

《民法典》第 357 条：建筑物、构筑物及其附属设施转让、互换、出资或者赠与的，该建筑物、构筑物及其附属设施占用范围内的建设用地使用权一并处分。

（六）地役权的附随取得

地役权是需役地人依照合同约定对供役地享有的便利使用权。因此当需役地或需役地上的相关物权发生变化，其上地役权也随之发生变化，继而构成地役权的附随取得。具体有以下情形：

（1）土地设立用益物权的，用益物权人可继续享有原土地所有权人的地役权。

重点法条：《民法典》第 378 条：土地所有权人享有地役权或者负担地役权的，设立土地承包经营权、宅基地使用权等用益物权时，该用益物权人继续享有或者负担已设立的地役权。

（2）土地用益物权转让的，受让人可以取得原地役权；因抵押权实现而转让的，亦如此。

重点法条：《民法典》第 380 条：地役权不得单独转让。土地承包经营权、建设用地使用权等转让的，地役权一并转让，但是合同另有约定的除外。

《民法典》第 381 条：地役权不得单独抵押。土地经营权、建设用地使用权等抵押的，在实现抵押权时，地役权一并转让。

（3）地役权可以随需役地的转让而取得。

重点法条：《民法典》第 382 条：需役地以及需役地上的土地承包经营权、建设用地使用权等部分转让时，转让部分涉及地役权的，受让人同时享有地役权。

四、国家取得所有权的特殊制度

（一）遗失物

国家可通过一年的"占有期间"取得遗失物的所有权。

> **重点法条**：《民法典》第318条：遗失物自发布招领公告之日起一年内无人认领的，归国家所有。【注意：该条改变了原《物权法》"6个月"的期限规定】

（二）提存物

国家可以通过五年的"占有期间"取得债权人未取回的"提存物"。

> **重点法条**：《民法典》第574条：债权人领取提存物的权利，自提存之日起五年内不行使而消灭，提存物扣除提存费用后归国家所有。但是，债权人未履行对债务人的到期债务，或者债权人向提存部门书面放弃领取提存物权利的，债务人负担提存费用后有权取回提存物。

（三）无人继承的物

国家可以取得无人继承又无人受遗嘱的遗产所有权。

> **重点法条**：《民法典》第1160条：无人继承又无人受遗赠的遗产，归国家所有，用于公益事业；死者生前是集体所有制组织成员的，归所在集体所有制组织所有。

（四）不动产的征收取得

为了公共利益的需要，依照法律规定的权限和程序可以征收集体所有的土地和组织、个人的房屋以及其他不动产（《民法典》第243条）。

考点8　共有制度

命题分析

共有是所有权的特殊形态，共有形成和存续的基础关系关涉当事人特殊利益与特殊伦理基础，该知识点具有一定的理论性。命题角度往往在于共有关系的维系、共有人的内部和外部关系、夫妻共有的认定和分割。

考点解析

一、共有的分类

（一）共同共有

共同共有，是指二人以上根据共同关系对共有物**不分份额**地共同享有权利并承担义务的共有关系。共同共有人的权利义务及于全部共有财产（**而不仅仅局限于其占有或使用的部分**）。

共同共有类型包括：①夫妻共同共有；②家庭共同共有；③继承开始后遗产分割前，继承人对遗产的共有；④被宣告无效或者撤销的婚姻，当事人同居期间所得的财产的共有。

（二）按份共有

按份共有，是指二人以上**按照各自确定的份额**对共有物享有权利和承担义务的共有关系。

按份共有是指对所有权的抽象按份共有，不是对实物的分割共有。按份共有人对其应有份额享有处分权，有权自主决定转让、抵押其份额。类型包括合同共有、合伙共有、建筑物区分所有权业主共有等。

（三）共有推定

1. 共有形态推定

共有人共有的动产或不动产没有约定为按份共有或者共同共有的，或者约定不明确的，共有人具有家庭关系等，视为共同共有；不具有家庭关系的，视为按份共有。【如兄妹三人各自成家后，回家乡集资建房，推定为按份共有（各自成家，不再具有家庭关系）】

> **重要法条**：《民法典》第 1045 条：亲属包括配偶、血亲和姻亲。配偶、父母、子女、兄弟姐妹、祖父母、外祖父母、孙子女、外孙子女为近亲属。配偶、父母、子女和**其他共同生活**的近亲属为**家庭成员**。

2. 共有份额推定

共同共有人不分份额，即可推定没有份额之分。

按份共有人对共有的动产或不动产享有的份额，没有约定或者约定不明确的，按照出资额确定，不能确定出资额的，视为等额享有。

二、共有的效力

（一）共有物的处理

（1）共有物的管理、保存、改良、用益：约定不明确的，各共有人都有管理、保存、改良、使用权利和义务。单独使用收益（如出租），可能产生不当得利。

（2）共有物的处分、重大修缮：应当经占份额三分之二以上的按份共有人或者全体共同共有人同意。部分共有人擅自处分共有财产的，构成无权处分，适用善意取得制度。

（二）共有的外部债权债务关系

因共有物产生的债权债务，对外享有连带债权、承担连带债务（第三人明知不具有连带关系者除外）。按份共有人内部可以对超过部分的债务承担相互追偿。

（三）共有财产的分割

（1）分割条件：按份共有人可以随时请求分割；共同共有人在共有的基础丧失或者有重大理由需要分割时可以请求分割（形成权）。因分割对其他共有人造成损害的，应当给予赔偿。

重大理由包括：
①共有人破产；
②共有财产被强制执行；
③"少数共有人"对共有物的处分持不同意见的；
④家人病重急需用钱，共有人除共有财产外无其他财产。

（2）分割方式：共有财产可以分割并且不减损价值的，应当实物分割；难以分割或者因分割会减损价值的，应当进行价值分割。

（3）共有人分割所得的不动产或者动产有瑕疵的，其他共有人应当分担损失。

三、按份共有的优先购买权

（1）含义：按份共有人向第三人外部转让其享有的共有物份额的，其他共有人在同等条件下享有优先购买的权利。【注意：内部转让的，或因继承、遗赠等发生转让的，其他共有人不享有优先权（约定除外）】

（2）"同等条件"应当综合考虑转让价格、价款履行方式及期限等实质性区别。

（3）优先购买权的行使期间：
①转让人未通知的，为其他按份共有人知道或者应当知道最终确定的同等条件之日起十五日；
②转让人未通知，且无法确定其他按份共有人知道最终确定的同等条件的，为共有份额权属转移之日起6个月。

（4）优先购买权的冲突解决：两个以上按份共有人均主张优先购买权：内部协商；协商不成时，按照转让时各自份额比例行使优先购买权。

（5）侵害救济：按份共有人未通知其他按份共有人的，侵害其优先购买权：①其他按份共有人知道后，在其优先购买权行使期限内仍可以主张优先购买权；②其他共有人不得以其优先购买权受到侵害为由，仅请求撤销共有份额转让合同或者认定该合同无效；③其他按份共有人知道之时已经超出其权利行使期限的，不再享有优先购买权，但可以对出让人请求损害赔偿。

（6）共有人的购买权优于承租人的购买权。

> **要点把握**：内外有别；身份基础；谁更优先。

考点 9　物权的保护

命题分析

私有财产权具有神圣不可侵害性。物权的保护是指物权受到侵害的情况下，依照法律规定使物权人可以行使的权利恢复至圆满状态的各种保护方法。物权法"定纷止争"的功能需要物权保护机制的支撑。物权保护涉及物权效力或物权权能等相关制度，还涉及物权与债权的性质区分及请求权基础的确认，具有一定的理论深度和难度。考试的重点在于物权请求权以及占有回复请求权。

考点解析

一、物权请求权——源于支配的请求权能

物权请求权是指物权受到侵害或有被侵害危险时，为了恢复物权至未受到侵害时的圆满状态，物权人享有的、要求特定人为一定行为或不为一定行为的权利。物权的保护主要通过物权人行使物权请求权来实现，其主要包括返还原物请求权、排除妨碍请求权、消除危险请求权等方式。需从两方面把握物权请求权的特征：

（1）物权请求权是基于物权权能而生的防御性权利，是对物权支配状态的维持、回复请求权，义务人通常实施了违反"不作为"义务的行为，而被请求实施"作为"行为从而恢复物权原有状态。如返还原物请求权（占有的回复）、排除妨

害、防止妨害或消除危险请求权（原状的回复）。

（2）物权请求权原则上不受诉讼时效的限制（未登记的动产是例外）。物权请求权属于物权效力（支配权能）的体现，这种防御性权利通常是"隐而不发"；而只要"支配状态"处于被破坏过程中，权利人也可以随时向破坏者主张，因此无"诉讼时效"限制的必要性和可能性。

相比较而言，债权虽然也内含请求权能，但因债权的义务人的特定性、义务的积极性、内容的非公示性，故债权请求权具备时效限制的必要性和可能性。因此，同样是"原物返还请求权"，其请求权基础是物权还是债权，决定其是否受诉讼时效的限制，对当事人有实质性利害关系。

此要点的常规考查问题是"权利人能否依物权请求相对人返还财产"和"相对人能否主张时效抗辩"。

二、返还原物请求权

（一）含义

返还原物请求权是指权利人对无权占有不动产或者动产的人，请求其返还原物的权利。

（二）构成要件

（1）权利人为物权人，包括所有权人与他物权人，但抵押权人以及丧失占有的留置权人、质权人不得行使此项请求权。

（2）相对人为现时的无权占有人。

（三）效力

被请求人应当返还原物及孳息。

返还原物请求权 vs 占有返还请求权

区别点	返还原物请求权	占有返还请求权
权利主体	物权人（包括所有权人与他物权人）	占有人（包括直接占有人与间接占有人）
相对人	现时的无权占有人	现时侵占人及其继受人
构成要件	无权占有	占有被侵占
期限限制	一般无期限	自侵占之日起 1 年内

三、排除妨害请求权

（一）含义

排除妨害请求权，是指当物权的圆满状态受到他人以占有以外的方式妨害时，物权人对妨害人享有请求其排除妨害、从而使自己的权利恢复圆满状态的权利。妨害情形例如：因天灾致使自家围墙倒于邻居院中；在他人土地上堆放物品；制造难以忍受的噪音等。

（二）构成要件

（1）权利人为物权人；

（2）妨害人以占有之外的方法妨害物权人行使物权；

（3）妨害必须是非法的、不正当的，超出了正常的容忍限度；

（4）妨害状态继续存在；

（5）被请求人应为对妨害的除去具有支配力的人。

（三）效力

（1）中止妨害的继续存在。

（2）被请求人对于妨害的产生具有过错的，应当独自承担排除妨害的费用；无过错的，由双方合理分担排除妨害的费用。

四、消除危险请求权

（一）含义

消除危险请求权，又称损害防止请求权，是指物权人的物权有被他人侵害或损害的可能时，物权人享有的请求其消除危险的权利，例如请义务人对其可能倒塌的建筑物予以拆除。

（二）构成要件

（1）请求权人为物权人；

（2）物权人的物权有被他人妨害或损害的现实危险；

（3）提出请求时危险仍现实存在；

（4）被请求人应对危险的除去具有支配力。

（三）效力

（1）防止侵害实际发生；

（2）消除危险的费用原则上由被请求人承担，但若危险的产生是由不可抗力所致，或者危险的产生与请求权人自身有关时，应由请求人与被请求人合理分担费用。

五、占有的保护

为维护财产秩序和生活秩序的稳定，法律针对非物权人的占有同样给予保护。保护制度包括占有推定制度、占有回复请求权及债权保护机制。

（一）占有推定保护

1. 占有状态的推定

占有状态的推定，是指基于占有事实，推定占有人无瑕疵地具有某种占有状态，以维护其占有现状，包括自主占有的推定，善意占有的推定，以及前后连续占有的推定。

2. 占有权源的推定

占有权源的推定，是指占有人对其占有的动产具有某种占有物权的，推定其享有该物权。该推定旨在通过证明责任倒置，来维护动产占有人的占有基础。其要点包括：①自主占有人的所有权推定；②他主占有人的他物权人推定；③不适用"债权人"地位的推定，即不能基于占有人的占有，推定其随着占有的取得而享有相应的债权。

（二）占有的物权保护——占有回复请求权（占有之间的博弈）

占有的不动产或者动产被侵占的，占有人有权请求返还原物；对妨害占有的行为，占有人有权请求排除妨害或者消除危险。它是通过物上请求权，对占有人的占有状态予以恢复的救济机制，其前提当然是"回复"具有可能性！占有的物权保护请求权包括占有物返还请求权、排除妨害请求权、消除危险请求权三种。

占有物返还请求权：是指占有人在其占有物被他人侵占以后，可依法请求侵占人返还。

占有物的权利，其构成要件是：

（1）占有物被侵占。因他人非法侵占，占有人丧失对该物的管领和控制。

（2）请求权人为占有人。占有人包括直接占有人和间接占有人，但占有辅助人一般不得行使该请求权。

（3）被请求人为物的现实侵占人。如果侵占人已然丧失对该物的管领和控制且无法恢复时，将出现"回复"不能。

（4）须在发生侵占之日起1年内行使。占有人返还原物的请求权，自侵占发生之日起1年内未行使的，该请求权消灭。【特殊的短期诉讼时效期间：兼有物权请求和债权请求性质】

（三）占有的债权保护

对他人之物的占有，一方面受物权法的保护，另一方面也可以获得债法上的保护。占有的债权保护，意指因他人侵占或者妨害造成损害的，占有人有权请求损害赔偿。该请求权的法理基础可以解释为不当得利的返还，或者基于违约责任或者侵权责任的承担。该制度的理解和适用需注意以下几个方面：

（1）无权占有的善恶之分。对他人之物的占有分为有权占有和无权占有（欠缺本权的占有，或欠缺取得占有的合法依据）。一般占有可推定为有权占有，因此只有"无权占有"被证明，才可推翻有权占有的推定。无权占有可再分为"善意占有"和"恶意占有（不知占有为无权占有）"，且善意多被推定。注意善意向恶意的转化！如拾得遗失物后等待失主，拾得人属于善意无权占有；而后决定据为己有，转念之间变成恶意占有。

（2）无权占有人使用占有物及损害占有物的赔偿。善意无权占有人可以使用占有物，且不承担合理使用的损害责任；但恶意占有人因使用占有物致使受到损害的，应当承担赔偿责任。

（3）善意无权占有人的必要费用请求权。权利人可以请求无权占有人返还原物及其孳息（对权利人的物权保护），但应当支付善意占有人因维护该占有物支出的必要费用。

（4）无权占有的风险负担。恶意无权占有人需承担占有物的毁灭风险，应弥补、赔偿权利人损失。

考点10　用益物权

命题分析

物权法对私人所有权提供周全保护的同时，也肯认和倡导民事主体对他人财产的合理使用和收益，这是现代物权法"物尽其用"原则的重要体现。用益物权制度涉及我国财产制度的守成和变革的兼顾、不同利益诉求的调和，以及物权制度与债权制度的交叉，具有一定的综合性。该考点关涉我国农村土地改革的热点问题，因而容易进入主观题的命题范围。本考点建议考生重点把握土地承包经营权和地役权制度。

考点解析

一、土地承包经营权

（一）概述

土地承包经营权就是承包人（个人或单位）因从事种植业、林业、畜牧业、渔业生产或其他生产经营项目而承包经营农民集体所有的，或国家所有交农民集体使用的土地权利。土地承包经营权属于用益物权性质，当事人可以通过合同行为设立、流转、抵押、消灭土地承包经营权。

(二) 土地承包经营权的取得（设立）

1. 土地承包经营权的取得条件

（1）承包合同与期限：承包人应当与农民集体组织通过订立土地承包经营合同设定土地承包经营权。耕地的承包期为三十年。草地的承包期为三十年至五十年。林地的承包期为三十年至七十年。承包期限届满承包方可继续承包（《民法典》第332条）。

（2）登记颁证的效力：承包方于合同生效时取得土地承包经营权。登记机构应当向土地承包经营权人发放土地承包经营权证、林权证、草原使用权证，并登记造册，确认土地承包经营权。登记造册仅作为承包经营权的确认程序（《民法典》第333条）。

2. 土地承包经营权的取得方式

（1）家庭承包方式取得土地承包经营权

集体经济组织的成员以农户的名义，与集体经济组织签订承包合同，可创设土地承包经营权。一般农地的首次承包应当限于农村集体经济组织内部的农户，以凸显承包制度对集体组织成员的生产生活保障价值，尊重农户身份地位。在"集体所有权、农户承包权、实际经营权"三权分置的改革背景下，将承包人限制在内部成员中，并无不妥。

（2）招标、拍卖、公开协商等方式取得土地承包经营权

对于不宜采取家庭承包方式的荒山、荒沟、荒丘、荒滩等农村土地，可以采取招标、拍卖、公开协商等方式承包。

集体经济组织之外的人承包的，可以采用招标、拍卖、公开协商等方式承包。

(三) 土地承包经营权的流转

承包人取得了土地承包经营权之后，可以将承包经营权一并流转，也可以将其中的经营权分离出来单独流转，并可向集体经济组织外部流转。《民法典》规定了转让方式、用途限制、期限、登记问题。考生应当在"三权分置"模式下理解、掌握流转制度。

（1）承包经营权一并流转：①方式限于"互换和转让"；②须经批准；③不得用于非农建设；④未经登记，不得对抗善意第三人（《民法典》第334、335条）。

（2）经营权单独流转：①方式开放：出租、入股或其他方式。②流转期限为五年以上的土地经营权，自流转合同生效时设立（5年以内的，按照租赁债权处理）。③土地经营权未经登记，不得对抗善意第三人。④通过招标、拍卖、公开协商等方式承包农村土地并取得权属证书的，可采取出租、入股、抵押或者其他方式流转土地经营权（《民法典》第339~343条）。

二、地役权

（一）地役权的概念和特征

地役权是以他人土地供自己土地便利而使用以提高自己不动产效益的权利。其特征如下：

1. 地役权是使用他人土地的权利

地役权的客体是土地，并以该土地属于他人所有或者他人使用为要素。由于地役权的内容在于以此土地供彼土地之役，因而地役权的成立，必须有两块土地的存在。其一是为其便利而使用他人土地之地，称需役地；其二是为该土地便利而供其使用的土地，称供役地。

由于地役权不限于需役地所有人与供役地所有人的关系，供役地的承包经营权人、地上权人、典权人、采矿权人、承租人也应当受地役权的约束，自属当然之理。

2. 地役权是为自己土地便利的权利

使用供役地的目的，乃是为了需役地的便利。其内容有以下几类：

（1）以供役地供使用，如通行地役权。

（2）以供役地供收益，如用水地役权。

（3）禁止供役地为某种使用，如禁止在邻地建高楼，以免妨碍眺望。

3. 地役权具有从属性和不可分性

（1）地役权的从属性

地役权虽然是一种独立的权利，并非需役地所有权或者使用权的扩张，但它仍应当与需役地的所有权或者使用权共命运，这就是地役权的从属性。它主要体现在两个方面：

①地役权必须与需役地所有权或者使用权一同转移，不能与需役地分离而让与，即需役地所有人或者使用人不得自己保留需役地所有权或者使用权，而单将地役权让与他人，不得自己保留地役权而将需役地所有权或者使用权让与他人，也不得以需役地所有权或者使用权与地役权分别让与两个人。

②地役权不得与需役地分离而为其他权利的标的。如果在需役地上设定其他权利，则地役权亦包括在内，例如，在需役地上设定建设用地使用权，则建设用地使用权人也得行使地役权，不能单独将地役权作为其他权利的标的，如单独以地役权抵押、出租。

（2）地役权的不可分性

地役权为不可分的权利，即地役权不得被分割为两个以上的权利，也不得使其一部分消灭。在需役地分割时，地役权在分割后的地块的利益仍然存续。

（二）地役权关系与相邻关系之辨析

> **重点法条**：《民法典》第 374 条：地役权自地役权合同生效时设立。当事人要求登记的，可以向登记机构申请地役权登记；未经登记，不得对抗善意第三人。

产生的原因不同	地役权主要通过约定产生	相邻关系基于法律规定产生
性质不同	地役权是独立的用益物权	相邻关系是不动产所有权或使用权的延伸与扩张，不是独立的物权
内容不同	地役权的内容由当事人约定	相邻关系的内容是请求相邻的不动产
有偿性不同	地役权的取得可有偿可无偿	相邻关系的取得是无偿的
登记效力不同	地役权以登记为选择，未经登记，不得对抗善意第三人	相邻关系无须登记
期限上不同	地役权通常是有期限的	相邻关系通常无固定期限
功能不同	地役权规则主要是行为规范	相邻关系主要是裁判规范

考点 11　抵押权

命题分析

担保物权体系中的抵押权，历来成为考试中案例分析大题的高频率考点。必须全面掌握各个重要制度。尤其对抵押权的价值支配性、代位性、从属性的一般原理及特殊规制，须从理论上深度把握。

考点解析

一、抵押权的基本原理

抵押权，是指对债权人对于债务人或者第三人不移转占有而提供担保的财产，在债务人不履行债务或发生当事人约定的实现抵押权的情形时，依法享有就担保财产变价并优先受偿的权利。抵押权基本原理包括抵押权的从属性、不可分性、物上代位性，抵押权的设立的区分原则，抵押权的内容等几个方面。

（一）抵押权的基本属性

抵押权是就供担保标的物变价所得优先受偿的权利，是以支配不动产的交换价值、确保债权的清偿为目的，具有优先清偿效力之担保作用，具有从属性、不可分性及物上代位性。

1. 抵押权具有从属性

抵押权从属于主债权，抵押权的产生、效力、移转、消灭都从属于主债权。

> **重点法条**：《民法典》第407条：抵押权不得与债权分离而单独转让或者作为其他债权的担保。债权转让的，担保该债权的抵押权一并转让，但是法律另有规定或者当事人另有约定的除外。

> **例外规定**：根据《民法典》第421条的规定，最高额抵押担保的债权确定前，部分债权转让的，最高额抵押权不得转让，但当事人另有约定的除外。这是关于最高额抵押权在移转上从属性的"特别"的规定。在其担保的债权确定之前，最高额抵押权不具有移转上的从属性（但是当事人另有约定的除外）；在其担保的债权确定后，最高额抵押才具有移转上的从属性。
> 【注意：在其担保的债权确定后，最高额抵押权仍需坚持移转上的从属性】

2. 抵押权具有不可分性

抵押权的不可分性，是指抵押权及于抵押物的全部。《最高人民法院关于适用〈中华人民共和国担保法〉若干问题的解释》第71条规定："主债权未受全部清偿的，抵押权人可以就抵押物的全部行使其抵押权。抵押物被分割或者部分转让的，抵押权人可以就分割或者转让后的抵押物行使抵押权。"

《最高人民法院关于适用〈中华人民共和国担保法〉若干问题的解释》第72条规定第1款："主债权被分割或者部分转让，各债权人可以就其享有的债权份额行使抵押权。"

3. 抵押权的物上代位性

抵押权的物上代位性是指抵押权的效力及于抵押财产的变形物。《民法典》第390条：担保期间，担保财产毁损、灭失或者被征收等，担保物权人可以就获得的保险金、赔偿金或者补偿金等优先受偿。被担保债权的履行期未届满的，也可以提存该保险金、赔偿金或者补偿金等。

> **重点法条**：《民法典》第406条：抵押期间，抵押人可以转让抵押财产。当事人另有约定的，按照其约定。抵押财产转让的，抵押权不受影响。

（二）抵押权的设立

抵押权依抵押行为而设立。抵押行为是当事人（主债权人和主债务人或第三人）以意思表示设定抵押权的双方民事法律行为，其具体表现为抵押合同。

1. 抵押合同

根据我国物权法的规定，设立抵押权，当事人应当采取书面形式订立抵押合同。原《物权法》规定，当事人在订立抵押合同时，不得在合同中约定在债务履行期满抵押权人未受清偿时，抵押物的所有权转移为债权人所有。抵押合同中有上述约定无效，但该内容的无效不影响抵押合同其他部分的效力。《民法典》对"流押条款的效力"予以宽容，本着"债权行为与物权变动区分原则"，并没有否定合同条款的效力，只是不发生相关物权的变动效果（债权人取得所有权），但可以视为"抵押权"的约定内容，若符合抵押权设立的条件，当事人可以就该财产优先受偿。

> **重点法条**：《民法典》第401条：抵押权人在债务履行期限届满前，与抵押人约定债务人不履行到期债务时抵押财产归债权人所有的，只能依法就抵押财产优先受偿。

2. 抵押标的物

抵押物是指债务人或者第三人提供担保的财产。法律、行政法规未禁止抵押的一般动产和不动产均可作为抵押物。抵押权为"抵押物价值支配权"，抵押财产的价值在抵押权实现时予以确定。

根据法律规定，下列财产不得抵押：

（1）土地所有权；

（2）宅基地、自留地、自留山等集体所有土地的使用权，但法律规定可以抵押的除外；

（3）学校、幼儿园、医疗机构等以公益为目的成立的非营利法人的教育设施、医疗卫生设施和其他公益设施；

（4）所有权、使用权不明或有争议的财产；

（5）依法被查封、扣押、监管的财产；

（6）法律、行政法规规定不得抵押的其他财产。

3. 抵押登记

《民法典》就抵押权的设定，兼采了登记生效主义与登记对抗主义。

（1）登记生效主义

不动产的抵押，应当办理抵押物登记，抵押权自登记时发生效力。

> **注意**：该规则适用"建设用地使用权的"抵押，而不适用土地承包经营权的抵押。

（2）登记对抗主义

对于动产设定抵押，抵押权自抵押合同生效时发生效力；未经登记，不得对抗善意第三人。

这一类抵押物包括：①现有的以及将有的生产设备、原材料、半成品、产品；②交通工具；③正在建造的船舶、航空器。

（三）抵押权的内容

1. 抵押物的价值保全权

由于抵押权人并不直接占有抵押物，因此法律赋予抵押权人保全抵押物价值的权利。价值保全权包括：抵押物价值减少之防止权、抵押物价值之恢复原状或增加担保请求权以及加速到期请求权。

> **重点法条**：《民法典》第408条：抵押人的行为足以使抵押财产价值减少的，抵押权人有权请求抵押人停止其行为。抵押财产价值减少的，抵押权人有权请求恢复抵押财产的价值，或者提供与减少的价值相应的担保。抵押人不恢复抵押财产的价值也不提供担保的，抵押权人有权请求债务人提前清偿债务。

2. 抵押权人的处分权

抵押权虽然具有从属性，但也具有相对独立性，且抵押权在性质上仍然属于一种财产权，所以，依照私法自治原则，抵押权人可以对抵押权进行处分。抵押权人对抵押权的处分，是指抵押权人所享有的让与、放弃抵押权、将抵押权供作担保，以及让与、放弃和变更抵押权顺位等处分行为的总称。但抵押权人处分抵押权，不得损害其他抵押权人的利益。

> **重点法条**：《民法典》第409条：抵押权人可以放弃抵押权或者抵押权的顺位。抵押权人与抵押人可以协议变更抵押权顺位以及被担保的债权数额等内容，但是抵押权的变更，未经其他抵押权人书面同意，不得对其他抵押权人产生不利影响。

3. 优先受偿权

抵押权人的优先受偿权，是指债务履行期限届满，债务人不履行债务或发生当事人约定的实现抵押权的情形的，抵押权人以抵押物折价或以拍卖、变卖后的价款优先受偿的权利。抵押权人优先于一般债权人受偿。

> **重点法条**：《民法典》第410条：债务人不履行到期债务或者发生当事人约定的实现抵押权的情形，抵押权人可以与抵押人协议以抵押财产折价或者以拍卖、变卖该抵押财产所得的价款优先受偿。协议损害其他债权人利益的，其他债权人可以请求人民法院撤销该协议。抵押权人与抵押人未就抵押权实现方式达成协议的，抵押权人可以请求人民法院拍卖、变卖抵押财产。抵押财产折价或者变卖的，应当参照市场价格。

4. 物上请求权与孳息收取权

抵押权为物权的一种，抵押权人享有物权请求权。当抵押物被第三人非法侵占时，抵押权人可以行使抵押物返还请求权；当抵押权的圆满状态受到妨害时，抵押权人可以行使排除妨害请求权；当抵押权的圆满状态有受到妨害之虞时，抵押权人可以行使妨害防止请求权。另外，当抵押物被依法扣押时，抵押权人还可享有孳息收取权，但并非取得"所有权"，仍需要围绕着"价值保全"目的展开。

> **重点法条**：《民法典》第412条：债务人不履行到期债务或者发生当事人约定的实现抵押权的情形，致使抵押财产被人民法院依法扣押的，自扣押之日起抵押权人有权收取该抵押财产的天然孳息或者法定孳息，但是抵押权人未通知应当清偿法定孳息的义务人的除外。
>
> 前款规定的孳息应当先充抵收取孳息的费用。

二、抵押权行使的特殊规则

（一）"房地一体抵押"规则

建筑物或建筑物占用范围内的建设用地被单独设定抵押的，该二者推定一并抵押，权利人行使抵押权时可就二者同时优先受偿。但土地设定抵押后，地上新增建筑物不属于抵押财产，须随土地抵押权一并处理，但价款应予以留存、返还。

> **重点法条**：《民法典》第 397 条：以建筑物抵押的，该建筑物占用范围内的建设用地使用权一并抵押。以建设用地使用权抵押的，该土地上的建筑物一并抵押。
>
> 抵押人未依照前款规定一并抵押的，未抵押的财产视为一并抵押。
>
> 《民法典》第 417 条：建设用地使用权抵押后，该土地上新增的建筑物不属于抵押财产。该建设用地使用权实现抵押权时，应当将该土地上新增的建筑物与建设用地使用权一并处分，但新增建筑物所得的价款，抵押权人无权优先受偿。

（二）"正常经营对抗抵押"规则

> **重点法条**：《民法典》第 404 条：以动产抵押的，不得对抗正常经营活动中已支付合理价款并取得抵押财产的买受人。

《民法典》第 404 条是《民法典》针对动产抵押设置的新规则。根据该条的规定，动产抵押即使经过登记，仍不得对抗该条中规定的抵押财产的买受人。该条中抵押权人不能对抗之人必须同时满足以下几项条件：①必须是抵押财产的买受人。②该买受人必须是在正常经营活动中购买抵押财产。例如，汽车经销商将机动车抵押给银行后，又进行售卖，而买车人在 4S 店内购买了车辆。该项规定的立法理由在于，对于在正常经营活动中的买受人而言，法律不要求其考察标的物是否已被抵押。③买受人已支付价款。④买受人已经取得抵押财产的占有和所有权。

所谓"不得对抗"，就意味着：即使动产上已经设定了抵押权，并经过登记，对于满足本条规定条件的买受人而言，该抵押权视为不存在，后者仍可取得无权利负担的动产所有权，抵押权人不得向抵押财产的买受人主张抵押权。

（三）"先抵后卖"规则

抵押期间，抵押人可以自由转让抵押物，无须取得抵押权人同意，当然也不构成"无权处分"。若原债权合同有"禁止转让"约定，则可能构成抵押人违约。之所以不需要取得抵押权人同意，是因为《民法典》明确肯定抵押权的物权"追及效力"，其抵押权不受新买受人的对抗，新买受人只能以"权利瑕疵责任"追索出卖人。

抵押人转让抵押物后，须通知抵押权人。若抵押权人认为抵押人擅自转让抵押物有损抵押物的"价值保全"，则可主张债务"提前到期"，要求抵押人提前"代为清偿"或提存价款。

《民法典》也未规定买受人的"涤除权"，但根据该法第 524 条，买受人作为有利害关系的第三人，有权代债务人向债权人清偿，则可推断，买受人仍享有所谓"涤除权"。

> **重点法条**：《民法典》第406条：抵押期间，抵押人可以转让抵押财产。当事人另有约定的，按照其约定。抵押财产转让的，抵押权不受影响。
> 抵押人转让抵押财产的，应当及时通知抵押权人。抵押权人能够证明抵押财产转让可能损害抵押权的，可以请求抵押人将转让所得的价款向抵押权人提前清偿债务或者提存。转让的价款超过债权数额的部分归抵押人所有，不足部分由债务人清偿。
> 《民法典》第524条：债务人不履行债务，第三人对履行该债务具有合法利益的，第三人有权向债权人代为履行；但是，根据债务性质、按照当事人约定或者依照法律规定只能由债务人履行的除外。【如受让人的抵押涤除权；次承租人的租金代偿权】

（四）"抵押与租赁交织"规则

财产设定抵押权后，如果该财产之前已存在租赁权，或者之后又成立租赁权，由于"承租权"本身具有一定的"用益物权"对抗效力，如何处理抵押权和承租权，便需要特别规则予以调整。

（1）"先租后抵"：抵押人将已出租的财产抵押的，抵押权实现后，租赁合同在有效期内对抵押物的受让人继续有效。

> **注意**：《民法典》强调了承租人对租赁物的"占有"要件。

> **重点法条**：《民法典》第405条：抵押权设立前抵押财产已出租并转移占有的，原租赁关系不受该抵押权的影响。

（2）"先抵后租"：原物权法对此有所规定，抵押权设立后抵押财产出租的，该租赁关系不得对抗已登记的抵押权。《民法典》对此未加规定，其原因是《民法典》全面肯定了抵押权的"物权对抗力"，据此先成立的抵押权自然能对抗后成立的租赁权，不言自明。那么，"未登记"的抵押权能否对抗租赁权呢？依据"未登记不得对抗善意第三人"原理，则取决于承租人是否"知道或应当知道"。

(五)"动产买卖回抵优先"规则

该规则是《民法典》新设规则。买卖双方订立一份动产买卖,约定"先交货后付款",出卖人交付动产,买受人即取得标的物所有权。双方为担保出卖人价款债权的实现,又约定将该项动产设立抵押。该抵押权若在10天之内办理登记,则可以对抗买受人就该动产设立的其他担保物权(即其他抵押权或质权),但不能对抗留置权。所谓"对抗"意即"优先实现"。其实,动产买卖中对于出卖人的价款债权担保,当事人可以特别约定"所有权保留"担保方式,也可以约定此种"特殊回抵"方式。经济生活中许多"花式"担保,被民法宽容接纳!

> **重点法条**:《民法典》第416条:动产抵押担保的主债权是抵押物的价款,标的物交付后十日内办理抵押登记的,该抵押权人优先于抵押物买受人的其他担保物权人受偿,但是留置权人除外。

(六)"一物多抵"的顺位规则

一物一抵,规则简单。"一物多抵"时,需要确定抵押权的实现顺位。以同一财产向两个以上债权人抵押的,拍卖、变卖抵押财产所得的价款依照下列规则清偿(《民法典》第414条):

(1)抵押权已登记的,按照登记的先后顺序清偿;

(2)抵押权已登记的先于未登记的受偿;

(3)抵押权未登记的,按照债权比例清偿。

本条规则为其他涉及登记的担保物权,奠定了实现顺位的规则示范,其他可以登记的担保物权,清偿顺序参照抵押权。

(七)"多物一抵"的实现规则

"多物一抵"即共同抵押,即为同一债权就数个物设定抵押。在共同抵押中,数个抵押物并非结合而视为一物,而是在担保同一债权的目的上互相结合进行担保。共同抵押分为按份共同抵押和连带共同抵押。共同抵押中,原则上遵循"约定性、连带性、平等性"原则,即有约定依约定;没有约定,由债权人自由选择其抵押权的实现;特殊情况下,优先考虑债务人的抵押义务。因此,需重点掌握按份共同抵押与连带共同抵押中某一抵押人承担了担保责任后,有无追偿顺序限制的规定;还要注意是否存在债务人自己提供财产抵押。

1. 按份共同抵押(属于"有约定")

若两个以上的抵押人在设立抵押权时,分别或者共同与债权人约定各自仅对全部债权的特定份额承担担保责任的,为按份共同抵押,债权人行使抵押权时,只能按照约定的份额行使抵押权。抵押人承担了担保责任后只能向债务人追偿，不能向其他按份共同抵押人追偿，按份责任人之间不得相互追偿。

2. 连带共同抵押

对同一债权提供担保时，若两个以上的抵押人在设立抵押权时，未与债权人约定债权人行使抵押权的顺序与份额，为连带共同抵押。债权人行使抵押权时，不受顺序与份额的限制，可以就其中的任一抵押权行使担保权，也有权对所有的抵押权同时行使担保物权。

抵押人承担了担保责任后，可以向债务人全额追偿，不足部分，可以按照内部份额比例向其他连带共同抵押人追偿。

3. 债务人抵押的"优先"规则

一般情况下，债务人自己的抵押担保与第三人抵押担保并存时，在没有约定情形下并不存在"顺位优先"问题，即由债权人自由选择。但若债权人（抵押权人）对其抵押利益实施处分（抛弃抵押权、抛弃抵押顺位、或变更其抵押权），则会出现数个抵押权的效力变化。即债权人"消极行为不变；积极行为有变"，表现在：

（1）债权人未实施抵押利益的处分行为，其抵押权自由实现，各抵押人平等、连带。

（2）未经其他抵押权人书面同意，抵押权人处分抵押利益的，不得对其他抵押权产生不利影响。

（3）债务人自己提供抵押的，抵押权人处分抵押利益的，其他担保人（物保或人保）相应免责。

> **重点法条**：《民法典》第 409 条：抵押权人可以放弃抵押权或者抵押权的顺位。抵押权人与抵押人可以协议变更抵押权顺位以及被担保的债权数额等内容，但是抵押权的变更，未经其他抵押权人书面同意，不得对其他抵押权人产生不利影响。
>
> 债务人以自己的财产设定抵押，抵押权人放弃该抵押权、抵押权顺位或者变更抵押权的，其他担保人在抵押权人丧失优先受偿权益的范围内免除担保责任，但是其他担保人承诺仍然提供担保的除外。

（八）"浮动抵押"抵押财产确定规则

《民法典》第 396 条规定，企业、个体工商户、农业生产经营者可以将现有的以及将有的生产设备、原材料、半成品、产品设定抵押，债权人有权就抵押财产确定时的动产优先受偿。此所谓"浮动抵押"，即抵押物不固定，有别于一般的"固定抵押"。《民法典》简化并改造了原物权法的"浮动抵押"规则,但对财产"浮动"的"定止"规则予以保留。《民法典》第411条规定,动产设定浮动抵押的,抵押财产自下列情形之一发生时确定:

(1) 债务履行期限届满,债权未实现;

(2) 抵押人被宣告破产或者解散清算;

(3) 当事人约定的实现抵押权的情形;

(4) 严重影响债权实现的其他情形。

(九) 抵押权实现的期限规则

抵押权属于物权,本不存在消灭的诉讼时效的问题。但抵押权为担保债权而设立,属于附属权利,依附于主债权,应与主债权"同生死,共进退"。当主债权因时效期间届满,其请求效力弱化、消灭时,担保债权的请求效力也随之弱化、消灭,而以担保合同为效力基础的担保物权之对抗效力也减弱。所以才有了《民法典》表述的"在主债权诉讼时效期间未行使抵押权的,人民法院不再予以保护"。从法理上而言,这并非"抵押权的消灭"。

> **重点法条**:《民法典》第419条:抵押权人应当在主债权诉讼时效期间行使抵押权;未行使的,人民法院不予保护。

三、最高额抵押

(一) 概述

最高额抵押是指为担保债务的履行,债务人或者第三人对一定期间内将要连续发生的债权提供抵押担保,债务人不履行到期债务或者发生当事人约定的实现抵押权情形的,抵押权人有权在最高债权额限度内就该担保财产优先受偿。最高额抵押具有以下法律特征:

1	债权数额的可变性	最高额抵押担保的债权可以是前期债权,也可是将来债权
2	从属的特殊性	最高额抵押的主债权在确定前转让时,抵押权并不随之转移
3	债权限额的预定性	最高额抵押权须预定最高债权限额
4	债权实现的确定性	最高额抵押权的实现以对债权进行决算为必要

(二) 最高额抵押权的变更与转让

1. "债权的可变性"

《民法典》第422条规定:"最高额抵押担保的债权确定前,抵押权人与抵押人可以通过协议变更债权确定的期间、债权范围以及最高债权额,但变更的内容不得对其他抵押权人产生不利影响。"最高额抵押与普通抵押的重要区别就在于抵押有效设立之后,其担保的债权可以"浮动变化"。债权变更形态包括期限变更、范围变更、上限变更。

2. "抵押权的独立性"

《物权法》第 204 条规定:"最高额抵押担保的债权确定前,部分债权转让的,最高额抵押权不得转让,但当事人另有约定的除外。"一般抵押中,遵循"抵押权的附随性",即主债权移转的,抵押权随之移转,但最高额抵押中,由于"债权的可变性"衍生出"抵押权的独立性"。对此,需注意以下几点:

(1) 可转让的债权必须是已经确定的债权。在担保债权额确定前,最高额抵押所担保的债权无法转化为一个内容具体的债权,不具有转让的可能性(标的不能);但已经确定的债权可以转让。

(2) 所谓部分债权转让,通常不是指某特定债权被分割成若干部分债权而转让,而是指抵押合同约定的一定期间内已经发生的某个或某些债权的转让。

(3) 最高额抵押担保的债权确定前,部分债权转让的,最高额抵押权不随之转让。当事人约定部分债权转让、最高额抵押权也随之转让的,依当事人的约定。

(4) 最高额抵押担保的债权确定前,债权人转让部分债权的,除当事人另有约定外,房屋登记机构不得办理最高额抵押权移转登记。

(三) 最高额抵押债权的确定

最高额抵押权的确定,也称最高额抵押担保债权的确定,是指最高额抵押权所担保的一定范围内的不特定债权,由于一定事由的发生而变为具体、特定之债权。最高额抵押权的确定有利于确定最高额抵押权人的优先受偿范围,明确利害关系人的利益保护。

根据我国《物权法》的规定,最高额抵押权的确定事由主要有以下几类:

最高额抵押权所担保债权的确定条件(《民法典》第 423 条)	①约定的债权确定期间届满
	②没有约定债权确定期间或者约定不明确,抵押权人或者抵押人自最高额抵押权设立之日起满二年后请求确定债权
	③新的债权不可能发生
	④抵押权人知道或应知抵押财产被查封、扣押
	⑤债务人、抵押人被宣告破产或者解散清算
	⑥法律规定债权确定的其他情形

考点 12　质权

命题分析

质权分为动产质权和权利质权，对于动产质权，考生应重点掌握动产质权的设立，质权人和出质人的相关权利和义务等；而权利质权往往会结合民法其他理论一起考查，如债权转让、抵销等，难度较大，因此需综合理解和把握。

考点解析

一、动产质权

动产质权，是指债务人或者第三人将其动产移交债权人占有，将该动产作为债权的担保。债务人不履行债务时，债权人依法以该动产折价或者以拍卖、变卖该动产的价款优先受偿的权利。

（一）动产质权的标的物

动产充作质押财产须具备以下条件：
（1）须为特定化的动产，包括特定物和特定化的种类物。
（2）须为有交换价值的动产。
（3）须具可让与性。

（二）动产质权的设立

1. 质押合同

动产质押须采取书面形式订立质押合同；原《物权法》规定，在质权合同中，出质人和质权人不得约定在债务履行期届满，质权人未受清偿时，质物的所有权转移为质权人所有。质押合同中的此种约定无效，但该部分内容的无效不影响质押合同其他部分内容的效力。《民法典》对"流质条款的效力"予以宽容，本着"债权行为与物权变动区分原则"，并没有否定合同条款的效力，只是不发生相关物权的变动效果（债权人取得所有权），但可以视为"质权"的约定内容，若符合质权设立的条件，当事人可以就该财产优先受偿。

> **重点法条**：《民法典》第 428 条：质权人在债务履行期限届满前，与出人约定债务人不履行到期债务时质押财产归债权人所有的，只能依法就质押财产优先受偿。

2. 动产质押合同的生效与动产质权的设立

动产质押合同自合同成立之时起生效，但法律另有规定或当事人另有约定的除外；动产质权自质押合同出质人向质权人移转质押财产占有时设定（《民法典》第 429 条）。

出质人向质权人移转占有的行为，也就是交付行为。交付有多种形式，如现实交付、简易交付、指示交付、占有改定等。出质人移转质押财产的占有，并不以现实交付为必要，以其他方式交付亦可。但出质人不得以占有改定代替质权人对质押财产的占有。

3. 动产质权的善意取得

动产质权以占有为公示方法。对于动产，其所有人为何人第三者一般只能根据动产的占有来判断。占有发生移转，便"推定"权利适法移转。因此，从占有公信力的角度，善意债权人取得占有便应取得质权。同时，基于确保交易安全的目的，也应承认在无权处分人处分他人财产的情况下，善意第三人取得质物的占有便可以取得质权。

动产质权的善意取得的构成要件	须以设定质权为目的
	须出质人无处分质押财产的权利
	须质权人已占有该质押财产
	须质权人受让质押财产的占有时为善意，而不知出质人无处分权

（三）动产质权当事人的权利和义务

1. 质权人的权利和义务

权利	占有质物	质权人有权在债权受清偿前占有质物，并以质物的全部行使其权利
	收取孳息	质权人有权收取质物的孳息，但质权合同另有约定的除外。孳息应当先充抵收取孳息的费用
	保全质权	因不能归责于质权人的事由可能使质押财产毁损或者价值明显减少，足以危害质权人权利的，质权人有权要求出质人提供相应的担保
	优先受偿	债务人不履行到期债务或者发生当事人约定的实现质权的情形，质权人可以与出质人协议以质押财产折价，也可以就拍卖、变卖质押财产所得的价款优先受偿
	转质权	质权人在质权存续期间，为担保自己的债务，经出质人同意，以其所占有的质物为第三人设定质权的，应当在原质权所担保的债权范围之内，超过的部分不具有优先受偿的效力
	放弃质权	质权人可以放弃质权，但不得损害其他担保人利益（见下述法条）
义务	保管质押财产	质权人在享有占有质押财产的权利的同时，也负有在占有期间妥善保管质押财产的义务
	返还质押财产	债务人履行债务或者出质人提前清偿所担保的债权的，质权人应当返还质押财产

> **重点法条**：《民法典》第 435 条：质权人可以放弃质权。债务人以自己的财产出质，质权人放弃该质权的，其他担保人在质权人丧失优先受偿权益的范围内免除担保责任，但是其他担保人承诺仍然提供担保的除外。

2. 出质人的权利和义务

权利	处分质物	出质人并不丧失所有权，其仍有权处分质押财产
	追偿权	出质人代债务人清偿债务，或者因质权人行使质权致使其丧失质押财产的所有权时，有权向债务人求偿
	保全质物	质权人的行为可能使质押财产毁损、灭失的，出质人可以要求质权人将质押财产提存，或者要求提前清偿债务并返还质押财产
义务	损害赔偿	质物有隐蔽瑕疵造成质权人其他财产损害的，应由出质人承担赔偿责任。但质权人在质物移交时明知质物有瑕疵而予以接受的除外
	偿还必要费用	出质人对于质权人因保管质物所支出的必要费用，负有偿还义务

特别提示：未经同意的转质问题

质权人在质权存续期间，经出质人同意，可以进行有效转质。由于动产质物在质权人占有管控之中，在未经出质人（所有权人）同意情况下，擅自转质时有发生。该种转质是否有效、转质权如何行使、损害后果如何分配，《民法典》并未明说。特作以下说明：

（1）擅自转质行为并非无权处分。质权人取得的质权，具有物权性质，质权人再实施转质，属于有权处分（但如果实施质物出卖、赠与则构成无权处分）。所以，转质并不因此无效。

（2）"未经第三人同意"的合同行为，也不因此构成合同当然无效。如未经抵押权人同意转让抵押物的合同、未经出租人同意的转租合同、未经代理人追认的代理合同等，在合同相对性原理支持下，均可以有效，尽管事后可能被撤销、或主张无效。所以，转质合同有效。

（3）立法也未明确表述"无效""禁止""不得"等字眼，表明对行为效力持宽容态度。

（4）但对该行为产生的损害后果，立法还是予以明确规定。擅自转质，属于"擅自使用、处分质押财产"，造成损害的，应当赔偿。意即如果没有损害（如质物所有权圆满弹回），则无须承担赔偿责任。

> **重点法条**：《民法典》第431条：质权人在质权存续期间，未经出质人同意，擅自使用、处分质押财产，造成出质人损害的，应当承担赔偿责任。
>
> 《民法典》第434条：质权人在质权存续期间，未经出质人同意转质，造成质押财产毁损、灭失的，应当承担赔偿责任。

（四）动产质权的消灭情形

（1）被担保的债权因法律规定的原因而消灭。

（2）质权因行使而消灭。

（3）质权因质物灭失而消灭。

（4）质权因质权人抛弃而消灭。

二、权利质权

权利质权是为了担保债权清偿，就债务人或第三人所享有的权利设定的质权。权利质权除了一些特殊问题外，准用动产质权的规定。因此，权利质权是一种准质权。

权利质权与动产质权的区别如下：

	动产质权	权利质权
标的物不同	动产，有体物	权利，无体物
标的物所受限制不同	标的物范围广泛	标的物范围较窄
权利公示方式不同	交付占有	交付占有权利凭证或者完成登记
权利保全方法不同	质权人对质押动产的实际掌握、控制	出质人处分质押权利受法律限制
权利实现方法不同	折价、拍卖、变卖	较复杂，还可以向出质人的债务人主张权利

（一）可以出质的权利的特征与范围

1. 可以出质的权利的特征

权利质权的标的是权利，但不是说任何权利都可以作为权利质权的标的。能够作为权利质权的标的的权利，在性质上必须具有下列特点：

必须是财产权	财产权包括物权、债权及无体财产权等可以用金钱价格评估的权利。人格权、身份权等人身权，具有非财产性，不能作为权利质权的标的
必须是可让与的财产权	只有可让与的财产权才可以作为权利质权的标的。设定权利质权，目的是就该权利交换价值受偿
必须是不违背质权性质的财产权	质权是动产质权，不动产原则上不能设定质权。因此不动产物权，如典权、地上权，不能设定权利质权

2. 可以出质的权利的范围

《民法典》第440条规定了可以出质的权利的范围：债务人或者第三人有权处分的下列权利可以出质：

（1）汇票、本票、支票；
（2）债券、存款单；
（3）仓单、提单；
（4）可以转让的基金份额、股权；
（5）可以转让的注册商标专用权、专利权、著作权等知识产权中的财产权；
（6）现有的以及将有的应收账款；
（7）法律、行政法规规定可以出质的其他财产权利。

（二）权利质权的设定

特别说明：《民法典》在物权担保制度设计中，坚持了物权变动与债权合同的区分原则，因此就有了债权合同"书面形式"要件要求。但在设计"权利"质押制度时，并不要求具备"书面形式"的债权合同。由于权利质权虽然是一种物权，但一般没有真正意义"物"之存在，这些"财产性权利"在形式上多以权利凭证、证券化呈现，而且往往本身就是一种"书面"债权，因此再要求"书面债权合同"实无必要。同理，"债权合同与物权变动"区分原则在此没有多大适用空间。据此，"权利凭证"的交付似乎就是权利质权设立的唯一要件。没有或不需要权利凭证的，完成出质登记即可。从应试角度，需要区分哪些需要交付权利凭证；哪些需要办理出质登记。

重点法条：《民法典》第441条：以汇票、本票、支票、债券、存款单、仓单、提单出质的，质权自权利凭证交付质权人时设立；没有权利凭证的，质权自办理出质登记时设立。

> 《民法典》第 443 条：以基金份额、股权出质的，质权自办理出质登记时设立。
>
> 《民法典》第 444 条：以注册商标专用权、专利权、著作权等知识产权中的财产权出质的，质权自办理出质登记时设立。
>
> 《民法典》第 445 条：以应收账款出质的，质权自办理出质登记时设立。

（三）权利质权的效力

1. 权利质权对于出质人的效力

权利质权对于出质人的效力，主要体现在对其就权利的处分权的限制上，即非经质权人同意，出质人不得以法律行为使其消灭或变更，以保护质权人的权利。

所谓"以法律行为使其消灭"，如以免除或抵销的方式使作为标的物的债权消灭。

所谓"以法律行为使其变更"，是指以契约的方式使债权期限延长或减少利息或变更债的内容等。这些均对质权人不利，因此法律对此必须加以特别限制。

2. 权利质权对于质权人的效力

（1）质权人的权利。包括对证书或证券的留置权、孳息收取权、权利转质、优先受偿权。

（2）质权人的义务。质权人应以一个善良管理人的注意对权利质权的标的物，即权利进行保全。

考点 13　留置权

命题分析

"留置权"是一种法定担保物权，具有一定的理论特殊性和独立性，涉及合同法、商法和物权法的相关制度，有一定的综合性，主观题容易设题。留置权的难度不大，需重点掌握留置权取得的积极要件、留置权的善意取得、商事留置权以及留置权的消灭等知识点。

考点解析

一、留置权的概念和特征

（一）留置权的概念

留置权，是指债务人不履行到期债务时，债权人所享有的留置其已经合法占有的债务人的动产，并就该动产优先受偿的权利。其中，债权人为留置权人，占有的动产为留置财产。

（二）留置权的特征

(1) 法定的担保物权	不论债权人和债务人是否有约定，只要具备我国《物权法》规定的条件，留置权当然产生
(2) 与担保债权有牵连性	债权人留置的财产与债权属于同一法律关系（商事留置权除外）
(3) 合法先占留置动产	留置权以动产的占有为要件；债权人丧失占有即丧失留置权
(4) 效力具有双重性	留置效力 + 留置财产的变价受偿

（三）留置权与同时履行抗辩权的区别

区别点	留置权	同时履行抗辩权
权利性质	担保物权	债权的自力救济工具
制度目的	担保债权实现，维护一方利益	促使双方履行义务，衡平双方利益
成立要件	一方占有对方财产	双务合同具有对价性
适用范围	不限于合同之债	一般发生在双务合同中
行使效力	留置 + 变价受偿	中止履行 + 阻却违约

二、留置权的取得

留置权是法定权利，只有在符合法律规定的条件下，债权人才取得留置权，包括积极要件和消极要件。

（一）留置权取得的积极要件

（1）须债权人占有债务人的动产。根据原《担保法》第 84 条的规定，债权人可以就履行保管合同、运输合同、加工承揽合同而占有的债务人动产行使留置权。债权人须合法占有债务人的财产，其占有方式是直接占有还是间接占有均可。但单纯的持有，如雇用人操持家务，则其在工作中使用家中的器具，是持有而不是占有，故不能成立留置权。债务人代债权人占有留置物的，留置权不成立。

债权人合法占有债务人交付的动产时，不知道债务人无处分该动产的权利，债权人仍可以依法享有留置权（留置权的善意取得）。

（2）须债权已届清偿期。债权人虽占有债务人的动产，但在债权尚未届清偿期时，尚不发生债务人不履行债务的问题。只有在债权已届清偿期，债务人仍不履行债务时，债权人才可以留置债务人的动产。

债权人的债权未届清偿期，其交付占有标的物的义务已届清偿期的，不能行使留置权。但是，债权人能够证明债务人无支付能力的除外。

（3）须债权的发生与该动产有牵连关系。留置权中，债权人占有债务人的动产必须与其债权的发生有牵连关系，即债权的成立与标的物的占有是基于同一合同关系。但企业之间留置权的成立不必具备法律关系的同一性。

（二）留置权取得的消极条件

（1）对动产的占有不是因侵权行为取得（不符合"合法占有"条件）。例如，窃贼即使对盗赃支出了必要费用，也不享有留置权。

（2）对动产的留置不违反公共利益或善良风俗（不符合广义的"合法"条件）。对动产的留置如果违反公共利益或善良风俗，如留置他人的居民身份证、留置他人尸体、骨灰等，为法律所不许。

（3）对动产的留置不得与债权人的义务相抵触。债权人留置债务人的动产如果与其所承担的义务相抵触时，亦不得为之。例如，承运人有将货物运送到指定地点的义务，在运送途中，不得以未付运费而留置货物。

三、留置权的效力

（一）留置权人的权利

扣押留置财产	在债务人不履行债务时，债权人就可以留置标的物，拒绝债务人交付标的物的请求
收取留置物孳息	收取的孳息，应先充抵收取孳息的费用
请求偿还保管费用	债权人因保管留置物所支出的必要费用，有权向债务人请求返还
就留置物优先受偿	债务履行期届满后一定宽限期过后，留置权人可行使优先受偿权

（二）留置权人的义务

容留宽限期	留置权成立的，留置权人应当给债务人两个月以上履行债务的期间，但当事人约定合理期间者或留置鲜活易腐等不易保管的动产除外
保管留置物	留置权人负有妥善保管留置财产的义务；因保管不善造成留置财产毁损、灭失的，应当承担民事赔偿责任
返还留置物	在留置权所担保的债权消灭，或者债权虽未消灭，债务人另行提供担保时，债权人应当返还留置物给债务人

四、留置权的消灭

留置权消灭的原因主要有：①主债权消灭；②留置权实现；③留置物灭失；④债务人另行提供担保并被债权人接受；⑤留置权人对留置财产丧失占有。

考点14 混合担保、担保竞合、非典型担保

命题分析

"担保物权的竞合"是同一标的物上多个担保物权的组合担保，而"混合担保"是对同一债权存在不同担保方式的组合担保。二者极容易引起混淆，且具有一定的综合性。"担保的竞合"与"混合担保"属于本学科的高频、高难考点。

"混合担保"属于法考必考点，且难度较大，考生需要全面掌握物权法《民法典》第392条所涉及的担保规则。

"买卖型担保"近年来连续考查，这是法考对司法实践的热烈回应，也是对"物权法定"原则僵硬性的反思。对今后的法考具有导向意义。

另外，《九民纪要》重点对"让与担保"等非典型担保问题进行了司法层面的规制。

考点解析

一、混合担保

（一）混合担保概述

"一债多保"的共同担保，分为同质共同担保和混合共同担保。同质共同担保又可分为多重物保（即多重抵押、多重质押、抵押与质押重合）和多重保证（人保）。对于同质共同担保，当事人对担保顺位或份额未约定或约定不明的情况

下，法律并没有特别加以规定，可推定由权利人（债权人）自由主张。考试中不难把握，故本考点不予讲述。但对于"异质混合担保"民法特别加以规制，也是掌握难点，本考点重点介绍。

所谓混合担保，指针对同一个债务既有物权担保（抵押、质押），又有第三人的保证担保（人保）而形成的多人、多种类的共同担保，其与共同抵押、共同保证等共同担保相区别。

混合担保的法律意义在于：当债务人不履行到期债务或担保权实现条件成就时，担保债权人按照何种比例、何种顺序向担保人行使担保权利、实现担保利益。混合担保问题较为复杂，需对担保权利的行使规则、担保人的免责规则以及担保人承担责任后的追偿规则作一体把握，尤其要注意是否有债务人提供的物权担保混合其中，其对担保权利的行使规则有重要影响。

（二）混合担保的适用规则

《民法典》第392条规定，被担保的债权既有物的担保又有人的担保的，债务人不履行到期债务或者发生当事人约定的实现担保物权的情形，债权人应当按照约定实现债权；没有约定或者约定不明确，债务人自己提供物的担保的，债权人应当先就该物的担保实现债权；第三人提供物的担保的，债权人可以就物的担保实现债权，也可以请求保证人承担保证责任。提供担保的第三人承担担保责任后，有权向债务人追偿。

被担保的债权既有物的担保又有人的担保的，债务人不履行到期债务或者发生当事人约定的实现担保物权的情形时，债权人按照何种规则行使担保权、实现自己的债权利益，依照相关法律规定，归纳如下：

1. 约定优先规则

物保和人保的实现顺序应当首先根据当事人之间的约定来确定。该规定充分尊重当事人的意思自治，适用"约定优先于法定"规则。

2. 债务人物保优先规则（债权人行使权利受限）

债务人的物保与第三人人保"混合"时，且没有约定或未达成约定的，债权人应当先就债务人自己提供的物权担保实现债权，如果通过实现针对债务人的担保物权不能满足其债权时，再对其他担保人主张相应的担保责任，否则，其他担保人享有"先诉抗辩权"。该规则衍生规则是：若债权人放弃实现债务人提供的物的担保，则其他担保人在债权人丧失优先受偿权益的范围内免责。

3. 第三人物保和人保效力平等规则（债权人自由行权）

既有第三人提供物保，也有第三人提供人保的，债权人可以就物保实现债权，也可以要求保证人承担保证责任，即物保和人保效力平等。

(三) 共同担保中的追偿问题

共同担保的多个第三人如果依法承担了担保责任后,如何实现自己的追偿权?在债务人和其他担保人之间有无顺位规定?对此,现行立法并无明确规定。

《民法典》第392条规定,提供担保的第三人承担担保责任后,有权向债务人追偿。《最高人民法院关于适用〈中华人民共和国担保法〉若干问题的解释》第38条进一步规定,承担了担保责任的担保人,可以向债务人追偿,也可以要求其他担保人清偿其应当分担的份额。

依照法理和实务,本书认为,承担了担保责任的第三人,应先向债务人追偿,未受偿还部分可向其他第三担保人追偿。因为,虽然依照司法解释,第三人承担了担保责任后,进行追偿时有"选择权",但其他共同担保人也有"抗辩权",即债务人能够满足其追偿利益时,被追偿的其他担保人可以拒绝偿还。其法理依据在于:第三人承担担保责任属于"替代责任",其替代的是债务人的清偿义务,而非其他担保人的清偿义务;而追偿权是替代责任的逻辑结果,"为谁担责,向谁追偿"!可见,第三人行使追偿权应当有顺序限制,首先追债务人。

二、担保竞合

(一) 含义:一物(动产)之上存在多个担保物权

法考大纲专设"担保物权的竞合"一节,解决一物之上先后出现多种担保物权的问题。在《民法典》物权编确立的担保物权体系中,不动产仅能成为抵押权的客体,而在动产之上,既可以成立抵押权,亦可成立动产质权,同时法定留置权也以动产为客体。因此,在理解所谓"担保物权竞合"问题时,首先需要认识以下这一点:凡涉及一物之上并存两种以上担保物权且需要确定优先顺序的,必然发生在动产之上。

在一物之上依法成立数个不同类型的担保物权时,法律上的问题表现为该数个担保物权相互之间的优先性问题,故下文仅讨论此优先性问题,即留置权、质权、抵押权并存于一物之上的优先顺序问题。

(二) 相关规定及其适用

《民法典》第414条:同一财产向两个以上债权人抵押的,拍卖、变卖抵押财产所得的价款依照下列规定清偿:

(1) 抵押权已登记的,按照登记的时间先后确定清偿顺序;

(2) 抵押权已登记的先于未登记的受偿;

(3) 抵押权未登记的,按照债权比例清偿。

其他可以登记的担保物权,清偿顺序参照适用前款规定。

《民法典》第415条：同一财产既设立抵押权又设立质权的，拍卖、变卖该财产所得的价款按照登记、交付的时间先后确定清偿顺序。

《民法典》第456条："同一动产上已设立抵押权或者质权，该动产又被留置的，留置权人优先受偿。"

《最高人民法院关于适用〈中华人民共和国担保法〉若干问题的解释》第79条规定："同一财产法定登记的抵押权与质权并存时，抵押权人优先于质权人受偿。同一财产抵押权与留置权并存时，留置权人优先于抵押权人受偿。"

【浮动抵押的效力】《九民纪要》第64条：企业将其现有的以及将有的生产设备、原材料、半成品及产品等财产设定浮动抵押后，又将其中的生产设备等部分财产设定了动产抵押，并都办理了抵押登记的，根据《物权法》第199条（《民法典》第414条）的规定，登记在先的浮动抵押优先于登记在后的动产抵押。

【动产抵押权与质权竞存】《九民纪要》第65条：同一动产上同时设立质权和抵押权的，应当参照适用《物权法》第199条（《民法典》第414条）的规定，根据是否完成公示以及公示先后情况来确定清偿顺序：质权有效设立、抵押权办理了抵押登记的，按照公示先后确定清偿顺序；顺序相同的，按照债权比例清偿；质权有效设立，抵押权未办理抵押登记的，质权优先于抵押权；质权未有效设立，抵押权未办理抵押登记的，因此时抵押权已经有效设立，故抵押权优先受偿。

就同一动产上发生两项以上担保物权的优先顺序问题，可分以下几个层次说明：

（1）凡存在留置权参与竞合的，按法理及《民法典》第456条之规定，留置权恒优先于其他担保物权，即留置权人先于其他担保物权人（抵押权人或质权人）受偿。不管发生时间先后，也不管是否登记。法理基础在于：留置权为法定担保物权，而且留置权人实际占有标的物。

（2）如果一物之上先后设立了抵押权和质权，则"先看是否公示（交付或登记），再看公示时间"。如抵押人先将A物为甲设立了抵押权，然后利用物尚在自己手中的事实，再用A物为乙设立质权并为交付，设两个担保的设立均无效力瑕疵，则抵押权与质权何者优先，须取决于在先设立的抵押权是否经过登记：

①若抵押权经过登记，即甲乙的权利均完成公示，但因甲登记在先，其抵押权优先于乙的质权受偿；再设甲的登记是后于乙的占有完成的，则乙优先于甲受偿。

②若甲的抵押权未经登记，但因乙的质权完成公示（占有），乙优先于甲受偿。

③再设甲的抵押权未登记，且乙的质权未完成交付，则因质权并未成立，并无比较之必要，甲的抵押权未经登记就能成立，自然优先于乙受偿。

> **解题要点**：登记的抵押权与质权比较，看公示时间先后定顺位！

（3）同类型的抵押权或质权相互竞合，则直接按照"是否公示＋公示先后"定受偿顺位。

三、关于非典型担保（《九民纪要》的相关内容）

（一）"非典型担保"的司法态度

1. 担保关系的认定问题

当事人订立的具有担保功能的合同，不存在法定无效情形的，应当认定有效。虽然合同约定的权利义务关系不属于物权法规定的典型担保类型，但是其担保功能应予肯定（《九民纪要》第66条）。

2. 约定担保物权的效力问题

债权人与担保人订立担保合同，约定以法律、行政法规未禁止抵押或者质押的财产设定以登记作为公示方法的担保，因无法定的登记机构而未能进行登记的，不具有物权效力。当事人请求按照担保合同的约定就该财产折价、变卖或者拍卖所得价款等方式清偿债务的，人民法院依法予以支持，但对其他权利人不具有对抗效力和优先性（《九民纪要》第67条）。

（二）买卖型担保

所谓"买卖型担保"，指的就是《最高人民法院关于审理民间借贷案件适用法律若干问题的规定》第24条规定的情形，即民间借贷当事人以买卖某标的物的方式为借款提供非典型担保。条文规定"当事人以签订买卖合同作为民间借贷合同的担保，借款到期后借款人不能还款，出借人请求履行买卖合同的，人民法院应当按照民间借贷法律关系审理，并向当事人释明变更诉讼请求。当事人拒绝变更的，人民法院裁定驳回起诉"。

按照民间借贷法律关系审理作出的判决生效后，借款人不履行生效判决确定的金钱债务，出借人可以申请拍卖买卖合同标的物，以偿还债务。就拍卖所得的价款与应偿还借款本息之间的差额，借款人或者出借人有权主张返还或补偿。

买卖型担保与流押差异明显，当事人无抵押的意思，而且，其约定的后果也非标的物所有权的直接移转，而是买卖合同的生效。

（三）流押、流质担保

《民法典》第 401 条规定：抵押权人在债务履行期限届满前，与抵押人约定债务人不履行到期债务时抵押财产归债权人所有的，只能依法就抵押财产优先受偿。

《民法典》第 428 条规定：质权人在债务履行期限届满前，与出质人约定债务人不履行到期债务时质押财产归债权人所有的，只能依法就质押财产优先受偿。

所谓"流押、流押"，指的是当事人在抵押合同、质押合同中约定，债务人不履行到期债务的，担保物所有权直接归抵押权人、质权人所有。我国原《物权法》规定流押、流质条款无效。但《民法典》采宽容态度，即不再直接认定"流押、流质条款部分无效"，并在"债权行为与物权变动"框架下，有条件地认可这些条款的担保效力。

《民法典》认为，债权人不能直接依照约定取得担保物的所有权，但可以"依法"就担保标的财产优先受偿，实现当事人约定的担保目的。如何理解"依法优先受偿"，本书认为可做如下解释：

第一，由于担保合同有效，债权人可在担保物的价值范围内请求抵押人、质押人代为清偿所担保的债务。

第二，将该条款约定视为抵押权条款或质权条款，如果当事人"依法"完成了担保物权的设立条件（不动产抵押完成登记、动产质押完成交付），且不存在其他担保权设立的瑕疵（如书面要求、处分权要求、合法性要求等），就可以直接要求实现抵押权或质权。而对于动产抵押而言，由于并不需要登记，则可以立刻成立抵押物权，并可实现抵押权，只不过该抵押权不能对抗善意第三人。

（四）让与担保（《九民纪要》第 71 条）

1. 含义

债务人或者第三人与债权人订立合同，约定将财产形式上转让至债权人名下，债务人到期清偿债务，债权人将该财产返还给债务人或第三人；债务人到期没有清偿债务，债权人可以对财产拍卖、变卖、折价偿还债权。

2. 法律后果

（1）合同有效。合同如果约定债务人到期没有清偿债务，财产归债权人所有的，人民法院应当认定该部分约定无效，但不影响合同其他部分的效力。

（2）所有权不转移。当事人根据上述合同约定，已经完成财产权利变动的公示方式转让至债权人名下，债务人到期没有清偿债务，债权人请求确认财产归其所有的，人民法院不予支持。

（3）可以就标的物优先受偿。但债权人请求参照法律关于担保物权的规定对财产拍卖、变卖、折价优先偿还其债权的，人民法院依法予以支持。债务人因到期没有清偿债务，请求对该财产拍卖、变卖、折价偿还所欠债权人合同项下债务的，人民法院亦应依法予以支持。

（五）担保性以物抵债

1. 履行期届满后达成的以物抵债协议

根据《九民纪要》第44条规定，当事人在债务履行期限届满后达成以物抵债协议，抵债物尚未交付债权人，债权人请求债务人交付的，人民法院要着重审查以物抵债协议是否存在恶意损害第三人合法权益等情形，避免虚假诉讼的发生。经审查，不存在以上情况，且无其他无效事由的，人民法院依法予以支持。

2. 履行期届满前达成的以物抵债协议

根据《九民纪要》第45条规定，当事人在债务履行期届满前达成以物抵债协议，抵债物尚未交付债权人，债权人请求债务人交付的，因此种情况不同于本纪要第71条规定的让与担保，人民法院应当向其释明，其应当根据原债权债务关系提起诉讼。经释明后当事人仍拒绝变更诉讼请求的，应当驳回其诉讼请求，但不影响其根据原债权债务关系另行提起诉讼。

考点15　债的履行与债的消灭

命题分析

债的效力体现于债的履行，债的目的也在于履行，可以说债法的全部内容都围绕着债务人如何履行义务、实现债权人的利益、终结债的关系，以及出现履行瑕疵时如何进行调整。债的履行问题涉及债的履行原则、履行规则、履行瑕疵、履行抗辩等内容，也是违约责任甚至侵权责任承担的基础。债的履行导致债的消灭，但债的消灭还有其他典型原因，需要整体把握。

该知识点的掌握具有体系意义，也是全面考查债的基本原理的合理视角。

考点解析

一、债的履行概述

债的履行指依债之内容，债务人按照约定或者依照法律的规定，全面地、适当地完成自己所负义务，实现债权人利益的行为。债的履行是以满足债权为目的的"给付"行为；也是以消灭债之关系的"清偿"行为。履行内容包括交付财物、支付价金、移转权利、提供劳务、提交成果或不作为。当事人应当按照约定和法律规定全面履行自己的义务。当事人应当遵循诚实信用原则，根据债的性质、目的和交易习惯履行通知、协助、保密等义务。债的履行还须遵循经济合理原则。

二、债的履行规则

（一）实际履行

实际履行，是指债务人须按照债的本旨和成立时的内容，履行义务，不得随意改变，也不得以承担违约责任来代替履行，应当在可能的情况下仍需继续完成履行。

实际履行通常作为一种违约救济方式。但该救济方式的适用需符合条件：

（1）须为非金钱之债，金钱之债不存在实际履行的问题。
（2）实际履行可能，即不存在法律不能或事实不能情形。
（3）履行内容具有可强制性。
（4）符合效益原则，履行费用不可过高。
（5）经债权人请求。

（二）第三人履行问题

1. 一般第三人代为履行（代为受领履行）

狭义的"代为履行"是指第三人按照当事人的约定或指定代替债务人而为履行或受领履行。这是履行主体的特殊规则，但仍须遵循债的相对性原理。

> **重点法条**：《民法典》第 522 条第 1 款：当事人约定由债务人向第三人履行债务，债务人未向第三人履行债务或者履行债务不符合约定的，应当向债权人承担违约责任。
>
> 《民法典》第 523 条：当事人约定由第三人向债权人履行债务，第三人不履行债务或者履行债务不符合约定的，债务人应当向债权人承担违约责任。

> **注意区分**：代理履行——第三人作为代理人代债务人履行，其后果按照代理关系处理。
>
> 代位履行——第三人基于特殊的法律关系以债务人的法律地位，实施履行（如保证人的履行；连带债务人的履行；次债务人的代位履行；财产代管人的债务履行等）。

2. 利益第三人的代为履行

当事人约定第三人享有独立的请求权，向债务人请求履行。该规则适当突破了债的相对性，而且援用了"债权移转"的"抗辩权援用"规则。

> **重点法条**：《民法典》第522条第2款：法律规定或者当事人约定第三人可以直接请求债务人向其履行债务，第三人未在合理期限内明确拒绝，债务人未向第三人履行债务或者履行债务不符合约定的，第三人可以请求债务人承担违约责任；债务人对债权人的抗辩，可以向第三人主张。

3. 合法介入的第三人代为履行

在债的相对性原理约束下，第三人通常在当事人约定下或法律特别规定下介入债的履行，否则构成对他人交易生活的不当干扰。但《民法典》新设了一种第三人主动介入的代为履行情形，条件是：债务人的不履行影响到该第三人的合法利益，第三人主动代债务人履行了，己方利益可以得到有效维护。债权人接受第三人履行后，视为向第三人转让了该笔债权，第三人替代了债权人的法律地位。此种制度典型适用情形为：①次承租人为避免租赁合同解除而代付租金；②买受人为涤除抵押权而代为清偿主债务。

> **重点法条**：《民法典》第524条：债务人不履行债务，第三人对履行该债务具有合法利益的，第三人有权向债权人代为履行；但是，根据债务性质、按照当事人约定或者依照法律规定只能由债务人履行的除外。债权人接受第三人履行后，其对债务人的债权转让给第三人，但是债务人和第三人另有约定的除外。

（三）选择之债的履行规则（《民法典》第515、516条）

对于约定多项标的的"选择之债"，由于债务人只需选择其中一项，如何处理？《民法典》规定：

（1）法律有规定、当事人有约定或者有交易习惯者，从之。

（2）无前述情形的，由债务人选择。

（3）享有选择权的当事人在约定期限内或者履行期限届满未作选择，经催告后在合理期限内仍未选择的，选择权转移至对方。

（4）当事人行使选择权应当及时通知对方，通知到达对方时，债务标的确定。确定的债务标的不得变更，但是经对方同意的除外。

> **注意**：选择权为形成权，行使后即告消灭，不得变更或撤销。

（5）当事人不得选择不能履行的标的，但是该不能履行的情形是由对方造成的除外。

（四）连带债务的履行规则（《民法典》第520条）

（1）部分连带债务人履行、抵销债务或者提存标的物的，其他债务人对债权人的债务在相应范围内消灭；该债务人可以依据前条规定向其他债务人追偿。

（2）部分连带债务人的债务与债权人的债权同归于一人的，在扣除该债务人应当承担的份额后，债权人对其他债务人的债权继续存在。

（3）债权人对部分连带债务人的给付受领迟延的，对其他连带债务人发生效力。

（五）多重债务的清偿顺序规则（《民法典》第560、561条）

（1）债务人对同一债权人负担的数个债务种类相同，债务人的给付不足以清偿全部债务的，首先由债务人指定予以履行。债务人未指定的，按照债务的性质确定，具体如下：

①优先履行已到期的债务；
②几项债务均到期的，优先履行对债权人缺乏担保或者担保最少的债务；
③担保数额相同的，优先履行债务负担较重的债务；
④负担相同的，按照债务到期的先后顺序履行；
⑤到期时间相同的，按照债务比例履行。

> **记忆要点**："种类相同看性质"，先劣后优。

（2）债务人在履行主债务外还应当支付利息和实现债权的有关费用，其给付不足以清偿全部债务的，除当事人另有约定外，应当按照下列顺序履行：

①实现债权的有关费用；
②利息；【类似从债务】
③主债务。

> **记忆要点**："种类不同看主从"，先从后主。

（六）情势变更规则（主要适用于合同关系中）

> **重点法条**：《民法典》第533条：合同成立后，合同的基础条件发生了当事人在订立合同时无法预见的、不属于商业风险的重大变化，继续履行合同对于当事人一方明显不公平的，受不利影响的当事人可以与对方重新协商；在合理期限内协商不成的，当事人可以请求人民法院或者仲裁机构变更或者解除合同。
>
> 人民法院或者仲裁机构应当结合案件的实际情况，根据公平原则变更或者解除合同。

1. 含义

情势变更规则，是指合同履行中，作为合同成立的基础条件发生了预料之外的重大变换，导致继续履行原合同显然对义务人不公平，法律提供的一种调整机制。

2. 要件

（1）须有情势变更之事实。【合同成立之基础条件发生重大变化】

（2）发生在债成立之后、消灭之前。

（3）不可归责当事人（意外事件）。【注意：《民法典》删除了"非不可抗力"表述】

（4）于成立时不可预见。【商业风险属于一般理性人可以遇见的，故排除】

（5）原债履行显失公平。【注意：不是不能履行。不可抗力常导致履行不能】

3. 处理

（1）不利方有权请求重新磋商。

（2）协商不成的，法院或仲裁机构按照"公平原则"处理。【注意：可以仲裁】

（3）主张变更合同。

（4）解除合同。

> **易混点辨析**：不可抗力与情势变更
>
> （1）适用范围：不可抗力适用于侵权责任、违约责任、合同解除等情形，针对民事责任的承担问题。而情势变更主要用于"合同履行"，针对"合同义务"的履行问题。

（2）不可抗力在于"因"，情势变更在于"果"。不可抗力可能造成情势变更，但情势变更可源于多种原因。

（3）在合同领域，不可抗力因素造成"履行不能"，因而造成违约时可主张"减免责任"；而情势变更造成"履行不公"，因而可主张"变更合同或解除"从而"免义务"。

三、债务不履行和不完全履行（履行障碍）

（1）拒绝履行：债务人在能够履行的情形下，明确表示或通过行为表示不履行债务，包括预期拒绝、届期拒绝。

（2）履行不能：债丧失实际履行的可能性，包括自始不能、嗣后不能、事实不能、法律不能。

（3）迟延履行：指未在债的履行期间内完成履行或受领履行。

注意：其区别于迟延不履行者在于：债务履行期限届满，债务人能够履行债务而没有按期履行，而非迟延后拒不履行或不能履行。

（4）瑕疵履行：指债务人的履行内容不符合约定或法律规定的标准，包括质量瑕疵和权利瑕疵（交付的标的物或转移的权利被第三人合法追索）。

（5）加害给付：债务人的给付给债权人造成人身或财产固有利益的损害，一般构成合同责任与侵权责任的竞合，受害人只能择一主张。

四、履行抗辩——"正当不履行"

债务人可依据合法理由对抗债权人的履行请求，而不需承担债不履行的法律责任。

（1）时效抗辩：债务人以债权已过时效期间为由而拒绝履行。

（2）保证期间抗辩：保证人以债权人未在保证期间内主张保证责任为由，拒绝承担保证责任。

（3）先诉抗辩：一般保证人以债权人未经过公力强制手段追索债务人为由，拒绝承担保证责任。

（4）双务合同的履行抗辩：

①同时履行抗辩权：指无先后履行顺序的双务合同债务人在对方未履行或者未提出履行之前，拒绝己方履行的权利。

②不安抗辩权：双务合同中应当先序履行义务一方在有确切证据证明后序履行义务一方在缔约后出现足以影响其对待给付的情形，可以中止履行合同并可有条件地解除合同主张违约责任的权利。解除合同、承担违约责任的法理基础在于：视为对方"默示预期违约"。

> **重点法条**：《民法典》第528条：当事人依据前条规定中止履行的，应当及时通知对方。对方提供适当担保的，应恢复履行。中止履行后，对方在合理期限内未恢复履行能力并且未提供适当担保的，视为以自己的行为表明不履行合同主要义务，中止履行的一方可以解除合同并可以请求对方承担违约责任。

③先履行抗辩权：指双务合同的后履行义务人在先履行一方未履行之前，有权拒绝其履行请求。

五、债的消灭

（一）概述

债的消灭是指债权、债务因一定法律事实的发生而在客观上不复存在。

债的消灭除因撤销、无效、解除等非目的事实终结外，主要基于债的目的实现而消灭。目的事实有以下情形：

（1）目的达成：

①正常达成。债务人或其他义务人提出给付并经债权人受领。其包括清偿、代物清偿、提存、抵销；第三人清偿、担保权实现、强制执行、请求权竞合等。

②偶然事实达成。如触礁船舶自行浮起无须拖离、房屋因地震倒塌而无须拆除。

（2）目的不能达成：不可归责于债务人而给付不能，包括事实不能、法律不能。

（3）视为目的达成：免除（债权抛弃）、混同（自己向自己清偿）。

（二）清偿

清偿是指债务人或者第三人向清偿受领人全面适当履行债务，使债权债务关系消灭的行为。清偿为发生私法上效果的民事行为，通说为"非法律行为"，无行为能力人或限制行为能力人也可以为有效清偿。

1. 清偿的形态

清偿的形态包括：①自为清偿或他为清偿；②任意清偿或强制清偿；③主债

清偿或从债清偿。

2. 清偿的内容

清偿的内容包括：①交付财物或让与权利；②提供劳务；③支付金钱；④不作为。

3. 代物清偿

代物清偿，是指债务人以他种给付代替原定给付，从而使债务消灭的行为。原则上债务人应以债的标的履行债务，不得以其他标的代替，但是在双方合意的情况下，债务人也可以代物清偿，并且发生债消灭的法律后果。代物清偿的构成要件如下：

（1）须有合法债务的存在；

（2）须以他种给付代替原定给付；

（3）代物清偿的目的是消灭原来的债务；

（4）须债权人与债务人达成代物清偿的协议；

（5）须完成他种给付的履行行为。【通说认为，代物清偿协议是实践合同，因此除达成协议外，尚需完成履行行为，即动产须交付，不动产须完成登记行为】

注意：双方还可以通过订立买卖、赠与、互易、劳务等合同，用以清偿原债务。

4. 第三人代为清偿

（1）债权人与债务人的债务因第三人代为清偿而消灭。

（2）在第三人与债权人的关系上：若第三人对债务的清偿有法律上的利害关系，则第三人享有代位求偿权，在其对债务人追偿的范围内，第三人取得债权人的权利。

（3）第三人与债务人的关系上：若第三人基于赠与合同代为清偿，第三人对债务人无追偿权；若第三人基于委托合同代为清偿，第三人可基于委托合同向债务人追偿；若第三人基于其他原因代为清偿，第三人可基于无因管理或者不当得利向债务人追偿。

（三）抵销

> **相关法条**：《民法典》第549条：（债权转让）有下列情形之一的，债务人可以向受让人主张抵销：
> （一）债务人接到债权转让通知时，债务人对让与人享有债权，并且债务人的债权先于转让的债权到期或者同时到期；
> （二）债务人的债权与转让的债权是基于同一合同产生。
> 《民法典》第553条：债务人转移债务的，新债务人可以主张原债务人对债权人的抗辩；原债务人对债权人享有债权的，新债务人不得向债权人主张抵销。

抵销是指双方当事人互负债务时，各以其债权充当债务之清偿，从而使其债务与对方的债务在对等额度内相互消灭的制度。提出抵销一方的债权，称为主动债权；被抵销的债权，称为被动债权。抵销分为协议抵销和法定抵销。协议抵销是指按照双方当事人的合意所为的抵销。约定抵销是当事人意思自治的体现，可不受法律规定的抵销要件的限制。法定抵销，即依法律规定的条件，依据一方当事人的意思即可发生抵销的效力。依据一方当事人的意思即可发生抵销效力的权利，被称为抵销权，抵销权属于形成权。

1. 法定抵销的构成要件

（1）双方当事人互负债务、互享债权。

抵销以在对等额度内使双方的债权消灭为目的，所以以双方的债权存在为前提。但是需要注意以下特殊情形：①债务人的债权先于转让的债权到期或同时到期的，债务人可以向受让人主张抵销；②超过诉讼时效的债权不得作为主动债权而主张抵销；③在保证中，债权人请求保证人承担保证责任时，保证人可以就主债务人对债权人所享有的债权主张抵销保证债务。

（2）双方互负的债务标的物的种类、品质相同。

（3）主动债权已届清偿期。

（4）非依债的性质不能抵销。不得主张抵销的债务，大致包括以下三类：①性质上不得抵销的。②法律规定不得抵销的。例如，强制执行时为被执行人保留必要的生活费用，对于这些应付费用不得主张抵销。③当事人约定不得抵销的。

2. 抵销权的行使

（1）通知。法定抵销权人主张抵销的，应当发出抵销的通知，通知到达对方时，产生抵销的效力。

（2）单方行为。法定抵销权为形成权，抵销权人行使抵销权时，无须对方当事人的同意，抵销时也不得附条件或附期限。

（3）抵销相对人的异议期。对于债务抵销虽有异议，但在约定的异议期限届满后才提出异议并向人民法院起诉的，人民法院不予支持；当事人没有约定异议期间，在债务抵销通知到达之日起3个月以后才向人民法院起诉的，人民法院不予支持。

3. 法定抵销的效力

到达时生效。一方在行使法定抵销权时，抵销的通知到达对方时，发生法定抵销的效果，即双方的债权在对等额内消灭。

4. 协议抵销

协议抵销，又称为合意抵销、任意抵销，约定抵销的实质是互负债务的双方当事人订立一个全部或者部分消灭彼此债务的合同，它是双方当事人意思自治的体现，因此可以不受法定抵销各种条件的限制，只要双方当事人协商一致即可抵销。

（四）提存

1. 提存的条件

提存是指由于债权人的原因无法向其交付标的物时，债务人将该标的物交给提存部门而消灭债务的制度。提存须具备以下条件：

（1）债权人无正当理由拒绝受领的。

（2）债权人下落不明的。

（3）债权人死亡未确定继承人或丧失民事行为能力未确定监护人的。

（4）债权人分立、合并或变更住所没有通知债务人的，致使债务人履行债务发生困难的。

> **注意**：标的物具有下列情形的，不能提存：
> （1）标的物不适合提存的。例如，鲜活易腐败物品等。
> （2）提存费用过高的。
> （3）不能提存的标的物，债务人依法可以变卖或者拍卖标的物的，可以提存所得的价款。

2. 提存的法律效果（《民法典》第571、572、573、574条）

（1）提存的成立。提存行为可成立提存合同，通常为"实践合同"，债务人将标的物或者将标的物依法拍卖、变卖所得价款交付提存部门时，提存成立。

（2）债务人的通知义务。标的物提存后，债务人应当及时通知债权人或者债权人的继承人、遗产管理人、监护人、财产代管人。

（3）标的物提存后，毁损、灭失的风险由债权人承担。提存期间，标的物的孳息归债权人所有。提存费用由债权人负担。

（4）债权人可以随时领取提存物。但是，债权人对债务人负有到期债务的，在债权人未履行债务或者提供担保之前，提存部门根据债务人的要求应当拒绝其领取提存物。

（5）债权人领取提存物的权利，自提存之日起五年内不行使而消灭，提存物扣除提存费用后归国家所有。

（6）但是，债权人未履行对债务人的到期债务，或者债权人向提存部门书面放弃领取提存物权利的，债务人负担提存费用后有权取回提存物。

考点 16　债权保全与债的相对性

命题分析

债的相对性是指债的效力（约束力）仅限于特定的债权人和特定的债务人，对第三人一般不具有约束力。但在民事生活领域，债的关系常常关涉第三人。在涉他之债中，如何坚守债的相对性原理、何种情况下民法允许对这一原则进行突破，这是考查考生理论认知水平和规则应用能力的很好视角。本考点重点把握债的保全制度的特殊价值趣旨，处理好三对范畴：①债的相对性与特殊突破；②债权的自由行使与特殊限制；③债权的平等性与特殊优先。

考点解析

一、相对性原理的制度适用

（一）第三人履行制度

（1）当事人约定由债务人向第三人履行债务的，债务人未向第三人履行债务或者履行债务不符合约定，应当向债权人承担违约责任。【坚持相对性】

（2）当事人约定由第三人向债权人履行债务的，第三人不履行债务或者履行债务不符合约定，债务人应当向债权人承担违约责任。【坚持相对性】

（二）第三人导致不履行

当事人一方因第三人的原因造成违约的，应当向对方承担违约责任。当事人

一方和第三人之间的纠纷，依照法律规定或者按照约定解决。【坚持相对性】

（三）债的法定概括承受——相对性之例外

（1）企业的合并与分立。当事人订立合同后合并的，由合并后的法人或者其他组织行使合同权利，履行合同义务。当事人订立合同后分立的，除债权人和债务人另有约定的以外，由分立的法人或者其他组织对合同的权利和义务享有连带债权，承担连带债务。分立或合并后的企业虽然不是原债的当事人，但其需要接受原债关系的约束。

（2）买卖不破租赁。租赁物在租赁期间发生所有权变动的，不影响租赁合同的效力。租赁物的受让人虽然不是原租赁合同的当事人，但仍须接受该租赁关系的约束，享有相应债权，负担相应义务。

（3）无权代理未被追认。行为人没有代理权、超越代理权或者代理权终止后以被代理人名义订立的合同，未经被代理人追认，对被代理人不发生效力，由行为人承担责任。这一规定表明：未被追认的合同，仍为有效合同，只不过仅约束代理人和相对人，即无权代理人法定成为该合同的当事人，以代替被代理人的合同地位。

二、债的保全——相对性之突破

（一）债的保全概述

债的保全属于债的一般担保，是指为了避免债务人擅自处分财产或者怠于向第三人主张债权，使其财产发生不当减少损害债权人利益，确保其债务清偿能力以实现债权的法律制度。债的保全制度包括债权人代位权制度与撤销权制度。

债的保全制度是对债的相对性的突破，使债的效力扩及于第三人，旨在维护交易安全。债权人代位权制度使得当债务人怠于向第三人主张到期债权，导致其财产不当减少、降低履行债务的资力时，债权人得以越过债务人向第三人主张权利，从而维护自己的债权利益；债权人撤销权制度使得当债务人向第三人实施法律行为减少自己责任财产时债权人得以请求法院撤销其行为从而保护自己的债权利益。

（二）债权人代位权

债权人代位权是指当债务人怠于行使其权利时，债权人为了保护自己的债权，得以自己的名义对第三人行使债务人的债权的权利。

1. 构成要件

（1）债权人对债务人的债权合法、有效、到期。

（2）债务人对次债务人的债权合法、有效、到期。

(3) 债务人对次债务人的债权属于金钱债权。

(4) 债务人怠于行使对次债务人的金钱债权，并因此损害债权人的债权：

①"怠于"的判断标准：债务人未对次债务人起诉或者申请仲裁。次债务人不认为债务人怠于行使权利的，应当承担举证责任。

②"损害"的判断标准：债务人除了对第三人的金钱债权之外，其他财产不足以偿还对债权人的债务。

③若债务人与次债务人的合同中有仲裁条款，亦不妨碍债权人以起诉方式行使代位权。

(5) 债务人对次债务人的债权不具有专属性。

下列情形，债权人不得行使代位权：

①基于人身伤害产生的损害赔偿请求权；

②基于身份关系产生的债权，例如抚养（扶养）关系、赡养关系、继承关系产生的给付请求权；

③基于劳动关系产生的债权，如劳动报酬、养老金、安置费，等等；

④人寿保险合同（非财产保险）的保险金请求权。

> **特别提示**：债权人的"预期代位权"：因为我国采"非入库规则"一般代位权要求债权人对债务人的债权已到期。但《民法典》安排一种可"提前"行使代位权情形，主要是通过保护债务人对第三人的时效利益、破产债权利益等实现对自己债权的保全。此种代位权不需通过诉讼方式行使。

> **重点法条**：【不安代位权】《民法典》第536条：债权人的债权到期前，债务人的权利存在诉讼时效期间即将届满或者未及时申报破产债权等情形，影响债权人的债权实现的，债权人可以代位向债务人的相对人请求其向债务人履行、向破产管理人申报或者作出其他必要的行为。

2. 法律效果（前提：债权人胜诉）

(1) 次债务人履行债务人对债权人所负债务，债务人对债权人的债务与次债务人对债务人的债务在对等额内消灭。

(2) 诉讼费由次债务人负担，从实现的债权中优先支付。其他必要费用，由债务人承担，如律师费、交通费。

（三）债权人撤销权

债权人撤销权是指当债务人实施不当处分其责任财产的法律行为从而损害债

权人利益时，债权人得请求法院撤销债务人法律行为以保全其债权的权利。

1. 构成要件

（1）债权人对债务人的债权合法有效（无须到期）。

（2）债务人实施的财产行为损害债权人的债权：

①无偿转让财产。

②放弃到期债权。

③以明显不合理低价转让财产；以明显不合理的高价收购他人财产。【"明显不合理的低价（高价）"：转让价格达不到交易时交易地的指导价或者市场交易价百分之七十的，一般可以视为明显不合理的低价；对转让价格高于当地指导价或者市场交易价百分之三十的，一般可以视为明显不合理的高价】

④放弃债权担保。

⑤恶意延长到期债权的履行期。

⑥债务人无偿为他人债务提供担保，影响债权人的债权实现。

（3）债务人的行为即使减损了其实现债权的能力，债权人也不享有撤销权的情形：①债务人实施的身份行为；②债务人拒绝接受赠与；③债务人放弃继承；④债务人拒绝第三人代为清偿债务。

（4）债务人是在负担债务之后实施的财产行为（债务人实施的财产行为必须是在其承担债务之后，而不能是之前，因为债权人撤销权制度的功能在于恢复债务人的责任财产，而非增加其责任财产）。

（5）若债务人的行为为有偿行为，则债务人、受益人或者受让人须具有恶意（即明知诈害债权人而为之）。

> **注意**：债权人对债务人享有的提供劳务的债权不得行使撤销权（因为劳务之债的履行不需要责任财产的担保）。

2. 法律效果（前提：债权人胜诉）

（1）自人民法院依法撤销债务人的财产行为之日起，债务人的行为自始无效。受益人已受领债务人财产的，负有返还不当得利的义务，不能返还财产的应当折价赔偿；已支付的对价有权要求债务人返还。

（2）受益人或受让人返还所受利益应当加入债务人的一般财产，作为全体一般债权人的责任财产，债权人无优先受偿权。

（3）债权人行使撤销权所支付的诉讼费用、律师代理费、差旅费等必要费用，由债务人负担；第三人有过错的，应当适当分担。

（四）债权人代位权 VS 债权人撤销权

区别点	代位权	撤销权
构成要件	债权人对债务人的债权合法、有效、到期	债权人对债务人的债权合法有效（无须到期）
	债务人对次债务人的债权属于金钱债权	非限于处分金钱
被告	次债务人	债务人
无独立请求权的第三人	债务人	受让人或者受益人
必要费用承担	次债务人承担诉讼费，其他必要费用由债务人承担	债务人负担必要费用；第三人有过错的，应当适当分担

考点 17　债的移转与债的同一性

命题分析

债法理论中存在"同一性"理论，即债的关系自成立到终结，其权利义务约束力始终存在于特定的债权人与债务人之间，即使债的诸要素发生变更，基于原债而产生的请求权、形成权、抗辩权、从属权等依然可以行使、援用。该原理与债的本质特征紧密相连，是理解和适用债法相关制度的前提。

本考点主要通过债的移转制度进行考查，债权让与和债务承担以及合同概括承受应当重点把握。

> **重要法条：**【债的同一性】《民法典》第 532 条：合同生效后，当事人不得因姓名、名称的变更或者法定代表人、负责人、承办人的变动而不履行合同义务。

考点解析

一、债的移转概述

债的移转，是指债的内容不改变同一性，而只改变债的主体的法律制度。债的移转包括债权让与、债务承担、债权债务的概括承受三种情形。

债的移转的法律特征是：

（1）债的移转仅限于债的主体发生变更，债的内容并没有变化。

（2）债的转移不会产生新债，债的关系前后保持其同一性。

（3）债的移转原因有两种：一是基于法律规定，如法定继承；二是基于法律行为，如债权让与合同和合同承受。

二、债权让与

（一）债权让与的概念与分类

1. 概念

债权让与，又称债权移转、债权转让，是指不改变债的内容，债权人将其债权移转给第三人享有的法律制度。债权让与涉及三方当事人，即让与人（原债权人）、受让人（新债权人）和债务人。

2. 分类

（1）全部让与。全部让与是指债权人将债权完全移转给受让人而脱离债的关系，受让人成为债的关系的新债权人。

（2）部分让与。部分让与是指受让人加入债权法律关系中，与债权人共享债权。

（二）债权让与的限制

我国《民法典》第545条规定了三种不可让与的债权：

（1）依债权性质不得让与的债权。性质上不得让与的债权，是指变更债的主体将会导致债权目的不能实现或丧失债的同一性的债权。其主要包括：①具有人身属性或较强信任基础的债权，如劳务、委托、租赁等；②以特定的身份为基础的债权，如抚养请求权；③不作为的债权；④属于从权利的债权。

（2）依当事人约定不得让与。由于债权让与的内部约定不具有对世性，故不能对抗善意第三人。受让人善意且无过失时，债权让与有效，债务人可向让与人请求承担违约责任；受让人为恶意时，通说认为债权不发生让与的效力（即按照"恶意串通行为"处理）。

（3）依法律规定不得让与。《最高人民法院关于审理人身损害赔偿案件适用法律若干问题的解释》第18条第2款禁止精神损害抚慰金的请求权的让与，但赔偿义务人已经以书面方式承诺给予金钱赔偿，或者赔偿权利人已经起诉的，可以让与。

> **要点提示**：以限制让与债权为标的的转让合同效力
>
> 债权作为典型的财产性权利、观念性权利，在鼓励融资、畅通流通的政策背景下，应当谦抑限制债权的转让，凸显债权让与的"无因性"。因此，在处理债权让与合同的效力时，应该首先区分内部性与外部性，坚持内部的有效性和外部的相对无效性。其次，在不具有其他法定无效事由时，不能仅因为一般法律限制或当事人约定限制而否认其效力。对此，《民法典》也显示出类似的立法导向。

> **重点法条**：《民法典》第545条：当事人约定非金钱债权不得转让的，不得对抗善意第三人。当事人约定金钱债权不得转让的，不得对抗第三人。
>
> 《民法典》第546条：债权人转让债权的，应当通知债务人。未经通知，该转让对债务人不发生效力。

（三）债权让与的通知

（1）概念：债权让与的通知是将让与的事实告知债务人，不以债务人承诺为要件。

（2）目的：让债务人了解债权让与的事实，故其内容是通知债务人债权让与于何人。

（3）主体：通知的主体为让与人。将通知的主体限于债权人的目的是保证债权让与的真实性。让与通知的对方是债务人或其代理人，在债务人死亡时为其继承人，债务人破产的为其清算人。

（4）生效要件：通知自到达债务人或其代理人时对债务人生效。

（5）通知的撤销：债权人让与权利的通知不得撤销，但经受让人同意的除外。

（四）债权让与的效力

债权让与的效力，涉及让与人、受让人和债务人，在让与合同的当事人之间的法律效果是债权让与的对内效力，在让与合同当事人与债务人或第三人之间的法律效果是债权让与的对外效力。

1. 债权让与在债权人与受让人之间的法律效力

（1）债权由让与人移转至受让人。

（2）从权利随同移转。【受让人取得从权利不因该从权利未履行转移登记手

续或者未转移占有而受到影响（《民法典》第547条）】

（3）债权人应履行交付证明债权的证明文书等附随义务。

（4）让与人对债权承担权利瑕疵担保责任。

2. 债权让与在受让人与债务人之间的法律效力

（1）在让与通知到达债务人前，债权让与仅在让与人与受让人之间发生效力，对债务人并不发生任何效力。

（2）让与通知到达债务人后，债权让与即对债务人发生法律效力。其具体包括：①受让人取代让与人的地位成为债权人；②债务人对让与人的抗辩可以向受让人主张；③债务人可行使抵销权，就其对让与人的债权向受让人主张抵销权。

> **要点提示**：债务人援用抵销权，须满足两个条件：①债务人的债权先于转让的债权到期或者同时到期；②债务人的债权与转让的债权是基于同一合同产生。

> **重点法条**：《民法典》第549条：有下列情形之一的，债务人可以向受让人主张抵销：
>
> （一）债务人接到债权转让通知时，债务人对让与人享有债权，并且债务人的债权先于转让的债权到期或者同时到期；
>
> （二）债务人的债权与转让的债权是基于同一合同产生。

三、债务承担

债务承担，是指不改变债的内容，债务人发生变化的法律制度。按照《民法典》新规，债务承担可分为转让承担与加入承担两种（《民法典》第551、552条）。

（一）转让承担

1. 概念

债务人将债务的全部或者部分转移给第三人而承担。全部转让为**免责的债务承担**；部分转让为并存的债务承担（部分债务承担可视为"加入承担"）。

2. 同意条件

（1）经债权人同意；

（2）债务人或者第三人可以催告债权人在合理期限内予以同意，债权人未作表示的，视为不同意。

（二）加入承担

1. 概念

第三人与债务人约定加入债务。

2. 同意条件

（1）通知债权人；

（2）第三人向债权人表示愿意加入债务，债权人未在合理期限内明确拒绝的，视为同意；

（3）债权人可以请求第三人在其愿意承担的债务范围内和债务人承担连带债务（即债务人默示同意加入的，事后可以反悔）。

（三）债务承担的性质（以免责承担为典型）

（1）债务承担为处分行为。该行为的目的在于使新债务人取代原债务人，直接发生债务移转的效力。

（2）债务承担为无因行为。债务的承担通常基于债务的承担人与原债务人的原因行为，如赠与或清偿其他债务等，但原因行为无效的，不影响债务承担的效力。

（四）债务承担的条件

（1）存在有效的债务。可撤销合同产生的债务，在其撤销之前是有效的，故也可成为债务承担的标的。

（2）债务具有可移转性。依法律规定，债务的性质或当事人约定不得让与的债务不能成为债务承担合同的标的。

（3）有以债务承担为内容的合同。合同生效即发生债务承担的效力。

（4）经债权人同意。【其实，在并存的债务承担中，由于原债务人仍须承担全部债务的连带清偿责任，故并不需要债权人的同意】

（五）债务承担的效力

（1）债务人的改变。原债务人脱离债务关系，债权人无权要求其履行债务；第三人作为新的债务人，有履行债务的义务，债权人也有权要求其履行债务。

（2）从债务随之移转。《民法典》第554条规定，债务人移转义务的，新债务人还应当承担主债务的从债务，但该从债务专属于原债务人自身的除外。

（3）抗辩权援用。债务承担未改变债的同一性，原债务存在的抗辩不发生任何影响，都可以由新债务人向债权人主张。

> **注意**：原债务人对债权人享有债权的，新债务人不得向债权人主张抵销（《民法典》第553条）。

四、债权债务的概括承受

(一) 债权债务概括承受的概念和分类

1. 概念

债权债务的概括承受,是指一方当事人经对方同意,将债权债务一并移转给第三人,由第三人成为债的一方主体,享有权利并承担义务的法律制度。其特点是由第三人全部继受债权债务,承受人完全取代原当事人的法律地位,成为债的关系的主体。

2. 分类

债权债务概括承受按产生的依据不同,分为意定概括承受和法定概括承受。法定债权债务概括承受发生的情形,主要包括法人合并、法定继承、《合同法》第229条规定的"买卖不破租赁"等情形。

(二) 意定的债权债务概括承受的要件

1. 债的关系必须具有可让与性

《民法典》第555条规定,当事人一方经对方同意,可以将合同中的权利义务一并让与给第三人。但也有法律或当事人禁止让与约定的限制,如依《招标投标法》规定必须通过强制招标程序订立的合同,当事人不能将合同债权债务让与给他人。

2. 债应为双务之债

只有双务合同才存在债权债务概括承受,单务合同只能成立债权让与或债务承担。

3. 须有让与合同

让与合同由一方当事人与第三人订立时,需要取得对方当事人的同意,债的移转自对方同意时发生法律效力。如果让与合同是由原合同双方当事人共同与第三人订立的,则自合同生效时起发生法律效力。

考点18 保证担保

命题分析

保证担保,是以主体的信用和一般财产作为债务履行担保的基础,不同于一般的物权担保。保证合同的无偿性、单务性使得保证责任的承担需要制度约束和正当性基础的支撑。该考点的理论性、实践性、综合性都非常明显，因而是主观题（案例分析题）考查的"常客"。

其中，"保证方式""保证期间""保证效力"属于重中之重，当然"混合担保"中，人保是必不可少的内容。

考点解析

一、保证概述

（一）保证的概念

保证是指第三人和债权人约定，当债务人不履行或不能履行其债务时，该第三人按照约定或法律规定履行债务或者承担责任的担保方式。

（二）保证的主要特征

附从性	成立上的附从性：保证以主合同的成立为前提，并于其存续中附从于主合同
	范围和强度上的附从性：保证的范围和强度原则上与主合同债务相同，不得大于或强于主合同债务
	变更、消灭上的附从性：主合同债务消灭时，保证债务也随之消灭；主合同债务变更时，保证债务一般随之变更，但不得增加其范围和强度
独立性	保证关系是另一个独立的法律关系，保证债务虽附从于主合同债务，并非主合同债务的一部分，而是独立于主合同债务的另一债务
补充性	保证债务是对主债务的补充和加强，因而具有补充性
单务性	在保证关系中，只有保证人承担代为清偿主债务的义务，被保证人没有对待给付的义务
无偿性	保证人的保证债务不以从债权人取得一定财产权利为代价，债权人也无须支付任何代价即对保证人享有保证债权

二、保证的设立

（一）保证人的条件

（1）保证人主体合格。除法律另有规定者外，凡具有代为清偿债务能力的法人、其他组织或者公民，都可以作为保证人。

（2）禁止提供保证的主体。下列主体不得作为保证人：

①未经国务院批准的国家机关。

②学校、幼儿园、医院等以公益为目的的事业单位、社会团体。

③企业法人的分支机构、职能部门。

（二）保证合同的内容与形式

1. 保证合同的内容（《民法典》第 681 条）

保证合同，是指保证人与债权人约定，在主债务人不履行其债务时由保证人承担保证债务的协议。保证合同是单务合同、无偿合同、诺成性合同、要式合同、附从合同。

保证合同应当包括以下内容：被保证的主债权种类与数额；债务人履行债务的期限；保证的方式；保证担保的范围；保证期间；双方认为需要约定的其他事项。

2. 保证合同的表现形式（《民法典》第 685 条）

（1）从合同的形式，即保证人与债权人单独订立保证合同。

（2）保证条款形式，即债权人、债务人与保证人共同订立一个合同，保证条款出现在主合同中。

（3）第三人单方以书面形式向债权人作出保证的，债权人接收且未提出异议的，保证合同成立。

三、保证期间

保证期间，是指保证人承担保证责任的期间。保证人只在保证期间内对其担保的主债务负保证责任。保证期间的确定，分为约定的保证期间和法定的保证期间。

（一）约定的保证期间

按照合同自由原则，双方当事人对于保证期间有约定的，按照约定的期间确定。

（二）法定的保证期间

6 个月的保证期间。其具体有两种情况：第一种，保证人和债权人未约定保证期间的，无论一般保证还是连带保证，保证期间均为主债务履行期届满之日起 6 个月；第二种，保证合同约定的保证期间早于或等于主债务履行期限的视为没有约定，保证期间为主债务履行期届满之日起 6 个月。

四、保证方式

（一）一般保证

一般保证，是指保证人仅对债务人不履行债务负补充责任的保证。

（1）一般保证的保证人在主合同纠纷未经审判或者仲裁，并就债务人财产依法强制执行仍不能履行债务前，对债权人可以拒绝承担保证责任。一般保证是保证人享有先诉抗辩权的保证方式。

（2）先诉抗辩权的法定限制：

①债务人下落不明，且无财产可供执行；

②人民法院受理债务人破产案件；

③债权人有证据证明债务人的财产不足以履行全部债务或者丧失履行债务能力；【《民法典》增加一种事由】

④保证人书面放弃先诉抗辩权。

（二）连带保证

连带保证，是指保证人在债务人不履行债务时与债务人负连带责任的保证。

连带责任保证方式中，保证人的责任重于一般保证的保证人的责任。保证人并不享有先诉抗辩权。

（三）保证方式的推定

（1）当事人对保证方式没有约定或约定不明的，推定为连带责任保证。

（2）"债务人不能履行债务时，由保证人承担保证责任"，推定当事人明确约定了*一般保证方式*。

五、共同保证

同一债务人有两个以上的保证人，保证人按合同约定或者法律的规定承担保证责任，没有约定保证份额的，承担连带保证责任。债权人可以要求任何一个保证人承担全部保证责任，保证人负有担保全部债权实现的义务。承担保证责任的保证人有权向债务人追偿，或要求其他承担连带责任的保证人清偿其应当承担的份额。

（一）按份共同保证

按份共同特征，是指共同保证的保证人与债权人约定保证份额的保证。按份保证的保证人仅就约定的份额向债权人承担保证责任，保证人在承担保证责任之后，仅能就其承担的保证份额向主债务人追偿。

（二）连带共同保证

连带共同保证，是指共同保证人在债务人不履行债务时与其他共同保证人连带承担保证责任，彼此没有份额分别，或内部的份额约定不具有外部对抗性。*注意"双重连带"的成立。*

（三）连带方式下的连带责任与共同保证人的连带责任

连带方式保证	共同连带保证
外部关系，相对于债务人而言的	保证人的内部关系
保证人与债务人对债权人承担履行责任或赔偿损失的连带关系	每个保证人都有承担全部清偿债务的义务

六、最高额保证

（一）含义

《民法典》第690条规定："保证人与债权人可以协商订立最高额保证合同，约定在最高债权额限度内就一定期间连续发生的债权提供保证。"

（二）特征

（1）最高额保证担保的债务仅限于一定期间发生的借款合同和某项商品交易合同。

（2）最高额保证是对将来发生的不确定债务担保，设定的担保对象一般是将来发生的债务（也可包括已经发生的债务），这些债务将来是否发生是不确定的，债务额是多少也不确定。

（3）所担保的债务必须具有连续性。

（4）最高额保证是限额担保，债权人只能在最高限额内要求保证人承担保证责任，不论将来实际发生时如何变动，均以最高限额为限，达不到最高限额的，以实际发生的债权余额为限；超过最高限额的，以最高限额为限。

3. 保证期间

（1）最高额保证合同约定有保证人清偿债务期限的，保证期间为清偿期限届满之日起6个月。

（2）没有约定债务清偿期限的，保证期间自最高额保证终止之日或自债权人收到保证人终止保证合同的书面通知到达之日起6个月。

七、保证债务的诉讼时效期间

如果债权人在保证期间内主张了权利，则保证期间的作用完结，开始计算诉讼时效。

（一）一般保证保证债务的诉讼时效期间

《民法典》第694条规定，一般保证的债权人在保证期间届满前对债务人提起诉讼或者申请仲裁的，从保证人拒绝承担保证责任的权利消灭之日起，开始计算保证债务的诉讼时效。

> **注意**：原《担保法》司法解释规定，一般保证的债权人在保证期间届满前对债务人提起诉讼或者申请仲裁的，从判决或者仲裁决生效之日起，开始计算保证合同的诉讼时效。

（二）连带保证保证债务的诉讼时效

《民法典》第694条规定，连带责任保证的债权人在保证期间届满前请求保证人承担保证责任的，从债权人请求保证人承担保证责任之日起，开始计算保证债务的诉讼时效。

八、保证的效力

（一）保证担保的范围

保证担保的范围，亦即保证债务的范围，或称保证责任的范围。可以分为有限保证和无限保证两种不同的情况。

1. 有限保证

有限保证是保证人与债权人在保证合同中明确约定保证债务范围的保证。在有限保证中，保证人仅于当事人约定的范围内承担保证债务，对于超过约定范围的债务，保证人不负担保责任。

2. 无限保证

无限保证是指当事人未明确约定保证债务范围的保证。我国《民法典》第691条规定，保证的范围包括主债权及其利息、违约金、损害赔偿金和实现债权的费用。当事人对保证担保的范围没有约定或者约定不明确的，保证人应当对全部债务承担责任。这里的"全部债务"包括主债务的全部、利息债务、违约金、损害赔偿金、实现债权的费用。

> **重点法条**：《民法典》第566条第3款：主合同解除后，担保人对债务人应当承担的民事责任仍应当承担担保责任，但是担保合同另有约定的除外。

3. 主债变更的保证责任（《民法典》第696、697条）

（1）债权转让的，仅对受通知的转让部分承担保证责任。

（2）债务转让的，未经保证人书面同意的转让部分，不再承担保证责任。

(3) 第三人加入债务承担的，保证责任不受影响。

(二) 保证对保证人与债权人之间的效力

保证人与债权人之间的关系，是保证效力的主要表现。保证成立后，债权人对保证人享有权利而不负担义务，保证人也享有一定的防御性权利。

1. 债权人的权利

债权人的权利是在主债务人不履行债务时，得请求保证人履行保债务即承担保证责任。债权人请求保证人履行保证债务的，除应向保证人主张外，须证明债务人的债务清偿期届满而自己未受债务的完全清偿。债权人请求保证人履行保证债务的权利的行使，依保证方式的不同而不同。

(1) 在一般保证中，债权人只有在就主债务人的财产强制执行而仍不能完全受偿时，才得请求保证人承担保证责任，否则保证人得行使先诉抗辩权；并且，在保证人享有先诉抗辩权期间，债权人不得以自己对保证人的债务与保证人的保证债务相抵销。

(2) 在连带责任保证中，只要主债务人于债务履行期限届满时未完全履行债务，债权人即得请求保证人承担保证责任。

2. 保证人的权利

保证人对债权人不享有请求给付的权利，所享有的只是抗辩权或其他防御性的权利。其具体包括：

(1) 主债务人享有的抗辩权与其他类似于抗辩权的权利。保证人可以行使主债务人对债权人享有的抗辩权。我国《担保法》第20条规定："一般保证和连带责任保证的保证人享有债务人的抗辩权。债务人放弃对债务的抗辩权的，保证人仍有权抗辩。"其主要有三类：①权利未发生的抗辩权；②权利已消灭的抗辩权；③拒绝履行的抗辩权。其他类似于抗辩权的权利，主要包括撤销权与抵销权。

(2) 一般债务人应享有的权利。如保证人得主张保证合同无效的抗辩，保证债务履行期未到的抗辩，保证债务消灭的抗辩。保证合同有可撤销的事由的，保证人得主张撤销；保证人对债权人享有同种类债权的，得以其债权与债权人的债权抵销。保证债务罹于诉讼时效时，保证人亦可拒绝履行。

(3) 一般保证的保证人特别享有的权利。一般保证的保证人特有的权利主要是先诉抗辩权。

(三) 保证对保证人与主债务人之间的效力

保证人与主债务人的关系，主要表现为保证人的求偿权与代位权。

1. 保证人的求偿权

保证人的求偿权，又称保证人的追偿权，是指保证人承担保证责任后，可以向主债务人请求偿还的权利。保证人求偿权的产生必须具备以下要件：

（1）保证人已经对债权人承担了保证责任。

（2）主债务人对债权人因保证而免责；如果主债务人的免责不是由保证人承担保证责任的行为引起的，保证人不得主张求偿权。

（3）保证人没有赠与的意思。

2. 保证人的代位权（追偿权是代位权的前提）

保证人的代位权，是指保证人在向债权人承担保证责任以后，可以取代债权人的地位，行使其债权的权利。其需具备以下条件：一是保证人已经向债权人承担保证责任；二是保证人对债务人有求偿权。

九、无效保证

（一）无效保证的情形

（1）保证合同因主合同无效而无效。

（2）保证合同因自身原因无效（保证人不适格；保证人意思表示不真实；违反法律和社会公共利益的保证合同无效）。

（二）无效保证的后果

保证合同被确认无效后，债务人、保证人、债权人有过错的，应当根据其过错各自承担相应的民事责任（《民法典》第682条）。

（三）保证责任的免除情形

（1）保证期间届满而债权人未为请求。

（2）债权人放弃债务人提供的物权担保。

（3）主债务转让给第三人未经保证人书面同意。

（4）主债务消灭。

（5）保证合同的解除、终止或无效。

考点19　合同的解除

命题分析

合同的解除制度既是一种合同救济制度、赋权制度，同时也是一种限权制度，旨在严格管控合同关系的维系，增进交易效益，维护合同诚信。考生须从这样的层面去理解和掌握该知识点。

合同解除的条件尤其是各种法定解除权，属于考查的重点；合同解除的效力和解除的程序也是较为重要的知识点。

考点解析

一、合同解除概述

合同解除，指合同成立以后，未履行或未完全履行前，经当事人协议，或者当具备合同解除的条件时，由解除权人行使解除权使合同关系自始或向将来消灭的一种行为。民法中，合同解除制度既可以视为一种合同关系终止的方式，也可为合同救济的一种手段。但合同解除权一方面有赋权意旨，同时也体现"限权"目的。为合同效益之故，民法谨慎限制合同解除权制度的运用。

合同解除类型	合同解除内涵
协议解除	指合同成立后，未履行或未完全履行前，当事人协商一致协议解除，使合同关系消灭的合同解除方式
约定解除	指当事人在合同中约定解除权成立的条件，在合同履行完毕之前约定解除权条件成就的，由解除权人通过行使解除权使合同关系消灭的一种合同解除方式
法定解除	指在合同成立之后，没有履行或履行完毕之前，当事人一方通过行使法定的解除权而使合同关系消灭的合同解除方式

相关概念的辨析	
协议解除和约定解除	协议解除是以协议直接使合同解除，而约定解除是约定解除权的行使条件而解除合同
附解除条件的合同解除与约定解除	（1）附解除条件的合同，在所附条件成就后，发生合同自然失效的后果； （2）约定解除，即在合同中约定一定的解除条件，解除条件成就后，则解除权发生，但合同并不当然失效

二、合同解除的法定情形

（一）一般法定解除条件

1. 因不可抗力致使合同目的不能实现

双方当事人均享有解除权，且对因合同解除产生的损害不承担赔偿责任，但债务人迟延履行期间发生不可抗力导致合同解除的，迟延履行一方应承担损害赔偿责任。

2. 预期违约（明示或默示）

在履行期限届满之前，当事人一方明确表示或者以自己的行为表明不履行主要债务，另一方当事人可以解除合同。

3. 迟延履行

（1）履行期限与合同目的的实现不具有密切联系时，当事人一方迟延履行主要债务，经催告后在合理期限内仍未履行，对方当事人有权解除合同。

（2）履行期限与合同目的的实现具有密切联系，当事人一方迟延履行债务致使合同目的不能实现，对方当事人无须经过催告即可行使法定解除权。

4. 根本违约

一方当事人的履行不符合法律的规定或者合同的约定，致使合同目的不能实现（即根本违约）。

5. 不安抗辩

在双务合同的履行中，不安抗辩权人中止履行后，后履行方在合理期限内未能恢复履行能力或提供担保，先履行方可以解除合同。

6. 情势变更

合同成立以后客观情况发生了当事人在订立合同时无法预见的不属于商业风险的重大变化，继续履行合同对于一方当事人明显不公平或者不能实现合同目的，当事人请求变更或解除合同的，人民法院应当根据公平原则，并结合案件的实际情况确定是否变更或解除。

（二）特殊法定解除条件

1. 双方均享有法定任意解除权

任意解除权是指不以违约行为、不可抗力等作为成立条件的法定解除权，但解除权人应赔偿因行使任意解除权给对方造成的损失。

（1）委托合同。

（2）不定期租赁合同，分为三类：①六个月以上，当事人未采取书面形式的合同；②当事人对租赁期限没有约定或者约定不明的合同；③租赁期间届满，承租人继续使用租赁物，出租人没有提出异议的。

2. 特定一方享有法定任意解除权

（1）加工承揽合同中的定作人。

（2）货运合同中的托运人（货交收货人之前）。

（3）保管合同中的寄存人；未约定保管期限的保管合同中，保管人也享有任意解除权。

（4）保险合同中的投保人（《保险法》第15条）。

3. 特殊法定条件的合同解除

（1）分期付款买卖合同：买受人未支付到期价款的金额达到全部价款的五分

之一的，出卖人有权解除合同。

（2）借款合同：借款人未按照约定的借款用途使用借款的，贷款人有权解除合同。

（3）租赁合同：承租人擅自转租的，出租人有权解除合同。

（4）承揽合同：承揽人擅自将承揽的主要工作交由第三人完成的，定作人有权解除合同。

三、合同解除的程序

（一）协议解除的程序

协议解除需要有效的要约和承诺。在合同解除需经有关部门批准时，有关部门批准解除的日期即为合同解除的日期；在合同解除无须有关部门批准时，双方当事人协商一致之时即为合同解除生效之日。

（二）解除权的行使（《民法典》第565条）

（1）行使解除权以通知的方式为之，通知到达对方时发生合同解除的效力（解除权是形成权，不需要对方当事人的同意）。

（2）通知载明债务人在一定期限内不履行债务则合同自动解除，债务人在该期限内未履行债务的，合同自通知载明的期限届满时解除。

（3）对方对解除合同有异议的，任何一方当事人均可以请求人民法院或者仲裁机构确认解除行为的效力。

（4）当事人一方未通知对方，直接以提起诉讼或者申请仲裁的方式依法主张解除合同，人民法院或者仲裁机构确认该主张的，合同自起诉状副本或者仲裁申请书副本送达对方时解除。

（5）法律规定解除合同应当办理批准、登记等手续的，依法办理批准、登记手续后，才发生合同解除的效果。

（6）解除权的除斥期间：

①法律规定或者当事人约定解除权行使期限的，期限届满不行使解除权的，该权利消灭。

②法律没有规定或者当事人没有约定解除权行使期限，若对方没有催告，则自解除权人知道或者应当知道解除事由之日起一年内不行使，该权利消灭（《民法典》第564条）。

③法律没有规定或者当事人没有约定解除权行使期限，若对方进行催告，则经对方催告后在合理期限内不行使的，该权利消灭（《民法典》第564条）。

④房屋租赁合同：承租人非法转租的，出租人应自知道或者应当知道之日起

6个月内行使解除权。

⑤商品房买卖合同：出卖人迟延交付房屋或者买受人迟延支付购房款的，经催告后在3个月内仍未履行的，对方当事人才享有法定解除权；一方享有法定解除权的，对方催告其行使的，应在催告后的3个月内行使，对方未催告的，应在解除权发生之日起1年内行使。

四、合同解除的效力（《民法典》第566条）

（1）合同解除后，尚未履行的，终止履行。

（2）已经履行的，根据履行情况和合同性质，当事人可以请求恢复原状或者采取其他补救措施，并有权请求赔偿损失。

（3）合同因违约解除的，解除权人可以请求违约方承担违约责任，但是当事人另有约定的除外。

（4）主合同解除后，担保人对债务人应当承担的民事责任仍应当承担担保责任，但是担保合同另有约定的除外。

（5）合同解除不影响合同中结算和清理条款、争议解决条款的效力。

（6）因标的物的主物不符合约定而解除合同的，解除合同的效力及于从物。因标的物的从物不符合约定被解除的，解除的效力不及于主物（《民法典》第631条）。

考点20　违约责任

命题分析

违约责任，全称"违反合同的民事责任"。违约责任机制既承担对违约行为的否定评价功能，也负载对守约方提供民事救济的功能。需要从法理上将其与侵权责任、缔约责任比较起来掌握。从考查内容来看，违约责任包括违约责任的构成要件、免责事由、违约行为形态以及继续履行责任、采取补救措施责任、赔偿损失责任和违约金责任等各种承担违约责任的形式等内容，各个知识点之间具有很强的关联性，命题人会对考生的体系化能力进行考查。

考点解析

一、违约责任的构成

决定违约责任的构成因素有两个：一是归责原则；二是违约责任的具体形

式。违约责任的构成要件一般分为一般构成要件和特殊构成要件。一般构成要件，指违约当事人承担任何违约责任都必须具备的要件。特殊构成要件，指各种具体的违约责任形式所要求的责任构成要件。

（一）违约责任的一般构成要件——"严格责任主义"

违约责任的一般构成要件有二：①具有违约行为；②不存在法定或者约定的免责事由。

（二）违约责任的特殊构成要件

违约责任的特殊构成要件，指承担具体的违约责任时，在一般构成要件之外，还需要具备的其他条件。简要说明如下：

（1）采用过错归责原则的，要求违约方具有过错。

（2）实际履行要求继续履行可能或者可行。

（3）损害赔偿要求另外两个构成要件：①受有损失；②违约行为与损失之间具有因果关系。

（三）违约责任的归责原则

原则：根据《合同法》第107条，违约责任采用严格责任原则。法定的免责事由只有不可抗力。

例外：对于法律明文规定的某类合同，或者法律规定的某类特定违约行为，违约责任的承担范围可以考量行为人的过错因素；如果构成"加害给付"，则可按照侵权责任的过错原则处理。如：

（1）赠与合同。《民法典》第660条：经过公证的赠与合同或者依法不得撤销的具有救灾、扶贫、助残等公益、道德义务性质的赠与合同，赠与人不交付赠与财产的，受赠人可以请求交付。依照前款规定应当交付的赠与财产因赠与人故意或者重大过失致使毁损、灭失的，赠与人应当承担赔偿责任。

《民法典》第662条：赠与的财产有瑕疵的，赠与人不承担责任。附义务的赠与，赠与的财产有瑕疵的，赠与人在附义务的限度内承担与出卖人相同的责任。

赠与人故意不告知瑕疵或者保证无瑕疵，造成受赠人损失的，应当承担赔偿责任。

（2）加工承揽合同。《民法典》第1193条：承揽人在完成工作过程中造成第三人损害或者自己损害的，定作人不承担侵权责任。但是，定作人对定作、指示或者选任有过错的，应当承担相应的责任。

（3）客运合同。《民法典》第823条：承运人应当对运输过程中旅客的伤亡承担赔偿责任；但是，伤亡是旅客自身健康原因造成的或者承运人证明伤亡是旅客故意、重大过失造成的除外。【对旅客的人身伤害责任：无过错，但可免责】

（4）多式联运合同。《民法典》第841条：因托运人托运货物时的过错造成多式联运经营人损失的，即使托运人已经转让多式联运单据，托运人仍然应当承担赔偿责任。

（5）保管合同。《民法典》第 897 条：保管期间，因保管人保管不善造成保管物毁损、灭失的，保管人应当承担赔偿责任。但是，无偿保管人证明自己没有故意或者重大过失的，不承担赔偿责任。

（6）委托合同。《民法典》第 929 条：有偿的委托合同，因受托人的过错造成委托人损失的，委托人可以请求赔偿损失。无偿的委托合同，因受托人的故意或者重大过失造成委托人损失的，委托人可以请求赔偿损失。受托人超越权限造成委托人损失的，应当赔偿损失。

二、违约责任的形式

（一）违约责任形式概述

违约责任的形式，指违约方承担违约责任的具体方式。《合同法》规定的违约责任方式包括六种：①实际履行（继续履行）；②采取补救措施（修理、更换、重作）；③支付违约金；④适用定金罚则；⑤赔偿损失；⑥请求减少价款或报酬（适用于买卖合同等双务合同）。

（二）继续履行责任

继续履行，又称实际履行，指债务人违反合同义务时，应当依照另一方的请求依据合同的规定继续履行其承担的合同义务。继续履行是与合同解除完全对立的救济方式，如果选择解除合同，债权人则无法享有继续履行的权利。

继续履行是一种相当重要的违约救济措施，它既可以适用于不履行合同义务的违约行为，如拒绝履行、迟延履行等，又可使用与履行合同义务不符合约定的违约行为，如不完全履行或瑕疵履行。其具体适用范围如下：

1. 金钱债务的实际履行

根据《民法典》第 579 条的规定，请求债务人对金钱债务（支付价款、报酬、租金、利息等）承担实际履行的违约责任，具有一定的实用性、可行性。由于"金钱债务不发生履行不能"，只要债务人未履行支付金钱的义务，债权人就有请求其实际履行。

2. 非金钱债务的实际履行

根据《民法典》第 580 条规定，符合下列三种情形之一的非金钱债务，不能要求违约方实际履行：

（1）法律上或者事实上不能履行的。例如：债务人破产；诉讼时效期间届满；作为合同的特定的标的物毁损灭失的。

（2）债务标的不适于强制履行或者履行费用过高的。例如：劳务合同（演出合同）等。

（3）债权人在合理的期间内未要求履行。此时推定债权人放弃实际履行的请求。

3. 强制替代履行

根据债务的性质不得强制履行的，对方可以请求其负担由第三人替代履行的费用（《民法典》第581条）。

4. 责任方式的并用

（1）实际履行可以与违约金、定金、损害赔偿责任并用，但不能与解除合同并用。

（2）实际履行可以与价格制裁并用。合同的标的物的价款应当执行政府定价的，实际履行时恰遇政府调整定价，可以适用价格制裁。

（三）赔偿损失责任

损失赔偿，也称损害赔偿，指违约方对受害人因违约遭受的损失以金钱进行的补偿。在违约责任体系当中，损失赔偿是一种具有普遍适用性的救济权，它几乎可适用于各种不可免责的违约。

1. 损害赔偿的构成要件

损害赔偿的构成要件主要有三种：一是须发生违约行为；二是须因违约遭受损失；三是违约方或有过错。损失赔偿责任是否具备违约方的过错，应依据违反合同义务的性质而定。

2. 填补性损害赔偿

（1）完全赔偿原则。违约方承担填补性损害赔偿的范围包括实际损失和可得利益的损失两个部分。①实际损失，指因违约行为遭受的财产损害和人身损害，不包括精神损害赔偿。②可得利益损失，主要是指利润的损失。

（2）填补性损害赔偿的限制（损害赔偿的范围）：

①可预见性规则。损害赔偿的数额不得超过"违反合同一方"在"订立合同时"能够预见到或者应当预见到的因违反合同可能造成的损失。

②减损规则。当事人一方违约后，对方没有采取适当防范措施致使损失扩大的，不能就扩大的损失要求赔偿。

③与有过失规则。当事人双方都违反合同的，应当各自承担相应责任的规定。《最高人民法院关于审理买卖合同纠纷案件适用法律问题的解释》第30条规定："买卖合同当事人一方违反合同造成对方损失，对方对损失的发生也有过错的，违约方主张扣减相应的损失赔偿额的，人民法院应予支持。"

④损益相抵规则。如果违约行为在给对方造成损失的同时，还给对方带来了收益或者给对方减少了费用的支出，则在计算损害赔偿的数额时应当减去该收益或者节约的费用。

3. 惩罚性损害赔偿

惩罚性损害赔偿，是指在弥补实际损失之外，根据法律规定，当事人另行主张的赔偿责任。惩罚性损害赔偿限于法律明文规定的情形，而且多存在于"加害给付"情形，且均要求特别的构成要件。我国明文规定的惩罚性损害赔偿越来越多，将逐渐成为法律职业资格考试的重点。

（1）《消费者权益保护法》第55条第1款规定了欺诈经营的惩罚性赔偿。经营者提供商品或者服务有欺诈行为的，应当按照消费者的要求增加赔偿其受到的损失，增加赔偿的金额为消费者购买商品的价款或者接受服务的费用的3倍；增加赔偿的金额不足500元的，为500元。法律另有规定的，依照其规定。

（2）《消费者权益保护法》第55条第2款规定了缺陷产品的惩罚性赔偿。经营者明知商品或者服务存在缺陷，仍然向消费者提供，造成消费者或者其他受害人死亡或者健康严重损害的，受害人有权要求所受损失2倍以下的惩罚性赔偿。

（3）《食品安全法》第148条第2款规定了违反食品安全标准的惩罚性赔偿。生产不符合食品安全标准的食品或者经营明知是不符合食品安全标准的食品，消费者可以向生产者或者经营者要求支付价款10倍或者损失3倍的赔偿金；增加赔偿的金额不足1000元的，为1000元。

（4）《侵权责任法》第47条规定了生产、销售缺陷产品的惩罚性赔偿。明知产品存在缺陷仍然生产销售的，造成他人死亡或者健康严重损害的，被侵权人有权请求相应的惩罚性赔偿。

（5）知识产权侵害的惩罚性赔偿。

（6）《最高人民法院关于审理商品房买卖合同纠纷案件适用法律若干问题的解释》第8条、第9条也规定了欺诈经营的惩罚性赔偿。

《最高人民法院关于审理商品房买卖合同纠纷案件适用法律若干问题的解释》第8条	具有下列情形之一的，导致商品房买卖合同目的不能实现的，无法取得房屋的买受人可以请求解除合同、返还已付购房款及利息、赔偿损失，并可以请求出卖人承担不超过已付购房款一倍的赔偿责任： （1）商品房买卖合同订立后，出卖人未告知买受人又将该房屋抵押给第三人； （2）商品房买卖合同订立后，出卖人又将该房屋出卖给第三人
《最高人民法院关于审理商品房买卖合同纠纷案件适用法律若干问题的解释》第9条	出卖人订立商品房买卖合同时，具有下列情形之一，导致合同无效或者被撤销、解除的，买受人可以请求返还已付购房款及利息、赔偿损失，并可以请求出卖人承担不超过已付购房款一倍的赔偿责任： （1）故意隐瞒没有取得商品房预售许可证明的事实或者提供虚假商品房预售许可证明； （2）故意隐瞒所售房屋已经抵押的事实； （3）故意隐瞒所售房屋已经出卖给第三人或者为拆迁补偿安置房屋的事实

（四）违约金责任

违约金，指违约方依据当事人的事先约定于违约发生时向对方支付的一定数额的金钱。

违约金的主要功能：免除受害方的损失举证责任；担保债权的实现。

1. 违约金的类型

（1）惩罚性违约金

合同当事人约定，若债务人违约，在支付违约金后，其他违约责任的承担不受影响。换言之，惩罚性违约金可以与任何其他违约责任形式并用，但是需要明确说明，若无明示则应默认为补偿性违约金。

> **重点法条**：《民法典》第585条规定，当事人就迟延履行约定违约金的，违约方支付违约金后，还应当履行债务。

（2）补偿性违约金

系违约损害赔偿的代替，因此，不能与定金、违约损害赔偿并用，且相对于违约损害赔偿具有适用上的优先性。

2. 违约金的调整

（1）违约金的调高

违约金过分低于实际的损失的，债权人可以请求法院或者仲裁机构予以增加。但是增加后的违约金以不超过实际损失额为限。

（2）违约金的调低

违约金过分高于实际损失的，债务人可以请求法院或者仲裁机构适当减少。一般认为，违约金高于实际损失的30%，可认定为过高。

（五）定金责任

定金，是合同当事人约定一方在合同订立时或者合同履行前预付给对方的一定数量的金钱。从"预付"角度看，定金制度还具有担保功能。定金作为一种违约责任形式，主要体现"定金罚则"的规定上。根据《民法典》第586、557条规定，应从以下几点加以把握：

（1）当事人可以约定一方向对方给付定金作为债权的担保。

（2）定金合同自实际交付定金时生效。

（3）定金的数额由当事人约定，但是不得超过主合同标的额的百分之二十，超过部分不产生定金的效力。

（4）实际交付的定金数额多于或者少于约定数额的，视为变更约定的定金数额。【意即成立而未生效的合同可以任意变更】

（5）债务人履行债务后，定金应当抵作价款或者收回。

（6）给付定金的一方不履行债务，或者履行债务不符合约定致使不能实现合同目的的，无权请求返还定金；收受定金的一方不履行债务，或者履行债务不符合约定致使不能实现合同目的的，应当双倍返还定金。

（六）定金与违约金、赔偿金的关系（《民法典》第588条）

（1）当事人既约定违约金，又约定定金的，守约方可以选择适用违约金或者定金条款。

（2）约定的定金不足以弥补违约造成的损失的，守约方可请求超过定金数额的赔偿。

> **注意：** 民法并没有规定"定金与违约金不得并用"。

考点21　买卖合同

命题分析

买卖合同是合同法的"示范合同"，也是合同法、债法乃至整个民法基本精神和理念的集中体现。考试价值无须赘述，考生备考时需全面、深入掌握。重点关注所有权转移、标的物风险负担、所有权保留、特种买卖合同和商品房买卖合同的知识点。

考点解析

一、买卖合同的内容补充规则

合同生效后，当事人就质量、价款或者报酬、履行地点等内容没有约定或约定不明的，可以协议补充；不能达成补充协议的，按照合同的有关条款或者交易习惯确定（《合同法》第61条）。仍不能确定的，适用下列规则：

买卖合同内容不明确的补充规则		
1	履行期限不明	（1）随时履行，但买受人应当给予出卖人必要的准备时间，提前交付应取得买受人同意； （2）电子合同的标的为提供服务的，实际提供服务的时间为交付时间（《民法典》第512条）

续表

	买卖合同内容不明确的补充规则	
2	履行地点不明	（1）交付不动产的，在不动产所在地。 （2）交付动产的，在出卖人所在地。 （3）需要运输的，货交第一承运人。 （4）不需要运输的，双方订立合同时知道标的物所在地，在该地点交付；不知道的，在出卖人订立合同时的营业地交付
3	包装方式不明	按照通用方式；没有通用方式的，采取足以保护标的物的包装方式
4	质量要求不明	依次按照国家标准、行业标准——通常标准、特定标准予以执行
5	价款报酬不明	（1）支付数额约定不明，按照订立合同时履行地的市场价； （2）支付地点不明，在出卖人营业地付款。但约定"交货付款"的，在交付标的物或者交付提取标的物单证的所在地付款； （3）支付时间不明，在收货时付款； （4）金钱债务的履行，债权人可以请求债务人以实际履行地的法定货币履行（《民法典》第514条）

二、一物数卖问题

出卖人就同一标的物订立多重买卖合同，合同均不具有民法规定的无效情形，买受人因不能按照合同约定取得标的物所有权，请求追究出卖人违约责任的，人民法院应当予以支持［原《最高人民法院关于适用〈中华人民共和国合同法〉若干问题的解释（二）》第15条］。在买卖合同均有效的情况下，买受人均要求实际履行合同的，应当按照以下情形分别处理：

一般动产的一物数卖 （《最高人民法院关于审理买卖合同纠纷案件适用法律问题的解释》第9条）
（1）已经交付的，先行受领交付的买受人有权请求法院确认所有权已经转移
（2）均未受领交付，出卖人应向先行支付价款的买受人履行交付标的物
（3）均未受领交付，也未支付价款，出卖人应向成立在先的合同的买受人履行交付标的物的义务
船舶、航空器、机动车等特殊动产的一物数卖 （《最高人民法院关于审理买卖合同纠纷案件适用法律问题的解释》第10条）
（1）已交付的，出卖人应向先行受领交付的买受人履行办理所有权转移登记手续的义务
（2）均未受领交付，出卖人应向先行办理所有权转移登记手续的买受人履行交付标的物
（3）均未受领交付，也未办理所有权转移登记手续，出卖人应向在先成立的合同的买受人履行交付标的物和办理转移登记的义务
（4）出卖人将标的物交付给买受人之一，又为其他买受人办理所有权转移登记的，已受领交付的买受人有权请求法院将标的物所有权登记在自己名下

三、标的物的瑕疵担保责任

（一）概念

标的物的瑕疵担保责任，是指出卖人应确保所交付的标的物具有应有的价值、效用或品质并且担保其权利完整无负担，否则应承担相应的违约责任。其类型包括物的瑕疵担保责任和权利的瑕疵担保责任。

（二）性质

（1）单方责任，为买受人利益的实现而由出卖人一方承担。
（2）无过错责任。
（3）基于买卖合同的有偿性，体现公平交易。
（4）违约责任，出卖人交付的标的物不符合质量要求的，应承担违约责任。

（三）物的瑕疵担保

1. 概念

物的瑕疵担保，是指出卖人担保其所交付的标的物符合买卖合同的约定或者法律规定的品质、价值和效用。

2. 构成要件

（1）出卖人交付的标的物不符合质量要求。
（2）标的物瑕疵在风险转移于买受人时已经存在。
（3）买受人及时履行检验义务，并适时履行瑕疵通知义务。【注意：视为合格的认定】

> **重点法条**：《民法典》第621条：当事人约定检验期间的，买受人应当在检验期间内将标的物的数量或者质量不符合约定的情形通知出卖人。买受人怠于通知的，视为标的物的数量或者质量符合约定。买受人在合理期间内未通知或者自收到标的物之日起二年内未通知出卖人的，视为标的物的数量或者质量符合约定；但是，对标的物有质量保证期的，适用质量保证期，不适用该"二年"的规定。出卖人知道或者应当知道提供的标的物不符合约定的，买受人不受前两款规定的通知时间的限制。

（4）买受人善意且无重大过失（《最高人民法院关于审理买卖合同纠纷案件适用法律问题的解释》第33条）。
（5）当事人没有约定免除瑕疵担保责任，但出卖人故意或者重大过失隐瞒瑕疵者的除外。

3. 效力

(1) 承担违约责任。

(2) 瑕疵导致合同目的不能实现的,买受人可以拒绝受领或者解除合同;并可主张违约赔偿。

(3) 质量瑕疵若构成加害给付,出卖人应承担侵权责任,形成责任竞合。

(四) 权利瑕疵担保

1. 概念

权利瑕疵担保,是指出卖人就交付的标的物负有保证第三人不得向买受人主张任何权利的义务。

2. 权利瑕疵类型

(1) 标的物所有权全部或者部分归属于第三人。

(2) 标的物存在第三人的合法权利负担,如担保物权。

(3) 标的物存在知识产权负担。

3. 构成要件

(1) 权利瑕疵在买卖合同订立时已经存在。

(2) 履行时未能消除。

(3) 买受人善意,即订立合同时不知道或者不应当知道存在权利瑕疵。

> **提示**:由于"智权不随物权转移"的基本规则,买受人一般被认定为"善意"地不知标的物上存在知识产权负担。《民法典》第600条:出卖具有知识产权的标的物的,除法律另有规定或者当事人另有约定外,该标的物的知识产权不属于买受人。

(4) 当事人没有约定免除权利瑕疵担保责任;除非出卖人在约定时故意隐瞒该瑕疵。

> **重点法条**:《民法典》第618条:当事人约定减轻或者免除出卖人对标的物瑕疵承担的责任,因出卖人故意或者重大过失不告知买受人标的物瑕疵的,出卖人无权主张减轻或者免除责任。

(5) 除外情形:第三人主张相邻权的,不构成标的物的权利瑕疵。

4. 效力

(1) 买受人有确切证据证明第三人可能就标的物主张权利的,可中止付款,但出卖人提供担保时除外。

（2）买受人可以主张违约金、实际履行、损害赔偿、解除合同等。

四、标的物的风险负担

（一）概念

标的物的风险负担，是指买卖合同成立后、履行完毕前，因不可归责于当事人的事由而导致标的物毁损灭失造成的损失。

（二）风险负担的一般规则

1. 概述

风险负担的一般规则是交付主义，即标的物毁损灭失的风险，在标的物交付前由出卖人承担，在交付后由买受人承担，法定或约定的除外。这里的"交付"包括现实交付、简易交付、指示交付和占有改定。

2. "交付"的具体情形与风险负担

货交第一承运人	（1）没有约定交付地点或者约定不明确； （2）标的物需要运输，由出卖人办理托运； （3）货交第一承运人之后，风险转移给买受人承担
指定地点的承运	（1）合同约定交付地点； （2）标的物需要运输，由出卖人办理托运； （3）货物运到指定地点时，风险由买受人承担（《民法典》第604条）
提存视为交付	债务人依法提存标的物后，提存物毁损、灭失的风险由债权人承担

（三）风险负担的特殊规则

标的物未交付，但风险已转移	（1）在途货物买卖，自买卖合同成立时起，风险已转移给买受人承担，但出卖人在订立合同时知道或者应当知道标的物已毁损、灭失而未告知的除外； （2）买受人过错，包括延迟受领和延迟提货，因买受人的原因致使标的物不能按照约定交付的，买受人承担毁损、灭失的风险
标的物已交付，但风险未转移	出卖人根本违约或标的物不符合要求，致使合同的目的不能实现的，买受人有权拒绝接受标的物或解除合同，此时标的物毁损、灭失的风险由出卖人承担

（四）注意事项

（1）买卖标的物在特定化之前，毁损、灭失的风险一律由出卖人承担。适用风险转移规则的标的物必须是特定物。

（2）风险负担与所有权的转移并没有必然联系。不动产买卖中，虽办理了过户登记，但房屋没有交付，风险就不转移；动产所有权保留买卖也是如此。

（3）出卖人按照约定未交付有关标的物的单证和资料的，不影响标的物毁损、灭失风险的转移（《民法典》第609条）。

（4）标的物毁损、灭失的风险由买受人承担的，不影响因出卖人履行债务不符合约定，买受人请求其承担违约责任的权利（《民法典》第611条）。

五、所有权保留的买卖合同（《民法典》第641~643条）

（一）概述

所有权保留的买卖合同，是指附有保留所有权条款的买卖，即出卖人依特约将标的物交付给买受人占有，但仍然保留该标的物的所有权，待买受人履行支付价款或者其他义务时，标的物所有权才发生转移的买卖。

1. 物权法定的例外

《民法典》第224条规定，动产物权的设立和建立，自交付时发生效力，但法律另有规定的除外。动产所有权保留买卖中的物权变动即属例外规定。

2. 适用范围

限于动产。《最高人民法院关于审理买卖合同纠纷案件适用法律问题的解释》第34条规定，买卖合同当事人主张标的物所有权保留的规定适用于不动产的，人民法院不予支持。

> **重点提示**：出卖人所"保留"的所有权，由于欠缺"占有"的公示要件，如果不通过"登记"补强，则不能对抗善意第三人。

3. 性质

（1）非典型担保。

（2）所有权转移的附停止条件。

4. 风险负担

标的物占有发生转移，标的物毁损、灭失的风险应当由买受人承担。

（二）所有权保留买卖的效力

效力机制	构成条件
买受人的期待权，即买受人对所有权的期待利益	（1）出卖人的主给付义务尚未完成； （2）出卖人应承担瑕疵担保责任； （3）出卖人侵害、处分标的物的责任，出卖人仍享有处分权
出卖人的取回权，即出卖人在买受人未完成约定条件或出现法定情形时，从买受人处取回出卖物的权利	有下列条件之一即可： ①买受人未按约定支付价款，经催告后在合理期限内仍未支付； ②买受人未按约定完成特定条件的； ③买受人将标的物出卖、出质或者作出其他不当处分的； ④取回的标的物价值显著减少，出卖人有权要求买受人赔偿损失； ⑤出卖人可以与买受人协商取回标的物；协商不成的，可以参照适用担保物权的实现程序（意即参照买卖标的物"回抵"担保规则）
买受人的回赎权	出卖人取回标的物后，买受人在双方约定的或者出卖人指定的回赎期间内，消除出卖人取回标的物的事由，可主张赎回标的物
出卖人再卖权	买受人在回赎期间内没有回赎标的物的，出卖人可另行出卖标的物

六、特种买卖合同

（一）分期付款买卖

1. 概念

分期付款买卖，是指买受人将应付的总价款在一定期间内至少分三次向出卖人支付的买卖。

2. 出卖人的权利

买受人未支付的到期价款的金额达到全部价款的五分之一以上的，出卖人有权择一行使下列权利：

（1）要求买受人支付剩余的全部价款。

（2）行使法定解除权解除合同。

（3）出卖人解除合同的，要求买受人支付标的物的使用费。当事人对标的物的使用费没有约定的，人民法院可以参照当地同类标的物的租金标准确定。

3. 买受人的保护

对买受人期待利益之保护。《民法典》第 634 条规定的"五分之一以上"这一比例，系强制性规范，当事人的约定违反该比例，损害买受人利益的，该约定无效。

（二）试用买卖（《民法典》第 637~640 条）

1. 概念

试用买卖，是指当事人约定由出卖人交付标的物、买受人试用或检验标的物，并以买受人认可标的物为 合同生效要件 的买卖。

2. 试用期间

约定不明的，由出卖人确定。

3. 认可权的行使（即买受人同意购买的认定）

（1）明示方式：试用期间，买受人没有对质量提出异议的，不能认定为认可；

（2）作为的默示方式：试用期间，买受人支付部分或全部价款，或者将标的物用于试用以外的用途时（如出卖、出租、设立担保物权等），视为购买；

（3）不作为的默示方式：试用期届满，买受人对是否购买未作表示的，视为购买；

（4）拒绝权必须通过明示的方式或者作为的默示，如退还标的物的行为。

4. 效力

（1）买受人拒绝认可的，买卖合同确定不发生履行效力，买受人应当返还标的物；

（2）试用买卖的当事人对标的物使用费没有约定或者约定不明确的，出卖人无权请求买受人支付。

5. 风险负担问题

《民法典》第 640 条规定，标的物在试用期内 毁损、灭失的风险由出卖人承担。

本条未区分"试用买卖"过程中存在"试用"和"买卖"两个阶段，因此未规定买卖被认可后可采"交付主义"确定风险。故试用买卖中标的物风险问题特作如下说明：

（1）依照"所有权主义"，标的物意外毁损、灭失的，没有约定或无特殊交易习惯的，由标的物所有权人负担损失。

（2）如果试用期内买受人以通知购买、支付价款、出卖、出租、设立担保等行为同意购买的，买卖已经生效，自同意之后发生的标的物风险，由买受人承担。

（三）商品房买卖（本处主要以《最高人民法院关于审理商品房买卖合同纠纷案件适用法律若干问题的解释》为依据）

1. 概念

商品房买卖合同是指房地产开发企业将尚未建成或已竣工的房屋向社会公众销售并转移房屋所有权于买受人，买受人支付价款的合同。其包括预售合同和正式合同。

2. 风险负担

采"交付主义"，即商品房交付之前由出卖人负担风险，交付之后由买受人负担。但买受人接到书面交房通知无正当理由拒绝接收房屋的，自该交房通知确定的交付使用之日起，风险由买受人承担。

3. 容纳规则

（1）商品房的销售广告和宣传资料为要约邀请。

（2）但具体、确定并对合同的订立以及房屋的价格有重大影响的，视为邀约，该说明和允诺即使未载入商品房买卖合同，亦应视为合同内容。

4. 合同无效的认定

（1）出卖人未取得商品房预售许可证明而订立的预售合同，无效。但在起诉前取得预售许可证明的，可以认定有效（《最高人民法院关于审理商品房买卖合同纠纷案件适用法律若干问题的解释》第2条）。

（2）出卖人与第三人恶意串通订立合同，买受人可主张该合同无效（《最高人民法院关于审理商品房买卖合同纠纷案件适用法律若干问题的解释》第10条）。

（3）双方约定以办理商品房预售合同登记备案手续为合同生效要件的，从其约定，但一方已经履行主要义务、对方接受的除外（《最高人民法院关于审理商品房买卖合同纠纷案件适用法律若干问题的解释》第6条）。

5. 法定解除权成立要件

（1）房屋主体结构不合格。

（2）质量问题严重影响正常居住适用。

（3）建筑面积误差超出3%。

（4）延迟交房或延迟付款，经催告后3个月内仍未履行。

（5）因出卖人的原因导致买受人无法办理房屋所有权登记。

6. 违约责任

由于出卖人的原因，买受人在下列期限届满未能取得房屋权属证书的，除当事人有特殊约定外，出卖人应当承担违约责任：

（1）商品房买卖合同约定的办理房屋所有权登记的期限；

（2）商品房买卖合同的标的物为尚未建成房屋的，自房屋交付使用之日起 90 日；

（3）商品房买卖合同的标的物为已竣工房屋的，自合同订立之日起 90 日。

7. 惩罚性赔偿

开发商的欺诈行为导致合同无效或者被撤销、解除的，承担不超过已付购房款一倍的赔偿责任（《消费者权益保护法》第 49 条、《最高人民法院关于审理商品房买卖合同纠纷案件适用法律若干问题的解释》第 9 条）：

（1）先出卖后抵押，未告知买受人；

（2）一房二卖，导致合同目的不能实现；

（3）隐瞒或提供虚假商品房预售许可证；

（4）隐瞒已经抵押的事实；

（5）隐瞒房屋为拆迁安置补偿房的事实。

考点 22　赠与合同

命题分析

赠与合同是典型的无偿行为，法律对赠与的调整需要明确界分好意施惠行为和法律行为。这也是考查司法者和考生主观能动能力的着眼点。重点把握赠与人的反悔权、解除权、民事责任的减免规则。

考点解析

一、赠与合同的概念及效力

（一）概念

所谓赠与合同，是指赠与人将自己的财产无偿给予受赠人，受赠人表示接受赠与的合同。

注意：赠与的财产可以是物也可以是财产权利。赠与合同是单务、无偿、诺成、不要式合同。

（二）效力

赠与人的义务：

（1）交付赠与财产并转移其权利。赠与人需要依照约定的期限、地点、方式等将赠与物移交给受赠人并转移其权利。

（2）瑕疵担保义务。

赠与的财产有瑕疵的，赠与人不承担责任。但在附义务的赠与中，赠与的财产有瑕疵的，赠与人在附义务的限度内承担与出卖人相同的责任。

赠与人故意不告知瑕疵或者保证无瑕疵，造成受赠人损失的，应当承担损害赔偿责任。

二、赠与合同的终止事由

赠与合同的撤销	任意撤销	一般来说，赠与人在赠与财产的权利转移之前可以撤销赠与
		例外情况： ①具有救灾、扶贫等社会公益； ②具有道德义务性质的合同； ③经过公证的赠与合同，赠与人不得任意撤销赠与合同
	法定撤销	适用情形： ①严重侵害赠与人或者赠与人的近亲属； ②对赠与人有抚养义务而不履行； ③不履行赠与合同约定的义务
		适用时间： ①赠与人的撤销权，自知道或应当知道撤销原因之日起1年内行使； ②若受赠人的违法行为致使赠与人死亡或丧失民事行为能力的，赠与人的继承人或者法定代理人的撤销权，自知道或者应当知道撤销原因之日起6个月内行使
赠与合同的解除	法定解除	赠与人的经济状况显著恶化，严重影响其生产经营或家庭生活的，可以不再履行赠与合同

考点23　借款合同

命题分析

从主观题考查角度来看，借款合同本身的实践性、利息的认定，以及借款债务的担保问题，常常与其他考点交叉考查，值得考生重视。

考点解析

一、自然人之间借款合同的生效

自然人之间的借款合同属于实践合同。合同自贷款人提供借款时生效。因此,贷款人不支付借款的,借款人不得主张违约责任;但可依法主张缔约过失责任。

借款合同成立条件(生效条件):

(1)以现金方式支付的,自借款人收到借款时。

(2)以银行转账、网上电子汇款或者网络贷款平台等形式支付的,自资金到达借款人账户时。

(3)以票据交付的,自借款人依法取得票据权利时。

(4)出借人将特定资金账户支配权授权给借款人的,自借款人取得对该账户实际支配权时。

(5)出借人以借款人约定的其他方式提供借款并实际履行完成时。

二、自然人之间借款合同的适用规则

(一)还款期限

(1)有约定的,按约定。

(2)没有约定,又不能协商确定的,借款人可以随时返还;贷款人可以随时催告借款人在合理期限内返还。

(二)利息支付

(1)自然人之间的借款合同对支付利息没有约定或者约定不明确的,视为不支付利息。

(2)自然人之间的借款合同约定支付利息的,借款的利率不得违反国家有关限制借款利率的规定。

(3)借款人未按照约定的日期、数额收取借款的,应当按照约定的日期、数额支付利息。

(4)对支付利息的期限没有约定,又不能协商确定的,借款期间不满一年的,应当在返还借款时一并支付;借款期间一年以上的,应当在每届满一年时支付,剩余期间不满一年的,应当在返还借款时一并支付。

(5)逾期利息:借款人未按照约定的期限返还借款的,应当按照约定或者国家有关规定支付逾期利息。

(6)借款人提前偿还借款的,除当事人另有约定以外,应当按照实际借款

的期间计算利息。

（7）利息预先在本金中扣除的，应当按照实际借款数额返还借款并计算利息。

（三）贷款人的法定解除权

借款人未按照约定的借款用途使用借款的，贷款人可以停止发放借款，提前收回借款或者解除合同。

三、民间借贷合同的利息和利率

（一）借款人的利息支付

1. 自然人之间的借贷合同

①没有约定利息的，借款人不支付利息；②对利息约定不明的，借款人不支付利息。

2. 一方不属于自然人的民间借款合同

①没有约定利息的，借款人不支付利息；②对利息约定不明的，借款人应支付利息，利率通过合同漏洞填补规则确定。

（二）无偿借贷合同中的自然债务

无偿借贷合同中的利息债务系自然债务。没有约定利息但借款人自愿支付，或者超过约定的利率自愿支付利息或违约金，且没有损害国家、集体和第三人利益，借款人又以不当得利为由要求出借人返还的，人民法院不予支持，但借款人要求返还超过年利率36%部分的利息除外。

> **注意**：①借贷合同未约定利息的，借款人仅负担支付利息的道德义务，不负法律义务。②借款人出于道德良心的原因，自愿支付利息的，系履行自然债务，该自然债务成为出借人保有利息的法律上原因，不成立不当得利之债。

（三）利率上限

（1）借贷双方约定的利率未超过年利率24%，出借人请求借款人按照约定的利率支付利息的，人民法院应予支持。

（2）借贷双方约定的利率超过年利率36%，超过部分的利息约定无效。借款人请求出借人返还已支付的超过年利率36%部分的利息的，人民法院应予支持。

> 注意：①采用"统一规范模式"。不区分"生产经营性借贷"和"生活消费性借贷"，统一借贷利率的上限。②采用"固定利率模式"。不再采用浮动利率模式。

考点24　租赁合同

命题分析

"租赁合同"属于合同法分论中较为重要的一个有名合同，主观题部分对于租赁合同考查多次，命题综合性较强，有一定难度。其中房屋租赁合同是重要知识点，买卖不破租赁、房屋转租、优先购买权等都属于常考的命题角度。

考点解析

一、不定期租赁合同

（一）概念

不定期租赁合同指未约定租赁期限的租赁合同，包括三种情形：

（1）没有租赁期限的；

（2）租赁期限6个月以上的租赁合同未采用书面形式的；

（3）租赁期限届满，承租人继续使用租赁物，出租人没有提出异议的。

（二）任意解除权

不定期租赁合同的双方当事人均享有：

（1）出租人和承租人均有权随时解除合同；

（2）出租人解除合同应当在合理的期限之前通知承租人。

二、租赁合同中的法定解除权

（一）出租人的法定解除权条件

（1）承租人未按照约定的方法或者租赁物的性质使用租赁物，致使租赁物受到损失的。

（2）房屋租赁合同中，承租人擅自变动房屋建筑物主体和承重结构或者扩建，在出租人要求的合理期限内仍不予恢复原状的。

（3）承租人未经出租人同意擅自转租的。

（4）承租人无正当理由未支付或者迟延支付租金，经出租人催告后在合理期间内仍未支付的。

（二）承租人的法定解除权

（1）因不可归责于承租人的事由，致使租赁物部分或者全部毁损、灭失，不能实现合同目的的。

（2）租赁物危及承租人的安全或者健康的，<u>即使承租人订立的合同明知该租赁物质量不合格的</u>。

（3）出租人就同一房屋订立数份有效的租赁合同，不能取得租赁房屋的承租人有权解除合同。

（4）房屋租赁合同中，因被依法查封、租赁房屋权属有争议、租赁房屋具有违反法律、行政法规关于房屋使用条件强制性规定，导致租赁房屋无法使用的。

三、买卖不破租赁

（1）"买卖不破租赁"的构成要件有三：①不动产或者动产租赁合同有效；②出租人已将租赁物交付给承租人，由承租人占有；③租赁期间内租赁物因买卖、互易、赠与、投资、抵押权的实现、继承、遗赠、企业合并等原因，租赁物的所有权发生变动。

（2）"买卖不破租赁"产生原租赁合同的权利义务内容维持不变、新的所有权人法定承受该租赁合同的效果。

（3）"买卖不破租赁"的例外情形：①租赁物被没收、征收的；②先抵押后出租，抵押权已经登记的；③租赁物在出租前已被人民法院依法查封的。

> 提示："买卖不破租赁"并不限于"房屋"等不动产，也适用于车辆、机械等动产。

四、房屋租赁

（一）房屋租赁人的优先购买权

房屋租赁合同存续期间，出租人出卖（不包括继承、赠与）房屋、拍卖房屋、与抵押权人协议用租赁的房屋折抵债务（出租人将房屋抵押的情形），应提前在合理期间通知承租人，承租人享有同等条件优先受让的权利。优先受让权系"形成权"，承租人主张优先受让权的，自动在出租人与承租人间成立房屋买卖合同。

> **注意**：不享有优先购物权的情形：
> （1）房屋的共有人行使优先购买权的。
> （2）出租人将房屋出卖给自己的近亲属的。
> （3）出租人履行通知义务后，承租人在十五日内未明确表示购买的。
> （4）出租人将房屋出卖给善意的第三人，并办理完毕过户登记的。
> （5）出租人委托拍卖租赁房屋的，在拍卖五日前通知承租人而承租人未参加拍卖的（《民法典》第727条）。

> **重要提示**：优先购买权的侵害救济：出租人未通知承租人或者有其他妨害承租人行使优先购买权情形的，承租人可以请求出租人承担损害赔偿责任。但是，出租人与第三人订立的房屋买卖合同的效力不受影响（《民法典》第728条）。

（二）房屋租赁合同的法定承受

房屋租赁合同的存续期间，承租人死亡、被宣告死亡或者被宣告失踪的，与承租人生前共同居住的人（不要求是近亲属或继承人）、承租人的共同经营人（限于承租人为个体工商户的情形）、承租人的其他合伙人（限于承租人参与个人合伙的情形）法定承受该房屋租赁合同。

> **注意**：该制度仅适用于城镇房屋租赁合同；承租人须为自然人。

（三）一房数租问题

同一出租人就同一房屋与两个以上的承租人订立房屋租赁合同，数个承租人请求出租人实际履行债权的先后顺序为：已经合法占有租赁房屋的承租人优先；已经办理登记备案手续的承租人优先；合同成立在先的承租人优先（《房屋租赁合同司法解释》第6条）。

（四）默示续租与房屋优先承租权（《民法典》第734条）

（1）一般租赁的默示续租条件：
①租赁期间届满；

②承租人继续使用租赁物，出租人没有提出异议的；
③原租赁合同继续有效；
④但是租赁期限为不定期。【注意：默示续租并不限于房屋】

（2）房屋优先承租权：租赁期间届满，出租人继续出租房屋的，原房屋承租人享有以同等条件优先承租的权利。

五、转租

转租指承租人在维持与出租人间租赁合同的同时，将租赁物的全部或者一部分出租给第三人（次承租人）使用、收益，第三人向承租人（转租人）支付租金的行为。按照是否经过出租人同意，转租分为合法转租与非法转租。

（一）合法转租（即经出租人同意）

（1）房屋租赁合同的合法转租，转租期限超过承租人剩余租赁期限且未经出租人同意的，超期的租赁合同无效。

（2）在房屋合法转租中，若承租人不支付到期租金，次承租人享有代位清偿请求权，有权提出替承租人代为支付到期租金。次承租人代为支付的租金和违约金超出其应付的租金数额，可以折抵租金或者向承租人追偿（《民法典》第 719 条）。

（二）非法转租（即未经出租人同意）

承租人非法转租，出租人享有法定解除权；房屋租赁合同中，出租人知道或者应当知道承租人非法转租，但在 6 个月内未提出异议的，6 个月期间届满，出租人的法定解除权消灭。非法转租中，次承租人相对于出租人为无权占有人，作为所有权的出租人对次承租人享有返还原物请求权。

考点25　融资租赁合同

命题分析

"融资租赁"本身将租赁、借贷、买卖等法律关系融合在一起，涉及多方复杂的法律关系，属于综合性较强的考点，符合主观题命题思路。融资租赁合同中当事人及出卖人的权利义务是考查的重点。

考点解析

一、融资租赁合同概念及特征

（一）概念

融资租赁合同是出租人根据承租人对出卖物、租赁物的选择，向出卖人购买租赁物，提供给出租人使用，承租人支付租金的合同（《民法典》第735条）。

> **特别提示**：承租人将其自有物出卖给出租人，再通过融资租赁合同将租赁物从出租人处租回的，承租人和出卖人系同一人不影响融资租赁合同的成立。
>
> 融资租赁合同＝买卖合同＋租赁合同，该合同倾向于租赁合同的特征，在融资租赁合同中的当事人为出租人（买卖合同中的买受人）、承租人。

（二）特征

（1）融资租赁合同中的出租人有资格限制。必须为经过有关机关批准有权经营融资租赁业务的法人。

> **提示**：出租人未取得行政许可不影响融资租赁合同的效力，即"行政不影响民事"。

（2）融资租赁合同中的承租人支付的租金并非单纯使用租赁物的代价，而是"融资"的代价。融资租赁的租金＝租赁物成本＋融资利润。

> **重点法条**：《民法典》第746条：融资租赁合同的租金，除当事人另有约定外，应当根据购买租赁物的大部分或者全部成本以及出租人的合理利润确定。

（3）融资租赁合同的标的物是应承租人的要求购买的，而且通常是价值较高的固定资产。

（4）融资租赁合同是双务、有偿、诺成、要式合同。

> **注意**：融资租赁合同需要采用书面形式。

二、融资租赁合同效力

融资租赁合同效力	出卖人	权利	请求出租人支付价款
		义务	向承租人交付标的物；若出卖人不履行买卖合同义务，向买受人（承租人）承担违约责任
	出租人	权利	(1) 在租赁期间保有租赁物的所有权；"虚弱的租赁物权"。 【提示】出租人对租赁物享有的所有权，未经登记，不得对抗善意第三人（《民法典》第746条）。 【提示】当事人约定租赁期间届满，承租人仅需向出租人支付象征性价款的，视为约定的租金义务履行完毕后租赁物的所有权归承租人（《民法典》第759条）。 (2) 收取租金；"强大的租金债权"。 【提示】承租人对出卖人行使索赔权利，不影响其履行支付租金的义务。但是，承租人依赖出租人的技能确定租赁物或者出租人干预选择租赁物的，承租人可以请求减免相应租金（《民法典》第742条）。 (3) 在合同终止后收回租赁物
		义务	(1) 购买租赁物并向出卖人支付价款； (2) 保证承租人对租赁物的占有和使用（《民法典》第748、749条）； 【提示】但加害责任豁免：承租人占有租赁物期间，租赁物造成第三人的人身损害或者财产损失的，出租人不承担责任。 (3) 协助承租人向出卖人索赔，并承担过错索赔失败的责任； (4) 物的瑕疵担保义务
	承租人	权利	(1) 选择承租人并决定租赁物的条件，受领出卖人交付的标的物； (2) 请求出卖人承担瑕疵担保责任； (3) 优先购买权
		义务	(1) 及时接收标的物； (2) 支付租金； (3) 妥善保管、使用与维修租赁物； (4) 承担损害赔偿责任； (5) 返还标的物； (6) 承担标的物灭失风险：继续支付租金，并合理补偿出租人（《民法典》第751条、第758条）

考点 26　建设工程合同

命题分析

"建设工程合同"标的价值大、事关民生公益，且涉及抵押、土地物权、招投标制度、公法管制等多个知识点，有一定的综合性，近年来颇受主观题命题人的偏爱。重点掌握建设工程合同无效的情形与后果、建设工程合同承包人的优先受偿权、发生工程质量争议时当事人的确定等问题。

考点解析

一、建设工程合同概念及特点

建设工程合同是指建设工程的发包人为完成工程建设任务，与承包人签订的约定由承包人按照发包人的要求完成工作并交付建设工程，由发包人支付价款的合同。建设工程合同包括工程勘察、设计、施工合同。

建设工程合同具有如下特点：

（1）建设工程合同是以完成工作交付工作成果的合同，这里的工作成果是承包人按照发包人的要求完成的建设工程，其标的物是建设工程。

（2）建设工程合同是双务、诺成、有偿、书面要式合同。

二、建设工程合同无效情形及后果

（一）建设工程合同的无效情形

《民法典》第791条规定了建设工程合同的无效情形，归纳如下：

（1）肢解发包：发包人将应当由一个承包人完成的建设工程肢解成若干部分发包给几个承包人。

（2）全部转包：承包人将其承包的全部建设工程转包给第三人。【注意：可经发包人同意将部分工作交由第三人】

（3）变相转包，即肢解后分包：承包人将其承包的全部建设工程肢解以后以分包的名义分别转包给第三人。

（4）无资质分包：承包人将工程分包给不具备相应资质条件的单位。

（5）无资质承包：承包人未取得建设施工企业资质或者超越资质等级的。

（6）主体转交：建设工程主体结构的施工必须由承包人自行完成，但由承包人以外的单位或个人完成。

> 提示：《民法典》并没有否认借用资质的合同。

（7）建设工程必须进行招标而未招标或者中标无效的。

（8）再分包：分包单位将其承包的工程再次分包。

（二）建设工程合同的无效后果（《民法典》第793条）

（1）建设工程施工合同无效，但建设工程经竣工验收合格，承包人可请求参照合同约定就合同工程价款折价补偿。

（2）建设施工合同无效，且建设工程经竣工验收不合格的，分为两种情况：

一是修复后工程竣工验收合格，发包人可请求承包人承担修复费用，承包人可请求就合同工程价款补偿；

二是修复后工程竣工验收不合格，承包人则不能请求参照合同关于工程价款的约定补偿。

（3）发包人对因建设工程不合格造成的损失有过错的，应当承担相应的责任。

三、建设工程承包合同的解除及后果（《民法典》第806条）

（1）发包人解除。承包人将建设工程转包、违法分包的，发包人可以解除合同。

（2）承包人解除。发包人提供的主要建筑材料、建筑构配件和设备不符合强制性标准或者不履行协助义务，致使承包人无法施工，且在催告的合理期限内仍未履行相应义务的，承包人可以解除合同。

（3）合同解除后，已经完成的建设工程质量合格的，发包人应当按照约定支付相应的工程价款；已经完成的建设工程质量不合格的，参照前述无效合同规则处理。

四、建设工程合同施工人的优先受偿权

《民法典》第807条规定：发包人未按照约定支付价款的，承包人可以催告发包人在合理期限内支付价款。发包人逾期不支付的，除按照建设工程的性质不宜折价、拍卖的以外，承包人可以与发包人协议将该工程折价，也可以申请人民法院将该工程依法拍卖。建设工程的价款就该工程折价或者拍卖的价款优先受偿。此条款的适用应注意：

（1）此条款的适用前提是建设工程已经竣工且验收合格而发包人未按照约定支付价款。

（2）承包人在行使优先受偿权时需要对发包人进行催告，并给予发包人合理的期限。

（3）承包人行使权利的方式是与发包人协商将工程折价或者申请人民法院拍卖建设工程。

(4) 承包人的优先受偿权优先于银行债权人的抵押权。

考点27　委托合同

命题分析

委托合同是最讲"诚信"的合同，而且在民事生活领域涵盖面广泛，它与代理关系、劳务关系、任意撤销制度等均可关联起来，符合主观题命题的综合性特点。委托合同中当事人的确定，委托合同的终止事由，尤其是委托合同当事人的单方解除权是考查的重点。

考点解析

一、委托合同概念及特征

（一）概念

委托合同是指委托人和受托人约定，由受托人处理委托人事务的合同。委托合同的当事人是委托人与受托人。

（二）特征

(1) 受托人既可以以委托人的名义，也可以以自己的名义对外进行民事活动。

(2) 委托合同通常建立在彼此信任的基础上，故委托人与受托人享有单方解除权。

(3) 委托合同的标的物是受托人提供的劳务。

(4) 委托合同是双务、诺成、不要式合同。

(5) 委托合同既可以是有偿合同也可以是无偿合同。

二、隐名委托及其后果（《民法典》第925、926条）

（一）第三人知情的隐名委托

视同一般"显名代理"：受托人以自己的名义，在委托人的授权范围内与第三人订立的合同，第三人在订立合同时知道受托人与委托人之间的代理关系的，该合同直接约束委托人和第三人；但是，有证据证明该合同只约束受托人和第三人的除外。

（二）第三人不知情的隐名委托

1. 委托人代位权

受托人以自己的名义与第三人订立合同时，第三人不知道受托人与委托人之间的代理关系的，受托人因第三人的原因对委托人不履行义务，受托人应当向委托人披露第三人，委托人因此可以行使受托人对第三人的权利。但是，第三人与受托人订立合同时如果知道该委托人就不会订立合同的除外。委托人行使受托人对第三人的权利的，第三人可以向委托人主张其对受托人的抗辩。

2. 第三人选择权

受托人因委托人的原因对第三人不履行义务，受托人应当向第三人披露委托人，第三人因此可以选择受托人或者委托人作为相对人主张其权利，但是第三人不得变更选定的相对人。第三人选定委托人作为其相对人的，委托人可以向第三人主张其对受托人的抗辩以及受托人对第三人的抗辩。

三、委托合同的任意解除及其后果（《民法典》第933条）

（一）双方任意解除权

委托合同属于典型的以信任为基础的"互信"合同，一旦信任受挫，双方便可抽身摆脱法律关系牵绊。故委托人或者受托人均可以随时解除委托合同。

（二）解除后果

因解除合同造成对方损失的，除不可归责于该当事人的事由外：
（1）无偿委托合同的解除方应当赔偿因解除时间不当造成的直接损失；
（2）有偿委托合同的解除方应当赔偿对方的直接损失和可以获得的利益。

考点28 夫妻财产关系

命题分析

"夫妻财产关系"是婚姻家庭法中的重要考点，该考点包含夫妻法定财产制、约定财产制、夫妻共同财产与个人财产的认定以及个人财产向共同财产的转化等多个子知识点，还涉及离婚财产的分割、夫妻共同债务的认定以及离婚债务的清偿等知识点。涉及多个法条及司法解释。婚姻家庭纠纷多涉及财产关系，立法与实务对此存在诸多争议，容易成为主观题的考查素材。

考点解析

一、夫妻财产共有关系

（一）夫妻财产共同共有的推定

一般而言，基于伦理共同体的夫妻财产，除非当事人另有约定，在婚姻关系存续期间，一方或者双方共同取得的财产为夫妻共同共有财产，范围包括但不限于：

	夫妻共同财产的范围
1	工资、奖金；生产、经营、投资的收益
2	婚姻关系存续期间，实际取得或者已经明确可以取得的"知识产权上的财产性收益"
3	继承或者遗赠所取得的财产，但继承或者遗赠合同明确只归夫或妻一方的财产除外 【注意：一方法定继承所得属于夫妻共有；但遗产分割之前归该方与其他继承人共有】
4	双方实际取得或者应当取得的住房补贴、住房公积金、养老保险金、破产安置费
5	一方个人财产在婚后产生的收益，除孳息和自然增值外，应认定为夫妻共同财产
6	发放到军人名下的复员费、自主择业费等一次性费用的，以夫妻婚姻关系存续年限乘以年平均值，所得数额为夫妻共同财产
7	由一方婚前承租、婚后用共同财产购买的房屋，房屋权属证书登记在一方名下的，应当认定为夫妻共同财产
8	由一方以婚前个人财产支付首付，且登记在个人名下的不动产，婚后以夫妻共同财产还债的，除非当事人另有约定，原则上支付首付的为房屋所有权人，对婚后以共同财产还贷的部分及增值，应认定为夫妻共同财产
9	由双方父母出资购买的不动产，产权登记在一方子女名下的，该不动产可认定为双方按照各自父母的出资份额按份共有，但当事人另有约定的除外

> 提示：
> （1）一方因受到人身损害获得赔偿和补偿，法定属于该方个人所有。
> （2）如果没有约定共有，夫妻个人财产，不因婚姻关系的延续而转化为共同财产。
> （3）夫妻关系中，物权登记的公示效力，并不具有绝对性，即使登记在一方名下，也可推定属于夫妻共有财产。

夫妻个人财产的范围	
1	一方的婚前财产；一方因身体受到伤害获得的医疗费、残疾人生活补助费等费用；遗嘱或赠与合同中确定只归夫或妻一方的财产；一方专用的生活用品
2	军人的伤亡保险金、伤残补助金、医药生活补助费属于个人财产
3	婚后由一方父母出资为子女购买的不动产，产权登记在出资人子女名下的，视为只对自己子女一方的赠与，该不动产应认定为夫妻一方的个人财产

（二）夫妻共同债务的认定

> **重点法条**：《民法典》第1064条：夫妻双方共同签字或者夫妻一方事后追认等共同意思表示所负的债务，以及夫妻一方在婚姻关系存续期间以个人名义为家庭日常生活需要所负的债务，属于夫妻共同债务。
>
> 夫妻一方在婚姻关系存续期间以个人名义超出家庭日常生活需要所负的债务，不属于夫妻共同债务；但是，债权人能够证明该债务用于夫妻共同生活、共同生产经营或者基于夫妻双方共同意思表示的除外。

（1）债权人知道夫妻约定财产分别制的，单方举债，单方清偿。积极财产分别，推定债务也分别（《民法典》第1065条第3款）。

（2）共同意思举债，一律按共同债务（共同签字；或一方事后追认）。

（3）一方名义但因家庭日常生活所需举债，属于共同债务（依"家事代理权"解释）。

（4）一方名义举债，但超出家庭日常生活需要，需具备"用于夫妻共同生活、共同生产经营"，或者"夫妻共同意思"（两条件之一），方为共同债务，否则为个人债务。

（5）非法债务或虚假债务，属于无效债务，法律不保护。无须认定是否为共同债务。

> **解读提示**：夫妻共同债务的认定采"三共"规则：先看"共同意思"（共签或事后追认）；再看"共同日常生活"（目的兼数额）；最后看"共同经营"用途。原则上由第三人对债务使用目的和善意举证。

二、夫妻间财产关系的运行机制

> **重点法条**：《民法典》第1065条：男女双方可以约定婚姻关系存续期间所得的财产以及婚前财产归各自所有、共同所有或者部分各自所有、部分共同所有。约定应当采用书面形式。
>
> 夫妻对婚姻关系存续期间所得的财产以及婚前财产的约定，对双方具有法律约束力。
>
> 夫妻对婚姻关系存续期间所得的财产约定归各自所有，夫或者妻一方对外所负的债务，相对人知道该约定的，以夫或者妻一方的个人财产清偿。
>
> 《民法典》第1085条：离婚后，子女由一方直接抚养的，另一方应当负担部分或者全部抚养费，负担费用的多少和期限的长短，由双方协议；协议不成的，由人民法院判决。
>
> 前款规定的协议或者判决，不妨碍子女在必要时向父母任何一方提出超过协议或者判决原定数额的合理要求。【父母内部协议对未成年子女不具对抗效力】

我国婚姻法在大体推定夫妻财产共同共有的前提下，也承认夫妻间可以通过协议确定财产关系，包括抽象的财产制约定，也包括夫妻间具体的财产分割协议、财产流转协议。

但夫妻间内部的这些财产性协议，原则上仅具有内部约束性，一般不能对抗善意第三人。对内而言，双方应该信守承诺，遵守协议；法律在公序良俗允许的范围内维护协议的效力。在他们解除婚姻关系时可以作为分割财产、履行债务的依据。但对外部而言，一般不应有直接的约束力，因为一般第三人善意不打听、不介入夫妻内部的财产关系是常态，相反，"知悉"可能构成侵权。与此相关联，在夫妻日常家庭生活中，衍生出一些特殊的财产运行制度。

（一）家事代理权

因日常家庭事务的处分行为，夫妻相互享有代理权，其法律后果由夫妻共同承受。

> **重点法条**：《民法典》第1060条：夫妻一方因家庭日常生活需要而实施的民事法律行为，对夫妻双方发生效力，但是夫妻一方与相对人另有约定的除外。
>
> 夫妻之间对一方可以实施的民事法律行为范围的限制，不得对抗善意相对人。

（二）平等财产处理权

夫妻对共同所有的财产，有平等的处理权。

（1）夫或妻在处理夫妻共同财产上的权利是平等的。因日常生活需要而处理夫妻共同财产的，任何一方均有权决定。因此，夫妻一方擅自处分共有财产一般不成立无权处分。

（2）夫或妻非因日常生活需要对夫妻共同财产做重要处理决定，夫妻双方应当平等协商，取得一致意见。他人有理由相信其为夫妻双方共同意思表示的，另一方不得以不同意或不知道为由对抗善意第三人。

（3）夫或妻非因日常生活需要擅自对夫妻共同财产实施重要处分的，构成对配偶平等商定权的侵害。虽不能对抗善意第三人，但可以成为夫妻婚内财产分割请求权的基础。

（三）婚内财产分割限制（《民法典》第1066条）

财产共同共有，是维系夫妻伦理共同体的基础。在婚姻关系存续期间，夫妻原则上不得请求分割夫妻共同财产。但有下列重大理由且不损害债权人利益的，才可例外允许分割。

（1）一方有隐藏、转移、变卖、毁损夫妻共同财产或者伪造夫妻共同债务等严重损害夫妻共同财产利益行为的；

（2）一方负有法定扶养义务的人患重大疾病需要医治，另一方不同意支付相关医疗费用的。

（四）婚内侵权赔偿限制

我国婚姻法在坚持"同居共产"原则下，夫妻双方在婚姻持续中如果出现人身或财产侵权，采取的侵权责任承担方式一般也是行为责任，如停止侵害、排除妨害、赔礼道歉等行为约束责任，而不是财产赔偿责任方式。因为共有制下，财产赔偿无意义。只能在离婚时提出财产赔偿请求，在离婚财产分割中考量侵权因素。

三、婚姻解除的财产关系

（一）离婚共有财产的处理原则（《民法典》第1087条）

（1）协议处理：离婚时，夫妻的共同财产由双方协议处理。

（2）协议不成的，法院按照照顾子女、女方和无过错方权益的原则判决。

（3）各方在家庭土地承包经营中的权益，应当依法予以保护。

（二）离婚补偿（《民法典》第1088条）

夫妻一方因抚育子女、照料老年人、协助另一方工作等负担较多义务的，离婚时有权向另一方请求补偿，另一方应当给予补偿。

> **提示**：《民法典》改"约定"为"法定"，体现离婚经济补偿的强制性。

（三）共债共偿（《民法典》第1089条）

离婚时，夫妻共同债务，应当共同偿还。共同财产不足清偿或者财产归各自所有的，由双方协议清偿；协议不成的，由人民法院判决。

> **提示**：离婚债务分割，可以使债务"加速到期"。

（四）经济帮助（《民法典》第1090条）

离婚时，如一方生活困难，有负担能力的另一方应当给予适当帮助。具体办法由双方协议；协议不成的，由人民法院判决。

> **提示**：新法增加离婚经济帮助的"负担能力"条件。

（四）离婚协议的财产处理的外部效力限制

离婚协议中涉及对子女的抚养费、对共同债务的负担条款，并不具有绝对的约束力。

> **重点法条**：《民法典》第1085条：离婚后，子女负担费用的多少和期限的长短，由双方协议；协议不成的，由人民法院判决。但协议或者判决，不妨碍子女在必要时向父母任何一方提出超过协议或者判决原定数额的合理要求。
>
> 《民法典》第1060条：夫妻之间对一方可以实施的民事法律行为范围的限制，不得对抗善意相对人。【即夫妻若在离婚协议中进行财产分割、债务分担约定不能直接对抗第三人的合理请求】

（五）夫妻特殊共同财产的分割

	《最高人民法院关于适用〈中华人民共和国婚姻法〉若干问题的解释（二）》第 16～18 条对三类特殊的夫妻共同共有财产，采用特殊分割规则
（一）	分割夫妻一方在有限责任公司中的出资额，而另一方不是该公司的股东时： （1）夫妻双方协议将该出资额部分或者全部转让给该股东的配偶，过半数股东同意，其他股东放弃优先购买权的，该股东的配偶成为该公司的股东。 （2）夫妻双方就出资额转让份额和价格协商一致后：如果过半数股东不同意转让的，但愿意以同等价格购买该出资额的，可以对出资额转让所得的价款进行分割；如果过半数股东既不同意转让，又不愿意以同等价格购买，视为其同意转让，该股东的配偶成为该公司的股东。
（二）	分割夫妻一方在合伙企业中的出资，而另一方不是该合伙企业的合伙人时夫妻双方协议将一方在合伙企业中的财产份额全部或者部分转让给对方的： （1）其他合伙人一致同意的，该配偶取得合伙人地位； （2）其他合伙人不同意转让而同意行使优先购买权的，则对转让的所得进行分割； （3）其他合伙人既不同意转让，又不行使优先购买权，但同意该合伙人退伙或者退还部分财产份额的，可以对退还的财产进行分割； （4）其他合伙人既不同意转让，又不行使优先购买权，并且也不同意该合伙人退伙或者退还部分财产的，视为同意转让，该配偶取得合伙人地位。
（三）	分割夫妻一方在独资企业中的投资时应遵守的规则： （1）仅一方主张经营的，经评估后，由取得企业的一方给对方相应地补偿； （2）如果双方均主张经营的，由竞价获胜方给予对方以补偿； （3）双方都不愿意经营的，清算后，分割剩余财产。

（六）婚姻撤销或无效的财产关系（《民法典》第 1054 条）

夫妻关系因婚姻撤销、宣告无效后，双方的财产关系依照"同居关系"处理。

（1）同居期间所得的财产，由当事人协议处理。

（2）协议不成的，由人民法院根据照顾无过错方的原则判决。

（3）对重婚导致的无效婚姻的财产处理，不得侵害合法婚姻当事人的财产权益。

（4）当事人所生的子女的抚养费负担，适用关于父母子女的规定。

（5）婚姻无效或者被撤销的，无过错方有权请求损害赔偿。

四、离婚损害赔偿

> **重点法条**：《民法典》第1091条：有下列情形导致离婚的，无过错方有权请求损害赔偿：①重婚；②与他人同居；③实施家庭暴力；④虐待、遗弃家庭成员；⑤其他重大过错。
>
> 《民法典》第1092条：夫妻一方隐藏、转移、变卖、毁损、挥霍夫妻共同财产，或者伪造夫妻共同债务企图侵占另一方财产的，在离婚分割夫妻共同财产时，对该方可以少分或者不分。离婚后，另一方发现有上述行为的，可以向人民法院提起诉讼，请求再次分割夫妻共同财产。

（一）离婚损害赔偿概述

"离婚损害赔偿"是婚姻家庭法中的重要考点，它贯通婚姻法、财产法、侵权法等领域，融合了财产关系原理和身份关系原理的运用。具有一定的综合性和理论性，符合主观题命题要求。离婚损害赔偿是指在夫妻关系存续期间，夫妻一方有法定过错情形导致离婚的，无过错方有权要求过错方以个人财产给予经济赔偿的法律制度。离婚损害赔偿具有以下特征：

（1）权利主体和义务主体是婚姻当事人——夫妻。享有离婚损害赔偿请求权的一方与承担义务的一方，必须有合法的婚姻关系，其他主体不得向没有婚姻关系的他方主张离婚损害赔偿。【即使子女是父母离婚的最大受害者，也不得主张离婚损害赔偿】

（2）损害行为必须发生在婚姻关系存续期间。一方的损害行为须发生在结婚后，离婚前。结婚前和离婚后发生的损害行为，属于一般损害赔偿的问题。

（3）侵权行为的损害须导致离婚。夫妻一方实施损害行为，无过错方仅提起离婚损害赔偿请求而不起诉离婚的或者法院判决不准离婚的案件，不允许当事人申请离婚损害赔偿。

（4）离婚损害赔偿只能由夫妻侵权一方承担，也即只能由无过错方的配偶承担，不适用婚姻关系以外的第三人共同侵权赔偿制度。

（5）该请求权具有不可转让性。该请求权专属于离婚时无过错方享有，是否请求损害赔偿完全由权利人决定，任何其他人均不享有此项权利。

（二）离婚损害赔偿请求权的构成

1. 人身侵害（《民法典》第1091条）【注意：不限于"离婚时"】

一方配偶对另一方实施人身侵害，《民法典》进了开放性列举：

（1）重婚的；

（2）与他人同居的；

（3）实施家庭暴力的；

（4）遗弃、虐待家庭成员的；

（5）有其他重大过错（如严重侵害对方配有权、生育权、探视权等人身利益）。

2. 共有财产侵害（《民法典》第1092条）【注意：不限于"离婚时"】

（1）夫妻一方隐藏、转移、变卖、毁损、挥霍夫妻共同财产；

（2）伪造夫妻共同债务企图侵占另一方财产。

3. 救济方法

（1）若尚在离婚纠纷处理或离婚分居中，可请求"人身保护令"；

（2）在离婚分割夫妻共同财产时，对侵权行为人请求少分或者不分；

（3）离婚后，另一方发现对方有上述行为的，可以向人民法院起诉，请求再次分割夫妻共同财产。

> **重点法条**：《民法典》第997条：民事主体有证据证明行为人正在实施或者即将实施侵害其人格权的行为，不及时制止将使其合法权益受到难以弥补的损害的，有权依法向人民法院申请采取责令行为人停止有关行为的措施。

（三）离婚损害赔偿请求权的行使

离婚损害赔偿请求权的行使要区分情形对待：

（1）无过错方作为原告向人民法院提起损害赔偿请求的，必须在离婚诉讼的同时提出。

（2）无过错方作为被告的离婚诉讼案件，此时也应该在离婚诉讼中提出。但是司法解释规定了两个例外情形：

①如果被告既不同意离婚也没有提起离婚损害赔偿的，可以在判决离婚后1年就此单独起诉；

②一审期间没有提，二审期间提出的，法院应当先进行调解，调解不成告知当事人在离婚后1年内另行起诉。

（3）协议离婚的，如果已经明确放弃离婚损害赔偿请求的，不得反悔，不能再次主张；如果没有放弃的，应当在离婚后1年内提出。

考点29　遗产继承

命题分析

本考点包括"法定继承、遗嘱继承与遗赠、遗赠扶养协议的适用关系""法定继承""遗嘱形式和效力""遗赠抚养协议的当事人""遗产的处理"等内容。重点把握"法定继承、遗嘱继承与遗赠、遗赠扶养协议的适用关系"。"遗产继承"已经近几年考查甚少，但由于具有财产关系性质，在案例分析题中仍有可能牵涉考查。

考点解析

一、遗产的范围

根据我国《民法典》第1122条的规定，遗产是指被继承人死亡时遗留的个人合法财产，包括依法可以继承的财产权利。遗产只限于被继承人生前个人所有的财产，公共财产、共有财产中他人所有的部分都不属于遗产。另外注意以下几点：

（1）夫妻在婚姻关系存续期间所得的共同所有的财产，除有约定的外，遗产分割时，应当先将共同所有的财产的一半分出为配偶所有，其余的为被继承人的遗产。遗产在家庭共有财产之中的，遗产分割时，应当先分出他人的财产（《民法典》第1153条）。

（2）精神损害抚慰金，不得让与或者继承。但赔偿义务人已经以书面方式承诺给予金钱赔偿，或者赔偿权利人已经向人民法院起诉的除外（《人身损害赔偿解释》第18条第2款）。

> **提示**：被继承人的死亡赔偿金本质上属于死者近亲属或死者有抚养义务的财产损失范围，原则上不属于死者的遗产范围。

二、被继承人死亡的推定

由于遗产的继承开始于被继承人的死亡，如果相互有继承关系的被继承人因同一事件同时死亡，继承关系需要通过死亡时间的推定加以确定。《民法典》第1119条对此做了明确规定，注意规则适用的顺位问题。

（1）推定没有其他继承人的人先死亡；
（2）都有其他继承人，辈分不同的，推定长辈先死亡；
（3）辈分相同的，推定同时死亡，相互不发生继承。

三、法定继承

（一）继承人的顺序与范围

（1）第一顺序：配偶、子女、父母；第二顺序：兄弟姐妹、祖父母、外祖父母。

（2）继承开始后，由第一顺序继承人继承，第二顺序继承人不继承。没有第一顺序继承人继承的，由第二顺序继承人继承（《民法典》第1127条）。

（3）养子女与继子女：

①养子女与养父母因收养而成立拟制血亲，相互间具有继承权；被收养人与其亲生父母之间的亲属关系消灭，相互间不具有继承权。

②继父母与继子女之间是否具有继承权，关键在于是否形成扶养关系，有扶养关系的相互间有继承权。

（4）丧偶儿媳、丧偶女婿的继承资格：丧偶儿媳对公、婆，丧偶女婿对岳父、岳母，尽了主要赡养义务的，可以作为第一顺序继承人（《民法典》第1129条）。

（5）顺位分配规则：（《民法典》第1130条）

①同一顺序继承人继承遗产的份额，一般应当均等。经协商同意的，可以不均等。

②对生活有特殊困难的缺乏劳动能力的继承人，分配遗产时，应当予以照顾。

③对被继承人尽了主要扶养义务或者与被继承人共同生活的继承人，可以多分。

④有扶养能力和有扶养条件的继承人，不尽扶养义务的，应当不分或者少分。

（二）酌情分得遗产的其他人（《民法典》第1131条）

对继承人以外的依靠被继承人扶养的缺乏劳动能力又没有生活来源的人，或者继承人以外的对被继承人扶养较多的人，可以分给他们适当的遗产。

（三）代位继承（《民法典》第1128条）

孙子女、外孙子女本来不在我国法定继承人范围之列，但可以"代位"成为继承人。《民法典》对代位继承进行了改造，新设"侄子女代位"制度：

（1）被继承人的子女先于被继承人死亡的，由被继承人的子女的晚辈直系血亲代位继承。

(2) 被继承人的兄弟姐妹先于被继承人死亡的，由被继承人的兄弟姐妹的子女代位继承。

(3) 代位继承人一般只能继承被代位人有权继承的遗产份额。

> 提示："代位继承"目的是确定先亡继承人的替代"继承人"，有"直系辈分"要求；而"转继承"的目的是确定后亡继承人的继承份额之归属，合法继承人均可为转继承人。
>
> 代位继承是法定继承的衍生，遗嘱继承不适用代位继承。如遗嘱继承人先于被继承人死亡，则遗嘱自动失去效力。

（四）转继承（《民法典》第 1152 条）

继承开始后，继承人于遗产分割前死亡，并没有放弃继承的，该继承人应当继承的遗产转给其继承人，但是遗嘱另有安排的除外。

> 提示：继承人的继承人通过转继承被继承人的遗产，因而转继承人不是被继承人的继承人。合法继承人都可以参加转继承。

四、遗嘱形式和效力

（一）遗嘱的形式

《民法典》继承编规定了自书遗嘱、代书遗嘱、打印遗嘱、录音遗嘱、口头遗嘱、公证遗嘱六种遗嘱形式。每种遗嘱均有形式上的要求，须注意的包括：自书遗嘱须亲笔书写并签名；代书遗嘱、录音遗嘱与口头遗嘱均要求至少两名见证人在场见证；口头遗嘱只有在危急情况下才可成立，危急情况解除而能够订立其他遗嘱的，口头遗嘱失效。

（二）遗嘱的撤回与变更（《民法典》第 1142 条）

(1) 基于遗嘱自由原则，遗嘱人可以撤回、变更自己所立的遗嘱。

(2) 遗嘱的"默示撤回"：立遗嘱后，遗嘱人实施与遗嘱内容相反的民事法律行为的，视为对遗嘱相关内容的撤回。

（三）数份遗嘱并存时的处理

根据《民法典》第 1142 条规定，遗嘱人立有数份遗嘱，内容相抵触的，以最后的遗嘱为准。该规定改变原《继承法》"公证遗嘱优先"的做法，仅以"时间先后"为依据，不分形式优劣，公证遗嘱不再优先。

> **法条比较**：原《继承法》第 20 条规定："遗嘱人可以撤销、变更自己所立的遗嘱。立有数份遗嘱，内容相抵触的，以最后的遗嘱为准。自书、代书、录音、口头遗嘱，不得撤销、变更公证遗嘱。"

> **提示**：如果前后订立的遗嘱在内容上并不抵触，则在后的遗嘱并不使在先的遗嘱失效。

五、遗产的处理

（一）遗产管理人的设立（《民法典》第 1145、1146 条）

（1）继承开始后，遗嘱执行人为遗产管理人；没有遗嘱执行人的，继承人应当及时推选遗产管理人；继承人未推选的，由继承人共同担任遗产管理人；没有继承人或者继承人均放弃继承的，由被继承人生前住所地的民政部门或者村民委员会担任遗产管理人。

（2）对遗产管理人的确定有争议的，利害关系人可以向人民法院申请指定遗产管理人。

（二）遗产继承或赠与的放弃

（1）继承开始后，继承人放弃继承的，应当在遗产处理前，以书面形式作出放弃继承的表示。没有表示的，视为接受继承（《民法典》第 1124 条第 1 款）。

（2）受遗赠人应当在知道受遗赠后两个月内，作出接受或者放弃受遗赠的表示。到期没有表示的，视为放弃受遗赠（《民法典》第 1124 条第 2 款）。

（3）继承人放弃继承的，对被继承人依法应当缴纳的税款和债务可以不负清偿责任（《民法典》第 1161 条）。

（三）继承权的丧失（《民法典》第 1125 条）

继承人丧失继承权的认定，需要考虑情节的严重性：
（1）故意杀害被继承人；
（2）为争夺遗产而杀害其他继承人；
（3）遗弃被继承人，或者虐待被继承人情节严重；
（4）伪造、篡改、隐匿或者销毁遗嘱，情节严重；
（5）以欺诈胁迫手段迫使或者妨碍被继承人设立、变更或者撤回遗嘱，情节严重。

继承人有前述（3）～（5）的行为，确有悔改表现，被继承人表示宽恕或者事后在遗嘱中将其列为继承人的，该继承人不丧失继承权。

（四）法定继承、遗嘱继承与遗赠、遗赠扶养协议的适用关系

根据我国民法的规定，取得遗产的方式包括法定继承、遗嘱继承或遗赠、遗赠抚养协议。如果继承开始后，前述继承情形均存在，根据《民法典》第1123条的规定，应当依次按照以下顺序的方式办理继承：

（1）有遗赠扶养协议的，按照遗赠扶养协议；

（2）有遗嘱的，按照遗嘱继承或者遗赠办理；

（3）没有有效遗嘱或存在遗嘱未处理遗产，按照法定继承办理；

（4）无人继承又无人受遗赠的遗产，归国家所有，用于公益事业；死者生前是集体所有制组织成员的，归所在集体所有制组织所有（《民法典》第1160条）。

> 提示：《民法典》第1158条：自然人可以与继承人以外的组织或者个人签订遗赠扶养协议。按照协议，该组织或者个人承担该自然人生养死葬的义务，享有受遗赠的权利。
>
> 遗赠抚养协议中的抚养人不具有法定扶养义务；抚养人也可以是集体组织。
>
> 遗嘱继承与遗赠都可以依遗嘱的效力取得遗产，二者的区别仅在：遗嘱将遗产留给法定继承人的，为遗嘱继承；遗嘱将遗产留给法定继承人以外之人的，为遗赠。

（五）遗产的特别保留

（1）胎儿的特留份：遗产分割时，应当保留胎儿的继承份额。胎儿娩出时是死体的，保留的份额按照法定继承办理（《民法典》第1155条）。

（2）遗嘱的必留份额：遗嘱应当为缺乏劳动能力又没有生活来源的继承人保留必要的遗产份额（《民法典》第1141条）。

（3）"双无人"的债务清偿保留：分割遗产，在清偿被继承人依法应当缴纳的税款和债务之前，应当为缺乏劳动能力又没有生活来源的继承人保留适当的遗产（《民法典》第1159条）。

（4）"扶养酌分"份额：对继承人以外的依靠被继承人扶养的人，或者继承人以外的对被继承人扶养较多的人，可以分给适当的遗产（《民法典》第1131条）。

> 提示：扶养依靠人无须具备"双无"条件，即不需具备"缺乏劳动力又没有生活来源"。

（六）遗产处理中的债务清偿

1. 限定清偿规则

根据《民法典》第1161条第1款的规定，继承人以所得遗产实际价值为限清偿被继承人依法应当缴纳的税款和债务。超过遗产实际价值部分，继承人自愿偿还的不在此限。

2. 清偿顺位规则

根据《民法典》第1163条第1款的规定，既有法定继承又有遗嘱继承、遗赠的，由法定继承人清偿被继承人依法应当缴纳的税款和债务；超过法定继承遗产实际价值部分，由遗嘱继承人和受遗赠人按比例以所得遗产清偿。

> 提示：遗产继承开始，取得利益，"意定优先"，继承方式按照"遗赠抚养协议—遗嘱遗赠—法定继承"；而承担义务，则"法定优先"，即债务清偿按照"法定继承—遗嘱继承遗赠，没有遗赠扶养协议"处理。

考点30　侵权行为的客体（人格利益）

命题分析

侵权行为的客体也是侵权责任法所要保护的对象。合法的权益是一个概括性概念。本考点既是一个基础性考点，也是一个综合性考点，可用来考查考生的知识体系化能力。在人格权独立成编的民法典时代，其考试价值大增。其中，侵害人格权，尤其是信息权、肖像权、名誉权、姓名权、隐私权是考查重点。

考点解析

一、侵权行为客体概述

侵权行为的客体是民事权益，包括民事权利和民事利益。基于协调自由和安全两项基本价值的考量，侵权法对不同的民事权益给予了不同程度的保护。

（一）民事权利

民事权利，根据效力的不同，分为绝对权和相对权。根据行为人"期待可能性"，侵权法的保护对象<u>一般为绝对性权利</u>。绝对权通常具有公示性，加害人得以知悉权利的存在及其内容，对防免义务及行为后果具有预测可能性；而相对权不具备这些特点，所以侵权法一般不保护相对权，否则对行为人的自由会构成不适当的干预。关于民事权利的具体范围，《民法典》第五章进行了一般规定，以及第四编"人格权"进行具体列举，下文将择其重点进行解析。

（二）民事利益

民事利益，包括人身利益和财产利益，这些利益虽然尚未形成民事权利，但已受到法律一定程度的保护。我国《民法典》保护的财产利益包括占有、商业秘密、纯粹经济损失等，已在其他部门法中有论述，此处不予赘述。而人身利益包括但不限于：

（1）死者人格利益，如死者的姓名、肖像、名誉、荣誉、隐私、遗体和遗骨。

（2）具有人格象征意义的特定纪念物品上的人格利益。

> **重点法条**：《民法典》第185条：侵害英雄烈士等的姓名、肖像、名誉、荣誉，损害社会公共利益的，应当承担民事责任。
>
> 《民法典》第994条：死者的姓名、肖像、名誉、荣誉、隐私、遗体等受到侵害的，其配偶、子女、父母有权依法请求行为人承担民事责任；死者没有配偶、子女并且父母已经死亡的，其他近亲属有权依法请求行为人承担民事责任。
>
> 《民法典》第1183条：因故意或者重大过失侵害自然人具有人身意义的特定物造成严重精神损害的，被侵权人有权请求精神损害赔偿。

二、人格权侵害

（一）概述

1. 概念

人格权是以人格利益为客体的权利，目的在于维护和实现民事主体人格平等、人格尊严和人格自由。人格权可以分为具体人格权和一般人格权，前者包括生命权、身体权、健康权、姓名权、名称权、肖像权、名誉权、荣誉权、隐私权等；后者属于抽象、概括的人格权利，如人格尊严权、人格自由权等。

2. 特征

（1）人格权具有专属性，不能让与、抛弃或继承，也不能由他人代为行使。但是，因为侵害人格权产生的财产损害赔偿请求权可以转让或继承，精神损害赔偿请求权在一定条件下也可以转让或继承。

（2）人格权属于绝对权，具有排他效力。

（3）人格权的侵害较多涉及精神损害赔偿责任。

（二）生命权

相关法条：《民法典》第1002条：自然人享有生命权，有权维护自己的生命安全和生命尊严。任何组织或者个人不得侵害他人的生命权。

生命权，是指自然人维持生命和维护生命安全利益的权利，其客体是生命及其安全利益，与健康权和身体权不同。自然人的生命始于出生，终于死亡。胎儿不享有生命权，导致胎儿死亡的侵权行为不构成对胎儿生命权的侵害，但是构成对孕妇健康权的侵害。尸体也不享有生命权，但是非法利用、损害遗体、遗骨，或者以违反社会公共利益、社会公德的其他方式侵害遗体、遗骨的，遭受精神痛苦的近亲属可以请求精神损害赔偿[《最高人民法院关于确定民事侵权精神损害赔偿责任若干问题的解释》第3条第（三）项]。

应注意，构成侵权法上的生命权侵权，必须以受害人死亡为要件，这与刑法上惩罚杀人未遂的情形不同。即使经受害人同意帮助其自杀，仍然构成对生命权的侵害，因为此种情形下的受害人同意因违反善良风俗而无效，不具有违法阻却性。

（三）健康权

相关法条：《民法典》第1004条：自然人享有健康权，有权维护自己的身心健康。任何组织或者个人不得侵害他人的健康权。

身心健康，是指自然人维护其机体生理机能正常运作和功能完善发挥。应注意，生命权是其他权利的来源，因此尚未出生的胎儿不享有生命权，亦不享有健康权，但对胎儿健康的侵害可以构成对胎儿母亲健康权的侵害。

(四) 身体权

> **相关法条**：《民法典》第 1003 条：自然人享有身体权，有权维护自己的身体完整和行动自由。任何组织或者个人不得侵害他人的身体权。
>
> 《民法典》第 1006 条：完全民事行为能力人有权依法自主决定无偿捐献其人体细胞、人体组织、人体器官、遗体。任何组织或者个人不得强迫、欺骗、利诱其捐献。
>
> 完全民事行为能力人依据前款规定同意捐献的，应当采用书面形式或者有效的遗嘱形式。
>
> 自然人生前未表示不同意捐献的，该自然人死亡后，其配偶、成年子女、父母可以共同决定捐献，决定捐献应当采用书面形式。
>
> 《民法典》第 1007 条：禁止以任何形式买卖人体细胞、人体组织、人体器官、遗体。
>
> 《民法典》第 1010 条：违背他人意愿，以言语、行为等方式对他人实施性骚扰的，受害人有权依法请求行为人承担民事责任。
>
> 《民法典》第 1011 条：以非法拘禁等方式剥夺、限制他人的行动自由，或者非法搜查他人身体的，受害人有权依法请求行为人承担民事责任。

身体权，是指自然人维护其身体完整并能自由支配其身体各组成部分的权利。其人格利益体现在"身体完整"和"行动自由"，应围绕该两类核心利益把握身体权的侵害构成。

与身体已持续性分离的部分，属于独立之物，不再享有身体权，如剪掉的头发、摘卸的假牙假肢等。侵犯身体权的行为主要表现为破坏权利人身体完整性，或者违背权利人的意愿干预其身体。医疗活动中医生对患者身体权的侵犯因取得患者和其近亲属的同意而获得了违法阻却性。

当侵权行为侵害身体完整性的同时，往往也构成对健康的侵害；反之亦然，侵害健康权的行为往往也是对身体权的侵害。不过二者的侧重点仍有不同：

侵犯身体权	侧重于防止从外部对身体完整性的破坏	如，擅自剪去他人头发（仅构成身体权侵权）
侵犯健康权	侧重于防止从内部对身体机能的破坏	如，故意恐吓他人导致重病不起（仅构成健康权侵权）

（五）姓名权

> **相关法条**：《民法典》第1012条：自然人享有姓名权，有权依法决定、使用、变更或者许可他人使用自己的姓名。
>
> 《民法典》第1013条：法人、非法人组织享有名称权，有权依法使用、变更、转让或者许可他人使用自己的名称。
>
> 《民法典》第1014条：任何组织或者个人不得以干涉、盗用、假冒等方式侵害他人的姓名权或者名称权。

姓名权是公民依法享有的决定、使用、改变自己姓名并排除他人干涉或非法使用的权利。姓名并不限于法定姓名，还包括笔名、艺名、曾用名等。自然人决定、变更姓名的权利以其具备相应的民事行为能力为前提。因此，无民事行为能力人、限制民事行为能力人的父母或其他监护人有权决定、变更未成年人的姓名，不构成对姓名权的侵犯。

侵犯姓名权的行为主要有干涉、盗用、假冒、背俗使用等情形：

①干涉姓名权，是指侵权人干涉、妨害他人行使姓名权；

②盗用他人姓名，是指未经权利人同意而使用其姓名，且不存在混淆同一性的危险；

③假冒他人姓名，是指将他人姓名作为自己的姓名，存在混淆同一性的危险；

④背俗使用他人姓名，是指故意以违背善良风俗的方式使用他人姓名。

（六）名誉权

> **相关法条**：《民法典》第1024条：民事主体享有名誉权。任何组织或者个人不得以侮辱、诽谤等方式侵害他人的名誉权。
>
> 名誉是对民事主体的品德、声望、才能、信用等的社会评价。
>
> 《民法典》第1025条：行为人实施新闻报道、舆论监督等行为，影响他人名誉的，不承担民事责任，但是有下列情形之一的除外：
>
> （一）捏造事实、歪曲事实；
>
> （二）对他人提供的失实内容未尽到合理审查义务；
>
> （三）使用侮辱性言辞等贬损他人名誉。

名誉权，是指民事主体依法享有的对其获得的客观社会评价、排除他人侵害的权利（《民法通则》第101条）。名誉权的客体是名誉，即对民事主体（自然人、法人）才干、声望、品德等的客观社会评价，而非民事主体内心的自我感受。

对名誉权的侵犯，需满足以下要件：①存在诽谤、侮辱等侵权行为；②侵权行为造成权利人社会评价降低的损害结果；③侵权行为与损害结果之间存在因果关系；④侵权人主观上存在过错。判断名誉权侵权的构成，是考查的重点，应全面掌握。

应注意，非指名道姓侮辱、诽谤他人的情形：如果行为人发表的言论或撰写的文学作品中所涉及的人物仅仅是虚构的，虽然与权利人存在相似之处，仍不构成侵权；但是，若行为人虽未指名道姓，但事实上是以权利人或其特定事实为对象，构成名誉权侵权。对不特定的群体进行侮辱、诽谤的情形：因为受害人不具有特定性，往往不认定构成名誉权侵权；但是受害人人数较少，处于可控制的范围时，可以认定构成名誉权侵权。

（七）肖像权

> **相关法条**：《民法典》第1018条：自然人享有肖像权，有权依法制作、使用、公开或者许可他人使用自己的肖像。肖像是通过影像、雕塑、绘画等方式在一定载体上所反映的特定自然人可以被识别的外部形象。
>
> 《民法典》第1003条：任何组织或者个人不得以丑化、污损，或者利用信息技术手段伪造等方式侵害他人的肖像权。未经肖像权人同意，不得制作、使用、公开肖像权人的肖像，但是法律另有规定的除外。
>
> 未经肖像权人同意，肖像作品权利人不得以发表、复制、发行、出租、展览等方式使用或者公开肖像权人的肖像。

1. 肖像的概念

肖像权，是指自然人对自己肖像的自主支配权，包括制作、使用、公开或者许可他人使用自己的肖像。所谓"肖像"，是指对自然人的外部特征所作的具有**可识别性**的展示，通常是通过照相、绘画、雕塑、录像等艺术方式或其他方式再现的**物质形态**。肖像，不仅可以体现在自然人的脸部特征上，凡是可以引起一般人产生与原形人有关的思想活动的载体，都可以称为肖像。

2. 肖像权的侵害

侵害肖像权的主要表现是：未经肖像权人同意，不得制作、使用、公开肖像权人的肖像。需特别注意的是，根据《民法通则》，只有为营利目的未经许可使用他人肖像才构成肖像权侵害，《民法典》取消了营利性使用的要求。

肖像权并非像生命权、身体权一样受到绝对保护，根据《民法典》第1020条规定合理使用他人肖像的，不构成肖像权侵害。

3. 肖像权与相关著作权

（1）摄影、绘画、雕塑等作品中的人物享有肖像权，而作者对作品享有著作权。

（2）著作权的行使不得侵害肖像权。《民法典》第1019条第2款规定，"未经肖像权人同意，肖像作品权利人不得以发表、复制、发行、出租、展览等方式使用或者公开肖像权人的肖像"。

4. 肖像权的商业利用

人格权不得放弃、转让、继承，但某些类型的人格权（肖像权、姓名权）可以加以商业利用。依一般社会观念，此类人格权的商业利用，不发生违背公序良俗的问题。

《民法典》对肖像许可使用合同的规定中，值得注意的是：

（1）当事人对肖像许可使用合同中关于肖像使用条款的理解有争议的，应当作出有利于肖像权人的解释。

（2）肖像许可合同无期限的，任何一方都可在提前合理时间通知对方的情况下任意解除合同。

（3）肖像许可使用合同有期限的，肖像权人有正当理由，可以提前合理期限通知对方解除合同；此种情形，除有不可归责于肖像权人的原因外，后者应赔偿对方当事人由此产生的损失。

（八）隐私权

> **相关法条**：《民法典》第1032条：自然人享有隐私权。任何组织或者个人不得以刺探、侵扰、泄露、公开等方式侵害他人的隐私权。
>
> 隐私是自然人的私人生活安宁和不愿为他人知晓的私密空间、私密活动、私密信息。

隐私权，是指自然人享有对其私人信息、私人生活空间进行支配、利用并排除他人干涉的权利。相应地，侵犯隐私权的行为有两类：

一是未经权利人同意窃取、刺探或公布其个人信息。个人信息的范围十分广泛（包括姓名、性别、职业、学历、婚姻状况、财产状况、家庭住址、电话号码、病历资料、性取向等个人不愿意公开的信息），个人信息保护成为隐私权的核心内容。

二是侵扰权利人私人生活安宁的行为。如侵入、窥视他人住宅，以偷录、偷拍等形式窥探他人私人生活等。

不过，隐私权也受到相应的限制：如公众人物的隐私权受到一定的限制；公共场所的主要路口、通道安装的摄像头采集的视频不构成对隐私权的侵犯。

（九）个人信息

> **相关法条**：《民法典》第1034条：自然人的个人信息受法律保护。个人信息是以电子或者其他方式记录的能够单独或者与其他信息结合识别特定自然人的各种信息，包括自然人的姓名、出生日期、身份证件号码、生物识别信息、住址、电话号码、电子邮箱地址、行踪信息等。
>
> 个人信息中的私密信息，同时适用隐私权保护的有关规定。

自然人的个人信息受法律保护。任何组织或者个人需要获取他人个人信息的，应当依法取得并确保信息安全，不得非法收集、使用、加工、传输他人个人信息，不得非法买卖、提供或者公开他人个人信息。

自然人的个人信息除了受隐私权保护外，还有专门的个人信息保护规定：任何组织和个人需要获取他人个人信息的，应当依法取得并确保信息安全，不得非法收集、使用、加工、传输他人个人信息，不得非法买卖、提供或者公开他人个人信息（《民法典》第111条）。

（十）身份权

身份权与人格权，统称为人身权。身份权又称为"亲属权"，是指具有亲属关系的自然人之间基于亲属身份地位而相互享有的权利，身份权主要包括监护权、配偶权、亲权、亲属权、继承权等。婚姻家庭法部分有所涉及，可参见前述相关内容。

> **相关法条**：《民法典》第1001条：对自然人因婚姻家庭关系等产生的身份权利的保护，适用本法总则编、婚姻家庭编和其他法律的相关规定；没有规定的，参照适用本编人格权保护的有关规定。

三、财产权侵害

（一）物权侵害

侵害财产权，是指行为人通过减损权利人的财产利益或破坏其权利状态，致使其使用价值或交换价值贬损、减少、丧失，或者破坏了权利人对于财产权客体的支配关系，使其财产利益受到损失。

侵害财产权的种类主要有三类：

（1）侵占财产，是对财产所有权的侵害。

（2）损坏财产，主要影响财产的价值和使用价值。

（3）减损其他财产权益，主要指除所有权以外的纯经济损害。有关物权的类型和保护方法，参加本书"物权"内容。

（二）债权侵害

债权是否属于侵权行为的客体，存在理论争议。债权，是归属于债权人的财产性权利，但是债权属于相对权，不具有公示性。法考秉持的观点是：债权一般不构成侵权行为的客体，因此第三人侵害债权不纳入侵权法的调整范畴。

（三）知识产权侵害

知识产权是权利人依法就其智慧劳动成果享有的专有权利。知识产权作为现代经济生活中日益重要的财产权，显然需要民法侵权责任法的保护。但因其特殊的属性和内容，立法具体交由独立的知识产权法规制。《民法典》侵权责任编仅对其惩罚性赔偿做了原则规定。

故意侵害他人知识产权，情节严重的，被侵权人有权请求相应的惩罚性赔偿（《民法典》第1185条）。

考点31　侵权责任归责原则

命题分析

无过错责任原则与过错责任原则构成并列的两种侵权责任归责原则。无过错原则是过错原则的补充，其适用应具有一定的正当性和必要性。对行为人（或责任人）主观状态的考查本身是一个理论性较强的问题。在掌握一般过错原则的基础上，重点把握饲养动物侵权责任、产品缺陷责任、环境污染责任、用工单位责任的归责原则。

考点解析

> **重点法条**：《民法典》第1165条：行为人因过错侵害他人民事权益造成损害的，应当承担侵权责任。

一、过错责任原则概述

过错责任原则,是指除非法律另有规定,**任何人**仅在因自身的过错(故意或过失)侵害他人权益时,就其所造成的损害承担侵权责任。"任何人"包括受害人和其他行为人:如果损害是受害人故意造成的,行为人不承担责任(《民法典》第 1174 条),如果受害人对损害的发生也有过错的,可以减轻侵权人的赔偿责任(《民法典》第 1173 条);如果损害是数人共同故意造成的,行为人要承担连带责任,除非法律另有规定(《民法典》第 1168 条)。

过错责任的归责基础在于行为人具有过错(即可非难性),因此应对其行为后果承担责任。从消极层面讲,只要行为人没有过错,就不需要承担责任。这相较于传统的结果责任(以损害结果的存在为归责依据),减轻了人们在社会经济交往活动中的风险和负担,为资本经济的迅速发展提供了广阔的空间。所以,过错责任原则是在考虑经济便利和道德可非难性的基础上产生的。该制度体现了侵权责任法所追求的价值平衡:在救济受害人的同时,兼顾对行为人的自由保障。

侵权责任法上的"过错"判断,**宜采"合理人标准"**,即要求行为人应当具有其所在年龄层、所属职业等通常具备的认识能力和注意水平。若行为人在特定情形下未尽合理注意义务,未达成社会对行为人的合理期待,行为人就存在过错。具体而言,若行为人属于明知其行为会造成损害结果却追求或放任该结果的发生,则认定行为人存在故意;否则,认定行为人存在过失,过失可进一步分为重过失与轻过失两类,其影响责任分配的比例。

二、过错推定责任

> **重点法条**:《民法典》第 1165 条:行为人因过错侵害他人民事权益造成损害的,应当承担侵权责任。
>
> 依照法律规定推定行为人有过错,行为人不能证明自己没有过错的,应当承担侵权责任。

过错推定责任是指损害发生后,依法律规定推定行为人有过错,如果行为人不能证明自己没有过错的,应当承担侵权责任。

一方面,随着科学技术的发展,很多损害事故都涉及专业的知识或技术,加大了受害人对行为人过错的证明难度;另一方面,转由行为人证明自己没有过错,有利于督促行为人善尽合理注意义务。由此便产生了过错推定责任,以免除受害人对过错的证明责任,转由行为人证明自己没有过错。但是受害人对除过错以外的其余要件仍负证明责任。因此，过错推定责任只是过错责任的特殊形态，而非独立的归责原则。

过错推定责任仅限于法律明文规定的特定情形（见下表），《民法典》第1165条第2款并非独立的请求权基础，不能单独使用。

《民法典》明文规定的 9 种过错推定责任
（1）教育机构对无民事行为能力人遭受损害的赔偿责任（第 1199 条）
（2）医疗机构违反诊疗规范、拒绝提供或伪造、篡改、销毁病历资料的责任（第 1222 条）
（3）非法占有的高度危险物致害时，所有人、管理人与非法占有人之间的连带责任（第 1242 条）
（4）动物园饲养的动物致人损害的责任（第 1245 条）
（5）建筑物及其搁置物、悬挂物脱落、坠落的致害责任（第 1253 条）
（6）堆放物倒塌的致害责任（第 1255 条）
（7）在公共道路上堆放、倾倒、遗撒妨碍通行的物品的致害责任（第 1256 条）
（8）林木折断、果实坠落的致害责任（第 1257 条）
（9）窨井等地下设施的致害责任（第 1258 条第 2 款）

三、无过错责任原则

> **重点法条**：《民法典》第 1166 条：行为人造成他人民事权益损害，不论行为人有无过错，法律规定应当承担侵权责任的，依照其规定。

（一）概述

无过错责任原则，是指无论行为人有无过错，只要其行为损害了他人民事权益，根据法律规定就得承担侵权责任。无过错责任的成立不以责任人的过错为要件，但不意味着过错没有意义。责任人是否存在过错，尤其是故意或者重大过失，影响责任减轻事由的成立（《最高人民法院关于审理人身损害赔偿案件适用法律若干问题的解释》第 2 条第 1 款）；另外，在产品责任中，责任人的过错决定是否承担惩罚性赔偿责任。应注意，无过错责任也存在责任减免事由。

无过错责任包括两类：危险责任和替代责任。两者分别对应不同的责任基础和适用情形。

（二）无过错责任之危险责任

1. 责任基础

无过错责任之危险责任的理论基础在于责任人是危险的开启者或控制者，并且是开展危险活动或保有危险物件的受益者。责任人所从事的活动或保有的物件具有高度危险性，但这些物件、活动是科技发展的产物，同时又是社会进步的"必需品"，使法律在允许这些危险活动存在的同时，又必须照顾社会大众的安全。因此，当危险现实化造成他人损害时，危险活动的行为人或危险物品的所有人不论有无过错，都应当承担责任。

2. 适用情形

这类无过错责任包括以下7种：

（1）产品责任（应注意，生产者、销售者对外都承担无过错责任，但对内追偿时承担过错责任）（《民法典》第1202～1203条）；

（2）医疗产品责任（《民法典》第1223条）；

（3）机动车与非机动车驾驶人、行人间的交通事故责任[《道路交通安全法》第76条第1款第（二）项]；

（4）环境污染责任（《民法典》第1229条）；

（5）高度危险责任（《民法典》第1236～1242条）；

（6）饲养动物侵权责任（《民法典》第1245～1247条）；

（7）建筑物等倒塌侵权责任（《民法典》第1252条）。

（三）无过错责任之替代责任

1. 责任基础

无过错责任之替代责任的理论基础在于责任人对侵权人具有控制力，享受着行为人为其带来的利益，而且责任人承担责任的能力通常也比行为人强。因此，即使责任人不是侵权行为的实施者，也无相应的过错，仍然应当承担侵权责任。一方面能督促责任人更好地履行监督管理和教育的职责，避免侵权行为的发生；另一方面也能更好地赔偿受害人的损失，保护其权益。

2. 适用情形

这类无过错责任也被称为"替代责任"，包括以下5种：

（1）监护人侵权责任（《民法典》第1188～1189条）	基于身份关系
（2）用人单位、用工单位侵权责任（《民法典》第1191条）	基于用工关系
（3）个人劳务侵权责任（《民法典》第1192条）	
（4）雇主侵权责任（《最高人民法院关于审理人身损害赔偿案件适用法律若干问题的解释》第11条）	
（5）帮工侵权责任（《最高人民法院关于审理人身损害赔偿案件适用法律若干问题的解释》第13条、第14条）	

考点32　数人侵权

命题分析

"数人侵权行为"是侵权责任法中基础性的考点，涉及侵权行为的构成理论和责任分配问题，也是公平理念在侵权责任法中体现视角，具有一定的综合性和理论性。

本知识点包括"共同加害行为（有意思联络数人侵权）""无意思联络数人侵权""教唆、帮助侵权"，以及"共同危险行为"等内容，其中，"无意思联络数人侵权"是数人侵权行为中的"重中之重"，属于命题人偏爱的热门考点。

考点解析

一、共同侵权（有意思联络的数人侵权）

（一）概念

共同侵权，是指二人以上共同不法侵害他人权益造成损害的行为（《民法典》1168条）。

（二）构成要件

（1）主体是二人以上，主体可以是自然人也可以是法人。

（2）数个行为人共同实施了侵权行为。这里的"共同"可以是共同的故意、共同的过失，也可以是故意行为与过失行为相结合。

（3）数个侵权行为与损害后果之间具有因果关系。

（4）受害人因侵权行为受到损害。这是受害人请求加害人要求赔偿的必备条件，无损害，则无救济。

> **简单概括**：二人以上共同实施侵权行为，造成损害后果，具有因果关系。

（三）责任承担

共同侵权人对损害结果承担连带责任。

二、无意思联络的数人侵权

（一）概念

无意思联络的数人侵权，是指数个行为人并无共同的过错，但由于数个行为的结合而导致同一损害后果的侵权行为。

（二）分类

无意思联络数人侵权包括承担连带责任的无意思联络数人侵权和承担按份责任的无意思联络数人侵权。以下进行重点区分：

	承担连带责任的无意思联络的数人侵权	承担按份责任的无意思联络数人侵权
主体	二人以上（对行为人的民事行为能力没有要求）	
行为	分别实施侵权行为，彼此之间没有意思联络	
结果	造成同一损害结果	
因果关系	每个人的行为都足以造成全部损害后果。也就是说每个独立的行为都是损害结果的直接原因，即使没有其他行为，该行为也可以单独导致结果的发生	每个独立的行为不足以导致损害结果的发生，因为偶然的机会结合在一起而导致损害结果的发生
责任承担	各侵权人承担连带责任	能够确定责任大小的，各自承担相应的责任；难以确定责任大小的，平均承担赔偿责任

三、教唆、帮助侵权

（一）概念

教唆、帮助完全民事行为能力人、限制民事行为能力人实施侵权行为，教唆人、帮助人需要与行为人承担连带责任。分为教唆、帮助完全民事行为能力人实施侵权行为和教唆、帮助无民事行为能力人、限制民事行为能力人实施侵权行为两种。

（二）构成要件

（1）教唆人、帮助人实施了教唆、帮助行为。
（2）教唆人、帮助人具有教唆帮助的主观意图。
（3）被教唆人、被帮助人实施了相应的侵权行为。

（三）责任承担

（1）教唆人、帮助人与行为人承担连带责任。
（2）教唆、帮助无民事行为能力人、限制民事行为能力人需要教唆人、帮助人明知被教唆人、被帮助人为无民事行为能力人、限制民事行为能力人。如果被教唆、被帮助的无民事行为能力人、限制民事行为能力人的监护人未尽到监护责任的，应当承担相应的责任。

四、共同危险行为（准共同侵权行为）

（一）概念

共同危险行为是指二人以上实施危及他人人身或者财产安全的行为并造成损害后果，不能确定实际侵害行为人的情况。共同危险行为与共同侵权行为的**最大区别**是共同危险行为不能确定实际侵权人。

（二）共同危险行为的构成要件

(1) 主体为二人以上。
(2) 均实施侵权行为，其中一人或数人的行为造成他人损害。

> **注意**：虽然实施危及他人人身、财产行为的是数人，但真正导致受害人损害后果发生的只是其中一人或者几个人的行为。

(3) 具体的侵权人不明。在共同危险行为中，或许只有一人的行为造成了损害后果，或许许多人的行为造成了损害后果，但无法确定何人的行为造成了损害后果。

（三）法律后果

数行为人承担连带责任。

（四）免责事由

若能证明损害结果是由具体的加害人行为所致，可以免责。

考点33　侵权责任的承担

命题分析

侵权责任的承担解决的是侵权行为成立之后的后果问题，如何在主体之间分配这种不利后果，涉及利益的公平衡量问题。其中，责任的减免规则、责任竞合的规则、财产损失的范围、精神损害的认定等均是司法实务中的焦点问题。本考点的实践意义与理论意义兼具，符合主观题设题风格。

考点解析

一、侵权责任的减免

侵权责任的减免指的是减轻侵权责任或不承担责任的情形。《民法典》明确规定的减免事由包括：受害人过错（第1174条）、第三人过错（第1175条）、不可抗力（第181条）、正当防卫（第182条）和紧急避险（第183条）。命题人最爱把免责事由作为命题切入点，应当重点掌握。新法还规定了"自甘风险行为"和"自助救济行为"的责任减免事由。

> **重点法条**：《民法典》第1176条：自愿参加具有一定风险的文体活动，因其他参加者的行为受到损害的，受害人不得请求其他参加者承担侵权责任，但是其他参加者对损害的发生有故意或者重大过失的除外。
> 《民法典》第1177条：合法权益受到侵害，情况紧迫且不能及时获得国家机关保护，不立即采取措施将使其合法权益受到难以弥补的损害的，受害人可以在必要范围内采取扣留侵权人的财物等合理措施；但是，应当立即请求有关国家机关处理。
> 受害人采取的措施不当造成他人损害的，应当承担侵权责任。

（一）受害人过错

1. 概述

受害人过错，指受害人对侵权行为的发生或者损害结果的扩大存在过错，具体包括故意和过失。若受害人存在故意，则行为人不承担责任（《民法典》第1174条），因为受害人故意切断了行为人的侵权行为与受害人损害之间的因果关系，造成受害人损害的唯一原因是受害人的故意行为。若受害人存在过失，则可以减轻行为人的责任（《民法典》第1173条）。受害人是否存在过错，由加害人承担举证责任。

2. 受害人故意的构成要件

（1）受害人具有责任能力，即识别、判断自己行为性质、后果的能力。

（2）受害人明知其故意行为会给自己造成损害并追求损害结果的发生，即直接故意。

（3）受害人的故意行为是受害人遭受损害的唯一原因。若侵权人的侵权行为亦是受害人损害的原因之一，则受害人过错仅构成减轻责任的事由，并非免除责任的事由。

3. 受害人故意的特殊免责情形

（1）民用核设施侵权责任（《民法典》第1238条）；

（2）民用航空器侵权责任（《民法典》第1239条）；

（3）高度危险物侵权责任（《民法典》第1240条）；

（4）高度危险活动侵权责任（《民法典》第1241条）；

(5) 饲养动物侵权责任（《民法典》第1245条）。

（二）第三人过错

1. 概述

第三人过错是指第三人对损害的发生或扩大存在过错，第三人应当承担侵权责任（《民法典》第1175条）。应注意，第三人的行为并非在任何情形下都能切断行为人的侵权行为与损害之间的因果关系。只有当损害完全是由第三人造成时，行为人才得以免除责任；否则，应当纳入多数人侵权的考查范畴。

2. 适用范围

所有的侵权行为都可以适用第三人过错（第三人行为）的相关规定，但是在部分责任中有关第三人过错的规定较为特殊，应着重掌握：

（1）安全保障责任中，因第三人的行为造成他人损害的，由第三人承担侵权责任；管理人或者组织者未尽到安全保障义务的，承担相应的补充责任。

（2）因运输者、仓储者等第三人的过错使产品存在缺陷，造成他人损害的，产品的生产者、销售者赔偿后，有权向第三人追偿。应注意，侵权人承担责任后享有追偿权。

（3）因第三人的过错污染环境造成损害的，被侵权人可以向污染者请求赔偿，也可以向第三人请求赔偿。污染者赔偿后，有权向第三人追偿。应注意，被侵权人享有选择权，侵权人承担责任后享有追偿权。

（4）因第三人的过错致使动物造成他人损害的，被侵权人可以向动物饲养人或者管理人请求赔偿，也可以向第三人请求赔偿。动物饲养人或者管理人赔偿后，有权向第三人追偿。应注意，被侵权人享有选择权，侵权人承担责任后享有追偿权。

（三）不可抗力

1. 概述

不可抗力是指不能预见、不能避免且不能克服的客观情况。除法律另有规定的除外，因不可抗力造成他人损害的，不承担责任，因为不可抗力的存在使"行为人的过错"这一要件不具备。

> **注意：** 我国侵权责任法中，不可抗力不能成为民用核设施侵权责任、民用航空器侵权责任的免责事由。

2. 构成要件

（1）存在与侵权人无关的外界客观情况，但不包括侵权人之外的第三人行为；

（2）就侵权人而言，这种客观情况造成的损害是不能预见、不能避免且不能克服的。

（四）正当防卫

1. 概述

正当防卫是指为了使公共利益、本人或他人的财产、人身或其他合法利益免受正在进行的不法侵害，而对不法侵害人所实施的不超过必要限度的行为。因正当防卫造成损害，行为人不承担责任。若正当防卫超过必要限度，造成不应有的损害，防卫人应当承担适当的责任。

2. 构成要件

（1）防卫起因：存在不法侵害行为。

应注意，如果侵害来自他人之物而非他人之不法侵害行为，则属于紧急避险。

（2）防卫目的：为保护公共利益、本人或他人合法权益免受不法侵害。

（3）防卫对象：针对不法侵害人本身。

（4）防卫时间：不法侵害正在进行。

（5）防卫限度：不超过必要限度。

（五）紧急避险

1. 概述

紧急避险是指为了使公共利益、本人或他人的财产、人身或其他合法权益免受正在发生的危险，不得已采取的致他人较少损害的行为。因紧急避险造成的损害，需要根据险情发生的原因确定责任的承担：如果险情是人为引起的，由引起险情的人承担责任；如果险情是自然原因引起的，避险人不承担责任或给予适当补偿。

2. 构成要件

（1）存在紧迫危险。

（2）避险人不得已才实施加害他人的行为。

（3）没有超过必要的限度，否则避险人仍应当承担适当的责任。

（六）其他事由

除了上述侵权责任法明确规定的减免事由外，还存在以下减免事由（包括但不限于）：

（1）依法执行职务。即造成他人损害的行为是依照法律授权执行公务的行为。其构成要件为：①职务行为有合法依据；②程序合法；③造成他人损失是执行职务所必需。

（2）受害人同意。即受害人在侵权行为或损害结果发生之前明确自愿承担某种损害后果的意思表示。其构成要件为：①受害人有明确的意思表示；②意思表示自愿合法；③受害人同意在侵权行为或损害发生之前。

（3）自助行为。即权利人为保护自己的权利，在来不及请求公力救济的情况下，对义务人的财产予以扣押或者对其人身自由予以约束等行为。自助行为需方法适当，且不超过必要的限度。

（七）各类侵权责任减轻、免责事由总结

责任类型	减轻免责事由
监护人责任	监护人尽到监护责任的，可以减责（不能免责）
个人之间因劳务产生的侵权责任（提供劳务一方自伤）	提供劳务一方若是故意，接受劳务一方可免责
产品责任	免责：①未将产品投入流通；②产品投入流通时，引起损害的缺陷尚不存在；③将产品投入流通时的科学技术水平尚不能发现缺陷的存在的
机动车交通事故	受害人故意，驾驶机动车一方可免责
医疗损害责任	免责：①患者或其近亲属不配合医疗机构进行符合诊疗规范的诊疗；②医务人员在抢救生命垂危的患者等紧急情况下已经尽到合理的诊疗义务；③限于当时的医疗水平难以诊疗
环境污染责任	第三人过错的不真正连带责任
高度危险责任	①不可抗力（民航、民核除外）； ②战争（限于民核）； ③受害人故意（4种：民核、民航、占有或使用高度危险物损害责任和从事高度危险活动损害责任）； ④管理人已采取安全措施并尽到警示义务的，可以减轻或不承担责任（主要是指高度危险区域损害责任）
饲养动物侵权	损害是因被侵权人故意或重大过失造成的可免责或减责； 动物园及其管理人员尽到管理职责可免责； 由第三人过错造成饲养动物侵权，适用不真正连带责任
高空抛物责任	证明自己不是侵权人可免责

二、侵权责任的竞合

（一）概述

侵权责任的竞合，是指行为人的同一行为符合不同责任的构成要件，但最终只能适用一种责任。请求权人最终只能请求一种责任，这是因为损害赔偿法上禁止得利原则。本部分，主要考查侵权责任与违约责任的竞合，当事人可以自由选

择，但只能选择其中一种责任。

（二）侵权责任与违约责任竞合的构成要件

（1）当事人之间存在有效的合同关系，并且一方的违约行为对他方的履行利益之外的权益造成损害。若违约行为只对他方履行利益造成损害，只会构成违约行为，不构成侵权行为。

（2）上述同一违约行为，同时满足侵权责任的构成要件。

（3）两种责任所针对的给付是同一的。

三、财产损害赔偿

（一）概述

财产损害赔偿，指行为人侵害他人民事权益并造成财产损害时，应承担的赔偿义务。其包括侵害人身权益产生的财产损害赔偿和侵害财产的财产损害赔偿。其中，侵害财产的情形主要有三类：①侵占财产，即对财产所有权的侵害；②损坏财产，主要影响财产的价值和使用价值；③使其他财产权益损失，主要指除所有权以外的其他财产利益受损。考生备考中，要注意以下重要法条：

《民法典》第1179条：侵害他人造成人身损害的，应当赔偿医疗费、护理费、交通费、营养费等为治疗和康复支出的合理费用，以及因误工减少的收入。造成残疾的，还应当赔偿辅助器具费和残疾赔偿金；造成死亡的，还应当赔偿丧葬费和死亡赔偿金。

《民法典》第1180条：因同一侵权行为造成多人死亡的，可以以相同数额确定死亡赔偿金。

《民法典》第1181条：被侵权人死亡的，其近亲属有权请求侵权人承担侵权责任。被侵权人为组织，该组织分立、合并的，承继权利的组织有权请求侵权人承担侵权责任。

被侵权人死亡的，支付被侵权人医疗费、丧葬费等合理费用的人有权请求侵权人赔偿费用，但是侵权人已支付该费用的除外。

（二）财产损害的赔偿范围

重点法条：《民法典》第1182条：侵害他人人身权益造成财产损失的，按照被侵权人因此受到的损失或者侵权人因此获得的利益赔偿；被侵权人因此受到的损失以及侵权人因此获得的利益难以确定，被侵权人和侵权人就赔偿数额协商不一致，向人民法院提起诉讼的，由人民法院根据实际情况确定赔偿数额。

1. 财产损失的确定方案

财产损失的确定方案，按照下列方案顺序依次适用：

（1）被侵权人受到的实际损失；

（2）侵权人的侵权所得利益；

（3）协商赔偿；

（4）诉讼确定。

2. 侵害人身权益的财产损失范围

侵害他人人身权益造成财产损失的，应当依照被侵权人因此受到的损失赔偿。被侵权人的损失可以分为"积极损失"和"消极损失"：

（1）积极损失

积极损失，即被侵权人因遭受人身伤亡支出的各项合理费用。

积极损失包括医疗费（《最高人民法院关于审理人身损害赔偿案件适用法律若干问题的解释》第19条）、护理费（《最高人民法院关于审理人身损害赔偿案件适用法律若干问题的解释》第21条）、交通费（《最高人民法院关于审理人身损害赔偿案件适用法律若干问题的解释》第22条）、其他为治疗和康复支出的合理费用（如营养费、住院伙食补助费，《最高人民法院关于审理人身损害赔偿案件适用法律若干问题的解释》第23条~第24条）、残疾生活辅助器具费（《最高人民法院关于审理人身损害赔偿案件适用法律若干问题的解释》第26条）、丧葬费（《最高人民法院关于审理人身损害赔偿案件适用法律若干问题的解释》第27条）。

（2）消极损失

消极损失，是指被侵权人因遭受人身伤亡而丧失的预期收入。

消极损失，包括因误工减少的费用（《最高人民法院关于审理人身损害赔偿案件适用法律若干问题的解释》第20条）、残疾赔偿金（《侵权责任法》第16条）、死亡赔偿金（《侵权责任法》第16条）。

3. 侵害财产权益的财产损失范围

侵害他人财产权益造成的财产损失，同样包括积极损失和消极损失，前者指现有财产价值的减少，后者指本应获得的利益没有获得。在确定损害赔偿范围时，应当以全部赔偿为原则，以客观的财产利益所受损失的价值为客观标准，损失多少，赔偿多少。

至于不同的损失类型，存在不同的计算方法：

（1）积极损失的计算方法：财产的直接损失＝原物价值－残存价值。这里"原物价值"指的是成本价或者进价。

（2）间接损失的计算方法：间接损失价值＝单位时间增值效益×影响效益发

挥的时间。

（3）对其他财产利益损失的推算方法：即侵权的赔偿数额为侵权人在侵权期间因侵权所获得的利益。

根据上述内容，可以总结出简便算法，侵权人应当承担的财产损害赔偿范围＝财产的市场价格－财产的残存价值。应注意，计算的时间点为"**损失发生时**"。若不存在市场价格或以市场价格来计算并不妥当时，应采取其他方式计算。

四、精神损害赔偿

> **重点法条**：《民法典》第1183条：侵害自然人人身权益造成严重精神损害的，被侵权人有权请求精神损害赔偿。
> 因故意或者重大过失侵害自然人具有人身意义的特定物造成严重精神损害的，被侵权人有权请求精神损害赔偿。

精神损害赔偿，是指侵害他人人身权益并造成他人**严重**精神损害的，被侵权人可以请求侵权人支付精神损害抚慰金。精神损害赔偿的主要功能在于补偿被侵权人遭受的损害，并抚慰其精神之创伤。这意味着法人或其他组织不享有精神损害赔偿请求权；同时也决定了精神损害抚慰金是不得让与或继承的，即具有**专属性**，但**存在两个例外**：①赔偿义务人已经以书面方式承诺给予金钱赔偿；②赔偿权利人已经向人民法院起诉。适用情形包括：

（一）侵害一般人格利益、身份利益造成的精神损害赔偿

侵害客体限于人身权益，包括人身权利和人身利益，也可分为人格权益和身份权益。

（二）侵害具有人身意义的特定物造成的精神损害赔偿

人身意义的特定物包括如人格象征意义物（如照片、遗体、骨灰）、人格纪念意义的物（如特定人留下的纪念品、签名）、与人身结合一体的物（如假肢、假发）。

（三）加害给付的违约行为造成的精神损害赔偿

违约行为造成人身利益的加害给付，也可以主张精神损害赔偿。

> **重点法条**：《民法典》第996条：因当事人一方的违约行为，损害对方人格权并造成严重精神损害，受损害方选择请求其承担违约责任的，不影响受损害方请求精神损害赔偿。

（四）精神损害赔偿的请求权人

精神损害赔偿的请求权人取决于被侵害的客体类型，如下表：

侵害客体	请求权人
（1）自然人的人格权利（身份权）和人格利益受侵害	被侵权人或受害人（《最高人民法院关于审理精神损害赔偿案件适用法律若干问题的解释》第1条）
（2）自然人因侵权行为致死或死者人格利益受侵害	死者的配偶、父母和子女（《最高人民法院关于审理精神损害赔偿案件适用法律若干问题的解释》第3条、第7条）
（3）特定物品上的人格利益受侵害	物品所有人（《最高人民法院关于审理精神损害赔偿案件适用法律若干问题的解释》第4条）

考点34 特殊侵权主体

命题分析

"特殊侵权主体"是侵权责任法中的热门考点。理性经济人之外的特殊主体在侵权构成和责任承担上有其特殊性，应本于公平合理进行制度安排。虽然是具体规则制度的考查，但其背后的法理基础也会出现在主观考题中。

"特殊侵权主体"包括监护人、单位与雇主、网络服务提供者、安全保障义务人以及教育机构，其中，"单位与雇主的侵权责任"是特殊侵权主体中的"重中之重"。被监护人致人损失的侵权责任承担、监护责任的性质；网络服务提供者与网络用户承担连带责任的情形；安全保障责任的责任主体；无民事行为能力人、限制民事行为能力人因教育机构以外的第三人遭受人身损害时，第三人与教育机构之间的责任分配、教育机构承担责任的时间条件等都是考查的重点，考生需要格外重视。近几年虐童事件频发，教育机构的侵权责任可能会成为将来几年法考的重点。

考点解析

一、监护人的侵权责任

（一）概述

监护人的侵权责任是指监护人对被监护人因侵权行为造成他人损害的后果承

担侵权责任。监护人责任系属无过错责任中的替代责任，责任基础在于监护人对被监护人具有控制力。之所以设立监护人责任：一是因为被监护人通常没有独立的财产，通过监护人责任可以更好地维护被侵权人的合法权益；二是因为被监护人无法理解或无法完全理解自己的行为及后果，通过监护人责任可以督促监护人履行管理、教育的义务，预防侵权行为的发生。

（二）构成要件

（1）行为人实施加害行为。①无民事行为能力人：不满8周岁的未成年人；不能辨认自己行为的成年人。②限制民事行为能力人：8周岁以上，不满18周岁的自然人。不能完全辨认自己行为的成年人。

（2）造成他人损害。"他人"，即监护人和被监护人之外的第三人。

（3）加害行为与损害间有因果关系。

（三）责任承担

1. 责任主体

监护人的侵权责任是一种替代责任，是典型的行为主体和责任主体相分离的责任类型，但在某些情况下，行为人也承担侵权责任。被监护人承担责任的情形有以下几种：

（1）有财产的无民事行为能力人、限制民事行为能力人先自行承担，不足部分，由监护人赔偿（《民法典》第1188条）。

（2）委托监护人的过错相应责任：无民事行为能力人、限制民事行为能力人造成他人损害，监护人将监护职责委托给他人的，由监护人承担侵权责任；受托人有过错的，承担相应的责任（《民法典》第1189条）。

（3）指定监护中，擅自变更监护人的，由原被指定的监护人与变更后的监护人承担连带责任。

2. 责任的减轻

（1）监护人尽到监护责任。

> **注意**：只能减轻责任，不能免除责任。

（2）被侵权人具有过错。

二、劳务侵权责任

侵权责任包括用人单位侵权责任、用工单位侵权责任、个人劳务侵权责任、承揽劳务侵权责任。

（一）单位劳务侵权责任

（1）用人单位的工作人员因执行工作任务造成他人损害的，由用人单位承担侵权责任。用人单位承担侵权责任后，可以向有故意或者重大过失的工作人员追偿。

（2）劳务派遣期间，被派遣的工作人员因执行工作任务造成他人损害的，由接受劳务派遣的用工单位承担侵权责任；劳务派遣单位有过错的，承担相应的责任。

（二）个人劳务侵权

个人之间形成劳务关系，劳务中发生的侵权包括（《民法典》第1192条）：

（1）提供劳务一方因劳务造成他人损害的，由接受劳务一方承担侵权责任。

（2）接受劳务一方承担侵权责任后，可以向有故意或者重大过失的提供劳务一方追偿。

（3）提供劳务一方因劳务自己受到损害的，根据双方各自的过错承担相应的责任。

（4）提供劳务期间，因第三人的行为造成提供劳务一方损害的，提供劳务一方有权请求第三人承担侵权责任，也有权请求接受劳务一方承担侵权责任。接受劳务一方承担侵权责任后，可以向第三人追偿。

（三）承揽劳务侵权（《民法典》第1193条）

（1）承揽人在完成工作过程中造成第三人损害或者自己损害的，定作人不承担侵权责任。

（2）定作人对定作、指示或者选任有过错的，应当承担相应的责任。

三、网络侵权责任

（一）网络侵权的一般责任

网络侵权责任，是指网络用户和网络服务提供者的自己责任，即网络用户、网络服务提供者利用网络侵害他人民事权益的，应当承担侵权责任（《民法典》第1194条）。其表现形式主要有：自己在网络上发表信息侮辱、诽谤他人，网络服务提供者在网络上抄袭、剽窃他人著作，未经著作权人同意而在网站上发表他人作品等。其是一种过错责任，适用侵权责任的一般性规定。

（二）网络服务提供者的连带责任

网络服务提供者的连带责任，是指网络用户利用网络实施侵权行为，网络服务提供者与网络用户一起承担连带责任的特殊责任类型。

网络服务提供者即提供信息服务，为用户提供信息交流和技术服务的空间的服务提供者。

网络服务提供者与网络用户承担连带责任的构成情形：

（1）非通知的过错连带责任：网络服务提供者知道或者应当知道网络用户利用其网络服务侵害他人民事权益，未采取必要措施的，与该网络用户承担连带责任。

（2）受通知的过错连带责任：网络用户利用网络服务实施侵权行为的，权利人通知网络服务提供者采取删除、屏蔽、断开链接等必要措施；网络服务提供者接到通知后，未及时将该通知转送相关网络用户；并未根据构成侵权的初步证据和服务类型采取必要措施造成损害的，网络服务提供者应对损害的扩大部分与该网络用户承担连带责任。

（三）权利人错误通知的侵权责任

网络使用的权利人因错误通知网络服务提供者采取必要措施，造成网络用户或者网络服务提供者损害的，应当承担侵权责任。

四、安全保障责任（《民法典》第1198条）

（一）概念

安全保障责任是指依照法律规定或者约定负有安全保障义务的人违反安全保障义务，直接或者间接地造成他人人身或财产权益损害，应当承担损害赔偿责任的侵权行为。

（二）构成要件

（1）义务主体：安全保障义务的主体为宾馆、商场、银行、车站、娱乐场所等公共场所的管理人或群众性活动的组织者。

（2）义务违反：安全保障义务人有违反安全保障义务的行为，即未尽到安全保障义务。

（3）损害事实：有人在公共场所或者群众性活动中受到损害。

（4）因果关系：上述（3）是由（2）引起的。

（三）责任承担

（1）直接责任：在没有第三人介入的情况下，管理人、组织人因违反安保义务造成损害，承担直接侵权责任。

（2）补充责任：若损害是由第三人导致的，第三人先承担责任，管理人、组织人未尽到注意义务，承担相应的补充责任。

五、教育机构侵权责任

（一）概念

教育机构侵权责任，是指教育机构因未尽教育、管理职责对无民事行为能力人、限制民事行为能力人在教育机构学习、生活期间遭受人身损害而承担的责任。其中，受害人仅限于无民事行为能力人、限制民事行为能力人，遭受的损害类型仅限人身损害。

（二）类型

根据行为人的不同，教育机构侵权责任可以分为两类：一是教育机构的直接侵权责任；二是第三人侵权时的侵权责任。二者的区别见下表：

教育机构侵权责任的类型

	行为人	过错的表现形式	归责原则（责任承担）
教育机构直接侵权	受害人自损	"未尽到教育、管理职责"	过错推定：受害人为无民事行为能力人——教育机构只有证明自己尽到职责才能免责
			过错责任：受害人为限制民事行为能力人——受害人必须证明教育机构未尽职责，侵权责任才成立
第三人侵权	第三人加害	"未尽到管理职责"	第三人承担首位责任（过错责任），教育机构承担相应的补充责任（过错责任）；教育机构可向第三人追偿

> 提示：在认定教育机构侵权责任时，应当先由行为人来判断责任的类型。若属于教育机构的直接侵权，应当区分受害人是无民事行为能力人还是限制民事行为能力人，二者的归责原则不同；若属于第三人侵权，应注意责任承担的顺序：第三人承担首位责任，教育机构承担相应的补充责任，事后可以追偿。

考点35　产品侵权与医疗损害责任

命题分析

因食品、药品、日用商品等致害以及医疗事故的频频引发公共安全问题和群体性事故，产品侵权责任及医疗损害责任日益成为考试的热点问题。这类考点今后可能会与经济法、商法、行政法甚至刑法等考点"综合在一起"，成为主观题的命题内容。

"产品侵权责任"包括责任主体、赔偿权利人以及惩罚性赔偿条件等，其中重点考查产品侵权责任的责任承担主体。"医疗损害责任"重点掌握归责原则和免责事由。

考点解析

一、产品责任的概述

产品侵权责任，是指因产品缺陷造成他人人身、财产损害而产生的侵权责任。其中，涉及两个重要概念，需要全面掌握：

（1）"产品"，是指经过加工、制作、用于销售的产品。产品责任的"产品"不包括不动产，因此建筑工程不适用产品责任的有关规定。应注意，（与人体分离的）血液属于特殊产品，但人体器官不属于产品。

（2）"缺陷"，是指产品不符合保障人体健康和人身、财产安全的国家标准、行业标准；或者产品存在危及人身、财产安全的不合理危险。"不合理危险"，仅指产品在合理使用过程中出现的危及人身、财产安全的危险。产品缺陷可以分为设计缺陷、制造缺陷、警示缺陷。其中，存在警示缺陷的产品无须召回，只需要及时进行相应的警示即可。

二、产品侵权责任的承担

（一）责任承担主体

（1）生产者责任。因产品存在缺陷造成他人损害的，生产者应当承担侵权责任。

（2）销售者责任。因缺陷产品经过销售，造成消费者受害，被侵权人可以向产品的生产者请求赔偿，也可以向产品的销售者请求赔偿。

（3）生产者和销售者相互追偿。产品缺陷由生产者造成的，销售者赔偿后，有权向生产者追偿。因销售者的过错使产品存在缺陷的，生产者赔偿后，有权向销售者追偿。

（4）向过错第三人的追偿。因运输者、仓储者等第三人的过错使产品存在缺陷，造成他人损害的，产品的生产者、销售者赔偿后，有权向第三人追偿。

（二）产品侵权的补救责任

（1）应当及时采取警示、召回等。产品投入流通后发现存在缺陷的，生产者、销售者应当及时采取停止销售、警示、召回等补救措施。

（2）未及时补救或补救措施不力的，对扩大的损害承担侵权责任。生产者、销售者未及时采取停止销售、警示、召回等补救措施或者补救措施不力造成损害扩大的，对扩大的损害应当承担侵权责任。

（3）承担召回费用。生产者、销售者应当负担被侵权人因产品召回支出的必要费用。

（三）产品侵权的惩罚性赔偿

被侵权人有权请求相应的惩罚性赔偿的情形：
（1）生产者、销售者明知产品存在缺陷仍然生产、销售；
（2）没有采取停止销售、警示、召回等补救措施；
（3）造成受害人死亡或者健康严重损害。

三、医疗损害的责任构成与形态

（一）概念

医疗损害责任是指因医疗机构，医疗产品的生产者、销售者或者血液提供机构的过错，致使患者在诊疗活动中受到人身或者财产损害，应承担的赔偿责任。

医疗损害责任主体包括：医疗机构；医疗产品的生产者、销售者、血液提供机构。

患者在美容医疗机构或者开设医疗美容科室的医疗机构实施的医疗美容活动中受到人身或者财产损害而要求医疗机构承担的侵权责任属于医疗损害责任的范畴。

（二）医疗侵权责任的构成

（1）存在医疗侵权行为：医务人员以医疗机构的名义从事医疗行为。医疗责任的基本形态是替代责任，因此，医务人员是行为主体，医疗机构是责任主体。

（2）发生患者遭受非正常损失的损害事实：大多数医疗行为都具有侵袭性，但这种侵袭必须是正常医疗行为导致的正常损失，如果超出了合理范围，则构成非正常损失。

（3）医疗机构存在过错：即医疗机构在诊疗活动中负有专业性注意义务，但未尽到此义务（适用过错责任原则）。

（4）损害事实是由医疗侵权行为引起，具有因果关系。

（三）责任形态与免责事由

过错责任形态	诊疗活动致害：医疗机构或医务人员违反三类义务即为过错： （1）一般专业诊疗； （2）紧急抢救治疗； （3）相当医疗水平诊疗
过错推定责任形态	违规造成致害：医疗机构或者其医务人员存在下列行为： （1）违反法律、行政法规、规章以及其他有关诊疗规范的规定； （2）隐匿或者拒绝提供与纠纷有关的病历资料； （3）伪造、篡改或者销毁病历资料
无过错责任形态	医疗产品致害：医疗机构或者其医务人员使用或提供： 缺陷药品、消毒药剂、医疗器械的，或者输入不合格的血液造成患者损害（不真正连带责任：药品上市许可持有人、生产者等4类主体）
免责事由	（1）患者或其近亲属不配合医疗机构进行符合诊疗规范的诊疗； （2）医务人员在抢救生命垂危的患者等紧急情况下已经尽到合理的诊疗义务； （3）限于当时的医疗水平难以诊疗

考点36 机动车交通事故责任

命题分析

机动车作为一种特殊动产，给人们生活带来极大方便快捷的同时，也带来交通拥堵和事故隐患。机动车事故责任形成的司法案例较多，责任主体复杂，连接着物权法、合同法、保险法等多部门知识，属于法考考查频率较高的考点。2020年出台的《民法典》有许多新规，更增加主观题命题的可能性。考生备考中，需重点关注召回、挂靠、好意搭乘等规则的理解与适用。

本考点有理解前提：①此种侵权责任采无过错责任原则（至少10%），只有受害人故意受害（如碰瓷）才可能免责。②事故须发生在"道路交通"中，修理中、停放中致害，属于物件致害。

考点解析

一、机动车交通事故的实际使用者责任

机动车事故责任原则上坚持"实际使用者责任"，而非车主责任，体现"受益与风险同在"立法立场，当实际使用者（即司机）与所有者、管理者、出租人、出借人等不一致，且发生交通事故时车方全责，原则上由使用者承担

责任，其他主体承担与其过错相应的责任（例如明知借用人无驾驶证或饮酒后而出借车辆）。

（一）租赁借用车的责任承担（《民法典》第1209条）

因租赁、借用等情形机动车所有人、管理人与使用人不是同一人时，发生交通事故造成损害，并属于该机动车一方责任的情形下：

（1）机动车使用人承担赔偿责任；

（2）机动车所有人、管理人承担过错相应责任。

（二）车辆转让交付未登记的责任承担（《民法典》第1210条）

当事人之间已经以买卖或者其他方式转让并交付机动车但是未办理登记，发生交通事故造成损害，属于该机动车一方责任的，由受让人承担赔偿责任。因买卖已交付机动车但未办理登记的，因机动车控制已转移，故侵权责任由受让人承担，出让人不承担责任。该条同样体现了实际使用人承担责任的立场。

（三）擅自驾驶他人车辆的事故责任承担（《民法典》第1212条）

未经允许驾驶他人机动车，发生交通事故造成损害，属于该机动车一方责任的，由机动车使用人承担赔偿责任；机动车所有人、管理人对损害的发生有过错的，承担相应的赔偿责任。

二、机动车交通事故的连带责任承担

（一）挂靠营运车的事故责任承担（《民法典》第1211条）

以挂靠形式从事道路运输经营活动的机动车，发生交通事故造成损害，属于该机动车一方责任的，由挂靠人和被挂靠人承担连带责任。

（二）拼装、报废车的事故责任承担（《民法典》第1214条）

以买卖或者其他方式转让拼装或者已达到报废标准的机动车，发生交通事故造成损害的，由转让人和受让人承担连带责任。

（三）盗抢车的事故责任承担（《民法典》第1215条）

盗窃、抢劫或者抢夺的机动车发生交通事故造成损害的，由盗窃人、抢劫人或者抢夺人承担赔偿责任。盗窃人、抢劫人或者抢夺人与机动车使用人并非同一人，发生交通事故后属于该机动车一方责任的，由盗窃人、抢劫人或者抢夺人与机动车使用人承担连带责任。

保险人在机动车强制保险责任限额范围内垫付抢救费用的，有权向事故责任人追偿。

三、无偿搭载车的事故责任（《民法典》第1217条）

非营运机动车发生交通事故造成无偿搭乘人损害，属于该机动车一方责任的，应当减轻其赔偿责任，但是机动车使用人有故意或者重大过失的除外。

在受害人是无偿搭乘人的情形下，由于司机属于"好意施惠行为"（情谊行为），受害人也是运行利益享有者。机动车使用人没有故意或重大过失时，应适当减轻其赔偿责任，即由受害人分担一部分责任。

四、车辆保险人的责任承担（《民法典》第1217条）

机动车发生交通事故造成损害，属于该机动车一方责任的，先由承保机动车强制保险的保险人在强制保险责任限额范围内予以赔偿；不足部分，由承保机动车商业保险的保险人按照保险合同的约定予以赔偿；仍然不足或者没有投保机动车商业保险的，由侵权人赔偿。

> **提示**：强制保险先于商业保险；盗抢车事故致害，保险人享有追偿权。

第三部分 典型真题解析

2019 年[①]

一、试题（本题 53 分）

案情：

甲公司主业为轮胎生产制造，为扩大生产规模，向乙公司借款 8000 万元。在还款期限到来之前，双方签订"以物抵债协议"，约定将甲公司的一幢办公楼过户给乙公司，以抵偿该笔借款本息，但协议签订后双方并未办理过户登记。

扫一扫 看微课视频

甲公司的债权人丙公司获悉前述"以物抵债"协议后认为，甲公司的办公楼市价值 1.2 亿元，用来抵债价格过低，遂提起诉讼，要求撤销该协议。诉讼中，乙公司认为，甲公司还有其他大量财产可偿还丙公司债务，丙公司主张撤销的理由不成立。

其后，甲公司又向丁公司借款，这时甲公司可动用的实物财产几乎已全用于抵押或出质担保。无奈，甲公司大股东 A 在未与妻子商量的情况下，向丁公司提供了保证担保。

丁公司认为，这种保证尚无法保障甲公司履行义务，于是甲公司又将一张以自己为收款人的汇票出质，背书"出质"字样后，交付给丁公司。但出票人在汇票上记载有"不得转让"的字样。

为获得更多融资，甲公司与戊公司签订合同，将闲置的生产车间出租给戊公司。在该租赁合同订立时，甲公司车间尚有部分原材料、半成品没有清点，结果戊公司在租赁期间使用了这些原材料和半成品。

现甲公司的另一债权人罗马轮胎公司因甲公司不能偿还到期债务，对其提起债务清偿诉讼。罗马公司认为，因甲公司在与戊公司的租赁合同履行中，财产没有清点清楚，存在财产混同，遂在诉讼中主张甲公司与戊公司存在"人格混同"，并要求戊公司与甲公司承担连带清偿责任。在前述案件审理过程中，法院根据罗

[①] 作者注：本题为民法、商法、民事诉讼法综合大题，系作者在综合网上考生回忆版的基础上，按照真题标准改造而成。本题只保留与民法有关的小问与解析。

马公司的请求依法对甲公司的财产进行保全。

其间,甲公司与买受人己公司订立一份轮胎买卖合同。己公司已经支付货款,但甲公司一直没有交付轮胎,遂起诉甲公司要求其履行轮胎的交付义务,并获得胜诉判决。己公司收到轮胎后认为该批轮胎质量大不如前,于是又向法院起诉甲公司,提出解除合同、返还货款并赔偿损失的诉讼请求。

此外,为了资金周转,甲公司利用其控股地位,向其全资子公司多次无偿调取资金。当各子公司出现资金短缺时,甲公司就在其所有全资子公司之间统一调度资金使用,导致关联公司之间账目混乱不清。

甲公司全资子公司的债权人庚公司、辛公司,因到期债权不能获得清偿,向法院申请对甲公司及其所有全资子公司进行合并重整。

问题:

1. 在丙公司提起撤销"以物抵债协议"的诉讼中,各方当事人的诉讼地位如何?

2. 本案中"以物抵债协议"效力如何?为什么?

3. 债务人有大量财产可以清偿债务,是否构成对于撤销权行使的障碍?为什么?

4. 甲公司股东 A 在未与其妻商量的情况下,负担保证债务,该债务是否为夫妻共同债务?为什么?

5. 因汇票记载"不得转让",甲公司对丁公司的出质是否有效?为什么?

二、答案精讲

1. 在丙公司提起撤销"以物抵债协议"的诉讼中,各方当事人的诉讼地位如何?

答案: 丙为原告,甲为被告,乙为无独立请求权的第三人。

难度: 易

考点: 债权人撤销权诉讼中当事人的诉讼地位

命题和解题思路: 本题表面上针对民事诉讼当事人地位的认定进行考查,但命题意图却在于考查考生对民事程序法与民事实体法交叉内容的融通把握。由于民法实体制度中多有涉及程序内容,而且最高人民法院有关实体法的"司法解释""会议纪要"或"批复意见"必然牵涉诉讼法的相关规定,因此这种命题意图在今后法考主观题中会经常体现。本题的解题思路既可以依据实体法展开,也可以从程序法的当事人制度中寻找依据。解答本题的关键是识别案件的性质,如能判断属于撤销权诉讼,《最高人民法院关于适用〈中华人民共和国合同法〉若干问题的解释（一）》对此有明文规定，此时考生将体会到解答"送分题"的喜悦。解答本题还要注意完整作答，判断当事人的诉讼地位，除了被告和第三人之外，不可遗漏原告；此外，还需要结合民事诉讼法的第三人规定，对第三人的具体类型作进一步判断。

答案解析：

《合同法》第74条规定，债务人以明显不合理的低价转让财产，对债权人造成损害，并且受让人知道该情形的，债权人可以请求人民法院撤销债务人的行为。债权人撤销权的行使，法律要求采取诉讼方式，因此产生"形成之诉"。关于在诉讼中三方当事人的诉讼地位，《最高人民法院关于适用〈中华人民共和国合同法〉若干问题的解释（一）》第24条进一步规定，债权人依照《合同法》第74条的规定提起撤销权诉讼时只以债务人为被告，未将受益人或者受让人列为第三人的，人民法院可以追加该受益人或者受让人为第三人。据此，本题丙公司是债权人，其债务人甲公司将市价1.2亿元的房产抵偿8000万元的债务，有损害其债权实现之虞，丙公司具有保全诉求，主动提起撤销之诉，显然属于原告；债务人甲公司是实施不当财产处分的行为人，理应作为诉讼被告。乙公司作为财产处分的受让人，主动参与诉讼或被追加参与诉讼，应列为第三人。因其对丙公司和甲公司之间的诉讼标的没有独立的诉讼请求，但与案件的处理结果与其有法律上的利害关系，应属于无独立请求权的第三人。

2. 本案中"以物抵债协议"效力如何？为什么？

答案：

答案一：有效/生效。理由：本案中当事人意思表示一致，且不存在无效事由；以物抵债协议为诺成合同；不存在法定或约定的特别生效要件。因此，该协议有效。

答案二：不生效/无效。理由：依通说，以物抵债协议为要物合同。本案中，虽双方意思表示一致，但未办理过户，因此协议并未生效。

难度： 中

考点： "以物抵债"协议的效力

命题和解题思路： "效力如何"的表述本身就为开放性设问！本题围绕着"以物抵债协议"这一法律事实，考查考生对法律行为效力状态（成立或不成立、有效或无效、生效或不生效）进行全面思考，言之有理即可得分。解题时，考生须对相似概念的区分以及理论学说的争议有所把握，方可充分解答。

答案解析：

答案一：将"以物抵债协议"定位为一个纯粹的债权行为，是以清偿债务为标的双方法律行为。在法律没有特别规定的情形下，它就是一个"不要式合同""诺成合同",只要满足法律所要求的成立要件,即可成立,只要满足一般的有效要件即可有效;只要不存在法定或约定的生效要件,成立即生效。本案中甲、乙双方签订的以物抵债协议,学说中存在"诺成说"与"实践说"两种观点。答案一采多数人的"诺成说",双方达成以房抵债的合意即可成立合同;并且双方当事人推定具有相应的行为能力、意思表示真实、不存在其他法定无效事由,也不具有法定或约定的生效控制条件,因此该协议为有效协议。通过最一般的效力判断机制,按照成立→有效→生效"三步曲"进行逐步分析,即可得到本问的分数。可见,养成主观题关于"行为效力"的检索习惯,掌握完整的答题步骤,足以"以不变应万变"。

答案二:另一种观点认为,"以物抵债"协议为实践合同,协议以履行特定行为作为特殊的成立要件或生效要件。本案中,虽然该协议的签订符合一般合同成立所需的"意思表示合致"要件,但要达到"抵偿"目的,还需要将用来抵债的标的物(房屋不动产)的所有权转移给债权人,才满足"以房抵债"的全部要件。由于甲、乙双方并未办理房屋的过户手续,不符合要物合同的成立要件(另说为"生效要件"),因此该协议不生效,或不成立。本答案提示考生,了解、掌握民法理论学说中的一些重要观点,可以有效避免法考中"无话可说""无分可得"之"考囧"!

另外,在部分考生发在网上的答案或其他考试机构的解析中,有观点从"让与担保"和《九民纪要》角度作答,属于错误理解了命题意图。由于本案中双方进行"以物抵债"时并没有任何"担保"的意思表示,不存在"前让与担保和后让与担保"的区分问题,也不存在"买卖型担保"的问题。

但如果考生从"物权变动区分原则"分析债权行为的效力判断机制与物权变动的效力判断机制之区别,恰好击中了答案中的"正确部分",由于"采点给分""错答不究",本问依然可得分!

3. 债务人有大量财产可以清偿债务,是否构成对于撤销权行使的障碍?为什么?

答案:构成。因为保全撤销权的构成,以"切实损害债权人债权实现"为必要。本案如果甲公司还有其他大量财产可以偿还对丙公司的债务,丙公司的债权没有"实现之虞",其行使债权保全撤销权将不能得到法院支持。

难度:易

考点:债权人撤销权行使的客观要件

命题和解题思路:本题实质上是对债权人撤销权行使的客观要件进行考查,解答本题的关键在于判断出本题考查意图以及熟练掌握具体法条的内容。本题问得具体,考得浅显,不得分都难!切忌被问题表述"绕晕"而不知"庐山真面"!

答案解析：

《合同法》第74条规定了债权人撤销权行使的客观要件，即债务人实施了减少责任财产的处分行为，并且该行为危及债权人债权的实现。但是债务人如于行为时有足以清偿债务的财产，未害及债权人，纵使其财产状况出现异常变动，仍不成立诈害结果。因此，在债务人有大量财产可以清偿债务时，其存在一定限度的处分其财产的自由，这也是保全撤销权行使的障碍。本案中，债务人甲有大量财产可以清偿对债权人丙的债权，尽管甲将其房产以明显的低价出让抵债（1.2亿房屋作价8000万），也并不符合《合同法》第74条规定的撤销权行使的客观要件即"损害"要件，债务人在不损害债权人财产的限度内自由处分其财产的自由不应当受到干涉。

4. 甲公司股东A在未与其妻商量的情况下，负担保证债务，该债务是否为夫妻共同债务？为什么？

答案： 不属于。因为根据《最高人民法院关于审理涉及夫妻债务纠纷案件适用法律有关问题的解释》的规定，将债务认定为夫妻共同债务必须满足双方共同签字或一方事后追认、用于夫妻共同生活、用于共同经营这三种情形之一，本案并不符合其中任一情形，因此不属于夫妻共同债务。

难度： 中

考点： 夫妻共同债务的认定标准

命题和解题思路： 本题实质上是对夫妻共同债务的认定标准进行考查，考生需要熟悉相关法律及司法解释对夫妻共同债务认定标准的规定。本题解题的关键在于准确分析丈夫单方面对外举债是否"惠及夫妻共同生活"，以及正确把握相关法条或司法解释的立法目的。

答案解析：

将债务认定为夫妻个人债务与夫妻共同债务对债权人来说存在重大利害关系差异，《最高人民法院关于适用〈中华人民共和国婚姻法〉若干问题的解释（二）》第24条对夫妻共同债务的认定采时间标准，但是该标准因存在漏洞而受到诟病。2018年《最高人民法院关于审理涉及夫妻债务纠纷案件适用法律有关问题的解释》将该规定推翻，规定了更为多元化的夫妻共同债务的认定标准，即"共债共签""事后追认"以及"用于夫妻共同生活或共同经营"。本案中股东A在未与妻子商量的情况下所负债务首先不符合第一点"共债共签"，其次也并不存在一方事后追认或者该负债是用于夫妻共同生活的情形，因此该债务并不属于夫妻共同债务。

5. 因汇票记载"不得转让"，甲公司对丁公司的出质是否有效？为什么？

答案： 有效。理由是：出质合同有效，"不得转让"的记载不影响出质的效力；出质人有处分权；经过"出质"背书；完成票据交付。

难度：难

考点：对汇票进行质押的效力的影响因素

命题和解题思路：本题实质上是对影响汇票质押效力的因素进行了全面考查。将一个商法领域的票据行为，简单化为《物权法》的物权担保行为，你会觉得思路清晰、回答准确、得分高效！本题解题的关键在于准确把握"权利质押"的相关规定，以及《票据法》的特别规定，有机地将一般法与特别法联系起来，没有特别法的规定，则可按照一般法作答。

答案解析：

首先，根据《物权法》第223条规定，汇票可以设立质权。以汇票设立质权首先要订立书面合同，质权自权利凭证交付给质权人时设立。本案中，甲公司将一张以自己为收款人的汇票出质，背书"出质"字样，并且将该汇票交付给丁公司，而且本案中不存在其他使得该出质行为无效的法定事由。其次，根据《票据法》第27条规定，出票人在汇票上记载"不得转让"字样，该记载限制了票据的转让，但并不必然限制票据的出质。而且，当事人对票据行为的禁止或限制性约定，一般不会作为法律行为无效的判断依据。再按照物权法的"区分原则"，即使存在"质押合同"的效力瑕疵，也未必导致"质权"的设立无效。再次，"票据行为的无因性"，也使当事人设置的行为限制条件难以成为票据流通的障碍。因此，甲公司对丁公司的出质有效，不仅质押合同有效，质权也有效设立。

2018年①

一、试题（本题54分）

案情：

甲公司中标某地块的开发权，遂与乙公司签订建设工程承包合同，由乙公司负责建筑施工。合同履行过程中，甲公司拖欠乙公司合同工程款8000万元未付，双方协商将该欠款及500万元利息转为甲公司对乙公司的借款。随后，乙公司协助甲公司以在建工程向某银行进行抵押担保，获得贷款2亿元。双方同意用该笔贷款首

扫一扫　看微课视频

---

① 作者注：本题为民法、商法、民事诉讼法综合大题，系作者在综合网上考生回忆版的基础上，按照真题标准改造而成。本题只保留与民法有关的小问与解析。

先清偿乙公司债权中的 5000 万元，剩余的 1.5 亿元归入两公司的共管账户，并作为继续前述房产开发的资本；同时甲公司将其公司公章交给乙公司保管，意在防止甲公司随意对他人举债。两公司还约定，如发生合作争议，由 S 省 q 市仲裁委管辖。

后乙公司自拟了一份补充协议，将前述合同中的仲裁机关改为 G 省 c 市，并加盖了乙公司和甲公司的印章。同时乙公司为了冲抵甲公司的借款，在向丁公司购买建筑材料时加盖甲公司的印章。

后甲、乙公司发生争议，乙公司向 G 省 c 市仲裁委提出仲裁申请，仲裁委受理，甲公司提出管辖异议，认为仲裁协议无效，G 省 c 市仲裁委认为仲裁协议有效，继续审理，并作出了裁决。随后甲公司向法院申请撤销仲裁裁决。

前述房产开发过程中，甲公司与丙公司签订销售委托合同，由丙公司负责甲公司楼盘的销售。该委托合同由丙公司的法定代表人韩某签订，合同上只有韩某的签字，无丙公司公章。合同签订后，甲公司才发现韩某在签订合同之时已被丙公司解除法定代表人职位，另由他人担任，但丙公司尚未进行变更登记。

甲公司取得预售许可证后，丙公司履行委托合同，着手开始销售房屋，许多购房者购买之后又与他人签订租赁合同。后因丙公司销售不力，甲公司向法院起诉请求解除委托合同。一审判决丙公司败诉，丙公司不服提起上诉，在上诉中变更了诉讼请求，请求判决合同无效，并赔偿损失。

后甲公司的开发资金出现短缺，无法支付乙公司两个月的工程进度款。甲公司于是进行民间借贷，与包括戊在内的多名贷款人签订借款合同，同时签订房屋买卖合同，约定甲到期不能偿还借款时向贷款人交付相关房屋。

甲公司原计划尽快完成楼盘开发并利用回笼资金偿还借款，但由于其拖欠工程进度款，导致乙公司停工抗辩。甲公司因其资金回笼目的落空，遂提出解除与乙公司的合作开发合同。

后甲公司负债累累，有债权人向 A 省 b 市法院提出破产申请，该法院受理了申请。之前与甲公司有供货合同的丁公司听闻甲公司被法院受理破产清算之后，随即通知其运送途中的货车司机停止运货并返回。

乙公司因对甲公司的债权余额出现争议请求法院确认债权，之后乙公司又起诉请求甲公司支付利息，并要求优先受偿。

问题：

1. 乙公司签订补充协议的行为是否属于表见代理？为什么？若甲公司能证明补充仲裁协议是乙公司单方拟定，G 省 c 市仲裁委的仲裁裁决效力如何？为什么？

2. 若甲公司要撤销仲裁裁决，应向哪个法院提出？为什么？

3. 甲公司与丙公司的委托合同是否有效？为什么？韩某的行为如何定性？为

什么？

　　4. 甲公司是否有权解除与丙公司的委托合同？为什么？甲若解除委托，是否需要承担赔偿责任？赔偿范围如何确定？

　　5. 丙公司在上诉中能否变更诉讼请求？为什么？

　　6. 若甲公司到期无法偿还借款，戊是否可以要求其交付买卖合同项下的房屋？为什么？

　　7. 甲公司与戊的房屋买卖合同能否视为物权担保？为什么？

　　8. 甲公司是否有权解除与乙公司的合同？为什么？

二、答案精讲

　　1. 乙公司签订补充协议的行为是否属于表见代理？为什么？若甲公司能证明补充仲裁协议是乙公司单方拟定，G省c市仲裁委的仲裁裁决效力如何？为什么？

　　答案：

　　（1）不属于表见代理。因为乙公司的补充协议不符合代理关系的构成要件，不是代理行为（或者乙公司并非善意第三人或相对方）。

　　（2）仲裁裁决无效。因为甲公司和乙公司双方并未达成该项仲裁条款（或有效的仲裁约定）。

　　难度： 中

　　考点： 表见代理；请求仲裁的意思表示

　　命题和解题思路： 本题分别考查了民法总则代理关系的基本含义以及仲裁的适用条件。解答本题的关键在于判断乙公司用甲公司的公章与自己签订补充协议的行为是否符合代理的构成要件。判断逻辑是：如果不符合代理的基本构造，也就不成立表见代理或其他无权代理。仲裁的适用前提是存在合法有效的仲裁协议，判断G省c市仲裁委仲裁裁决效力的关键在于明确补充仲裁协议的效力，事实上该仲裁协议是乙公司的单方意思表示，并无双方的合意，因此无效。

　　答案解析：

　　代理制度，是指代理人依据代理权，以被代理人的名义独立与第三人实施民事行为，由此产生的法律效果直接归属于被代理人的一种法律制度。本案中，补充协议是由乙公司以及"甲公司"（由乙公司代为签章，甲公司不知情）双方签订的，并不存在第三人，不符合代理涉及三方当事人（本人、代理人，相对人）的基本构造。而且，乙公司自行拟定补充协议，并加盖乙公司和甲公司的印章的行为也绝非善意，因此也不符合表见代理的构成要件。

　　《仲裁法》第4条规定，当事人采用仲裁方法解决纠纷，应当双方自愿，达成仲裁协议。据此，作为仲裁适用前提的书面仲裁协议必须是双方当事人共同的真实意思表示。材料中乙公司利用其保管甲公司印章的便利,未经甲公司同意,私自在补充协议中变更仲裁机构,这并非双方当事人真实的意思表示,因此该协议无效。合法有效的仲裁协议是适用仲裁的前提,没有仲裁协议就不存在有效的仲裁。既然约定 G 省 c 市仲裁委的补充协议无效,那么 G 省 c 市仲裁委的仲裁裁决也自然无效。

2. 若甲公司欲撤销仲裁裁决,应向哪个法院提出?为什么?

答案:甲公司应当向 G 省 c 市中级人民法院提出撤销仲裁裁决申请。因为《仲裁法》第 58 条第 1 款规定,当事人可以向仲裁委员会所在地的中级人民法院申请撤销仲裁裁决,G 省 c 市中级人民法院即为本案的管辖法院。

难度:易

考点:申请撤销仲裁裁决的条件

命题和解题思路:2018 年法考主观题凸显融合化命题趋势,命题人以案例形式将诉讼和仲裁制度搭配命题,这在以往的司考中从未出现。循此思路,仲裁和司法存在衔接点的内容顺理成章成为考查重点,如撤销仲裁裁决、不予执行仲裁裁决等对仲裁的司法监督制度。本题以直接设问形式考查撤销仲裁裁决的管辖法院,考查范围窄,解题依据明确单一,难度极低。在提供法条的主观题考试中,这与之前流行"能翻到答案算我输"的预测完全不符,绝对属于典型的送分题。本题再次彰显了民诉法命题人的"仁慈",其简单程度出乎意料,此类试题可遇而不可求,分数绝对不容错过。

答案分析:

《仲裁法》第 58 条第 1 款规定,有证据证明仲裁裁决符合法定撤销情形,当事人可以向仲裁委员会所在地的中级人民法院申请撤销。本案仲裁裁决由 G 省 c 市仲裁委员会作出,又根据《仲裁法》第 10 条第 1 款规定,仲裁委员会可以在直辖市和省、自治区人民政府所在地的市设立,也可以根据需要在其他设区的市设立,不按行政区划层层设立。据此,G 省 c 市仲裁委员会所在的 c 市应为设区的市,G 省 c 市法院应为中级人民法院。因此,甲公司应向 G 省 c 市中级人民法院提出撤销仲裁裁决的申请。

3. 甲公司与丙公司的委托合同是否有效?为什么?韩某的行为如何定性?

答案:(1)委托合同有效。因为甲丙的合同并不存在影响其有效性的因素(或无效情形)。或回答:丙公司法定代表人的签字对丙公司有约束力,丙公司变更法定代表人但未经变更登记,不得对抗善意第三人。

(2)韩某的行为属于表见代表。甲公司有理由相信韩某仍是丙公司的法定代表人。

难度:难

考点：表见代表与表见代理的区别

命题和解题思路：法人代表关系和代理关系的区分问题是民法总则的重要理论问题，看似简单，但法理深厚，需要准确把握。这也是近些年来法考的高频考点。本题的两问具有一定的关联性，实质上第二问的回答构成了第一问的回答依据。解题的关键在于判断韩某的行为的性质。不少考生误认为韩某的行为构成表见代理，虽然两者都可以产生责任由所代理或代表的组织体承担的效果，但：①代表人与被代表人是同一人格体，而代理人和被代理人是两个独立的主体。②代表人的代表行为是组织体的行为，不发生效力归属问题，代理人的行为不是被代理人的行为，但发生效力归属问题。所谓"表见代表"，是指行为人超越法人组织章程或权力机构对代表人的权限范围或者法定代表人资格终止以后以仍代表法人实施法律行为，相对人有理由相信行为人有代表权的，行为人的法律效果归被代表人（法人）承受的法律制度。表见代表成立的关键在于在前述三种情形下，法人的相对人基于一定外观，善意且无过失地相信其有代表法人之资格而与之从事民事法律行为，该代表行为的效力并不因具备前述三种瑕疵此受影响。表见代理通常是法人组织的其他职务人员或经授权的第三人，以独立的人格或行为，在代理关系框架下实施了无权代理行为，而相对人基于一定的外观，善意且无过失相信行为人有代理权。

答案解析：

关于委托合同一般效力的考查，考生只要从民事法律行为的一般有效要件或无效合同的一般法定情形及特殊无效规定即可有效回答。所以本题第一问正确作答并不难。但若从法人代表行为的效力着眼，分析法人行为的对外效力机制，当然是更值得肯定的分析路径。

《民法总则》第61条规定："法定代表人以法人名义从事的民事活动，其法律后果由法人承受。法人章程或者法人权力机构对法定代表人代表权的限制，不得对抗善意相对人。"《民法总则》第170条规定："执行法人或者非法人组织工作任务的人员，实施民事法律行为，对组织发生效力。法人组织对职权范围的限制，不得对抗善意相对人。"本案中，尽管韩某被丙公司解除法定代表人职位，代表权已经终止，但丙公司尚未进行变更登记，其对外还是丙公司的法定代表人，相对人甲公司有理由相信韩某有代表权，因此，丙公司解除韩某法定代表人的事实，不得对抗善意的甲公司。韩某就其职权范围内的事项，以法人的名义实施的民事法律行为，无须法人特别授权，对法人或者非法人组织发生效力，加盖印章并不是表见代表成立的必要条件，因此，韩某的行为构成表见代表，甲公司与丙公司的委托合同系双方真实意思表示，没有违反法律强制性规定，依法成立且生效。

4.甲公司是否有权解除与丙公司的委托合同？为什么？甲若解除委托，是否需要承担赔偿责任？赔偿范围如何确定？

答案：（1）可以解除。委托人和受托人可以随时解除委托合同（任意解除权）。

（2）需要承担赔偿责任。任意解除权人解除合同给对方造成损失的，除不可归责于该当事人的事由外，应当赔偿损失。

（3）赔偿范围：因解约人过错造成的直接损失，以及信赖利益或者期待利益损失。

难度： 难

考点： 委托合同的任意解除权

命题和解题思路： 我国《合同法》第410条规定了委托合同的双方当事人都享有任意解除权，如果因解除委托合同给对方造成经济损失的，行使解除权的一方需要承担民事责任。现行《合同法》并没有明确规定损失赔偿范围，但是我国《民法典》第716条已经有了明确规定，这就要求考生关注立法动态。当然，解题时也可从合同一般原理出发，全面把握合同法保护的三类利益：履行利益、信赖利益、固有利益。

答案解析：

《合同法》第410条规定："委托人或者受托人可以随时解除委托合同。因解除合同给对方造成损失的，除不可归责于该当事人的事由以外，应当赔偿损失。"由于该法定解除权是基于委托合同当事人相互信任为基础的任意解除权，只要甲公司对丙公司的信任基础有所动摇，无论是否存在解约理由，均允许其随时解除合同。

关于委托合同任意解除后的损失赔偿范围，由于我国《合同法》第410条没有明确规定，故引发了相关争议。争议主要集中在除赔偿直接损失外，应否赔偿可得利益损失问题。在上海盘起贸易有限公司与盘起工业（大连）有限公司委托合同纠纷案中〔案号：（2005）民二终字第143号〕，最高人民法院认为："根据合同法第410条规定，委托人或者受托人可以随时解除委托合同。因解除合同给对方造成损失的，除不可归责于该当事人的事由以外，应当赔偿损失。但是，当事人基于解除委托合同而应承担的民事赔偿责任，不同于基于故意违约而应承担的民事责任，前者的责任范围仅限于给对方造成的直接损失，不包括对方的预期利益（可得利益）。"但值得注意的是，我国《民法典》第716条规定："委托人或者受托人可以随时解除委托合同。因解除合同给对方造成损失的，除不可归责于该当事人的事由以外，无偿委托合同的解除方应当赔偿因解除时间不当造成的直接损失，有偿委托合同的解除方应当赔偿对方的直接损失和可以获得的利益。"甲公司和丙公司的委托合同属有偿合同，因此，甲公司解除委托合同不仅应当赔偿直接损失还应当赔偿丙公司的期待利益。

5. 丙公司在上诉中能否变更诉讼请求？为什么？

答案：

答案一：丙公司在上诉中不可以变更诉讼请求。因为丙公司是原审被告，法律并未赋予原审被告在二审中变更诉讼请求的权利。且为了维护当事人的审级利益，上诉请求不应超越原审诉讼请求的范围，而丙公司在上诉中提出赔偿损失请求已经超越了一审案件裁判的范围，因此不应允许其变更诉讼请求。

答案二：丙公司可以在上诉中变更诉讼请求。法院可以就变更的诉讼请求进行调解，调解不成，可以告知其另行起诉。因为法院调解结案不受案件审级、诉请范围等因素限制。

难度： 中

考点： 二审法院对上诉案件审理的范围；上诉案件的调解

命题和解题思路： 本题考查被告上诉后变更原审诉讼请求应当如何处理，其一改本学科试题死记法条即可解题的刻板风格，考生可以从"二审的审理范围"以及"上诉案件的调解"两个角度分别作答，切入角度不同会导致本题答案不唯一，持正反观点只要言之成理皆可得分。此种答案开放式的考题在民事诉讼法学科中尚属首次，但这很可能成为日后法考主观题常见的考查形式，考生备战主观题时应当高度重视。

答案分析：

根据案情表述，本案中上诉人是原审被告丙公司，一般而言，原审被告的上诉请求是请求二审法院撤销或者部分撤销原审判决，而本案中上诉人提出了新的诉讼请求，这直接变更了原审诉讼请求。如果从上诉案件审理的范围看，二审案件应结合上诉请求以原审诉讼请求的范围为限进行审理。如果对二审中增加或者变更诉讼请求直接进行裁判，因全案已进入二审程序，这会变相剥夺对该请求的上诉权，损害当事人的审级利益。且民诉法及其司法解释，对被告在二审中变更原审诉讼请求并无明文规定，基于民诉法的公法属性，当事人无权从事法律未允许事项。但如果从上诉案件的调解适用看，法院调解不受案件审级、诉请范围等因素限制，其制度基础是当事人的处分权，只要不违背当事人的意愿以及法律的禁止性规定皆可适用。因此，对于丙公司在二审中变更诉讼请求法院可以允许，但只能用调解方式结案。调解不成，如果符合另行起诉条件，可以告知丙公司另行起诉。

6. 若甲公司到期无法偿还借款，戊是否可以要求其交付买卖合同项下的房屋？为什么？

答案： 不可以。当事人以签订买卖合同作为民间借贷合同的担保，借款到期后借款人不能还款，出借人请求履行买卖合同、交付买卖标的物的，人民法院应当要求其变更诉讼请求，按照民间借贷法律关系审理；或驳回起诉。

难度：中

考点：民间借贷与买卖型担保

命题和解题思路：关于民间借贷中的一种特殊担保约定，近三年中主观题（案例分析题）均做了重点考查，足见命题人对此问题的特别青睐。当事人之间发生民间借贷法律关系之后，为了保障出借人的利益，双方往往会签订一个房屋买卖合同，合同内容一如题干所设计的那样，一旦借款人无法按期偿还借款，就面临究竟是按民间借贷还是按房屋买卖处理的问题。本题直接考查司法解释的特殊规定，考生如果能够准确掌握该司法解释的规定，就能作出正确的回答。

答案解析：

《最高人民法院关于审理民间借贷案件适用法律若干问题的规定》第24条规定："当事人以签订买卖合同作为民间借贷合同的担保，借款到期后借款人不能还款，出借人请求履行买卖合同的，人民法院应当按照民间借贷法律关系审理，并向当事人释明变更诉讼请求。当事人拒绝变更的，人民法院裁定驳回起诉。按照民间借贷法律关系审理作出的判决生效后，借款人不履行生效判决确定的金钱债务，出借人可以申请拍卖买卖合同标的物，以偿还债务。就拍卖所得的价款与应偿还借款本息之间的差额，借款人或者出借人有权主张返还或补偿。"该司法解释认为，由于房屋买卖合同并非双方当事人的真实意思表示，法院不能按照买卖合同来处理借款人与出借人之间的法律关系。《最高人民法院关于审理民间借贷案件适用法律若干问题的规定》第24条适用的前提是"民间借贷合同与买卖合同同在""买卖合同是民间借贷合同的担保"（即借贷合同之外签订买卖合同，并约定若借款未能按期清偿，则履行买卖合同，以此担保债权实现的情况）。本案中，甲和戊既签订了买卖合同也签订了借款合同，甲、戊之间的房屋买卖合同实质上是为他们之间的民间借贷提供担保，符合司法解释规定的情形。借款到期后借款人不能还款的，出借人无权请求履行买卖合同的标的物交付义务。因此，戊不可要求甲交付买卖合同项下的房屋。

7. 甲公司与戊的房屋买卖合同能否视为物权担保？为什么？

答案：不能。因为不动产物权担保需要进行登记，未经登记，担保物权不成立。

难度：中

考点：不动产物权担保的设立

命题和解题思路：本问与上一问有一定关联性，但考查意图不同。本题主要考查甲、戊之间签订房屋买卖合同为他们之间的民间借贷提供担保这种担保方式的性质，涉及"买卖型担保""让与担保"等非典型担保的含义把握，具有一定的难度。

答案解析：

甲、戊签订商品房买卖合同的目的是担保债务的履行。双方的约定不符合《担保法》规定的物权担保方式，而属于一种新型的"买卖型担保"。本案房屋买卖担保实际是以债权作为担保标的"物"，是否具有物权效力存在理论争议。依据严格的"物权法定"原则，担保物权效力应当基于一定的前提即"符合物权法有关担保物权的规定"，不动产物权担保主要指的是不动产抵押权。不动产物权担保，应当办理抵押登记，抵押权自登记时设立（《物权法》第187条），但甲公司与戊未就该抵押物办理抵押登记，故抵押权未设立。在签订民间借贷合同时，既要签订抵押担保合同，还要办理抵押登记或完成交付。不仅可以避免债务人"逃债"，在所有债权人中还享有优先受偿权。

8. 甲公司是否有权解除与乙公司的合同？为什么？

答案：不能解除合同。因为甲不具备法定的解除权，也不具备约定的解除条件。或回答：违约一方无权解除合同。

难度：易

考点：合同解除

命题和解题思路：本题是对合同解除制度的一般性考查，考查难度一般。合同解除分为约定解除和法定解除，若违约方满足合同约定的解除合同的条件，则违约方享有合同解除权。至于违约方是否享有法定解除权是本题的难点所在，尽管现行法律并未明确禁止违约方解除合同的权利，但考生需要运用民法基础理论，得出合理的结论。

答案解析：

《合同法》第8条规定，"依法成立的合同，对当事人具有法律约束力。当事人应当按照约定履行自己的义务，不得擅自变更或者解除合同"。该条规定确立了合同严守原则，即合同依法成立生效以后，对当事人就具有了法律约束力，当事人应当按照合同的约定履行自己的义务，非依法律规定或者取得对方同意，不得擅自变更或者解除合同。

《合同法》第94条规定了法定解除的五种情形。从立法趣旨分析，合同法定解除制度一方面体现了"合同须严守"的基本原则，严格控制合同的解除条件，只有严重影响合同目的实现的情形下允许解除合同。另一方面，合同法定解除制度还承担着违约救济功能，为守约方提供一种从合同关系中摆脱出来的一种救济可能，因此违约方一般不能援用这种法定解除权。本题中，甲、乙订立房产开发合同，甲通过卖房回笼资金的目的与房产开发合同的履行并无直接的必然联系，即开发房屋不能按计划售出并不直接影响其开发目的的实现，不属于法定解除权的成立事由。而且，在案涉开发合同的履行中，甲拖欠乙两个月工程款，违约在先，因此也不应当赋予其合同解除权给予救济。原则上，合同的解除是法律允许非违约方在对方违约的情况下可采取的补救方式，是否愿意继续受到合同约束的选择权在于非违约方，违约方无权行使法定解除权。因此，甲作为违约方不享有合同解除权。

2017 年

一、试题（本题 22 分）

案情：

2016 年 1 月 10 日，自然人甲为创业需要，与自然人乙订立借款合同，约定甲向乙借款 100 万元，借款期限 1 年，借款当日交付。2016 年 1 月 12 日，双方就甲自有的 M 商品房又订立了一份商品房买卖合同，其中约定：如甲按期偿还对乙的 100 万元借款，则本合同不履行；如甲到期未能偿还对乙的借款，则该借款变成购房款，甲应向乙转移该房屋所有权；合同订立后，该房屋仍由甲占有使用。

2016 年 1 月 15 日，甲用该笔借款设立了 S 个人独资企业。为扩大经营规模，S 企业向丙借款 200 万元，借款期限 1 年，丁为此提供保证担保，未约定保证方式；戊以一辆高级轿车为质押并交付，但后经戊要求，丙让戊取回使用，戊又私自将该车以市价卖给不知情的己，并办理了过户登记。

2016 年 2 月 10 日，甲因资金需求，瞒着乙将 M 房屋出卖给了庚，并告知庚其已与乙订立房屋买卖合同一事。2016 年 3 月 10 日，庚支付了全部房款并办理完变更登记，但因庚自 3 月 12 日出国访学，为期 4 个月，双方约定庚回国后交付房屋。

2016 年 3 月 15 日，甲未经庚同意将 M 房屋出租给知悉其卖房给庚一事的辛，租期 2 个月，月租金 5000 元。2016 年 5 月 16 日，甲从辛处收回房屋的当日，因雷电引发火灾，房屋严重毁损。根据甲卖房前与某保险公司订立的保险合同（甲为被保险人），某保险公司应支付房屋火灾保险金 5 万元。2016 年 7 月 13 日，庚回国，甲将房屋交付给了庚。

2017 年 1 月 16 日，甲未能按期偿还对乙的 100 万元借款，S 企业也未能按期偿还对丙的 200 万元借款，现乙和丙均向甲催要。

问题：

1. 就甲对乙的 100 万元借款，如乙未起诉甲履行借款合同，而是起诉甲履行买卖合同，应如何处理？请给出理由。
2. 就 S 企业对丙的 200 万元借款，甲、丁、戊各应承担何种责任？为什么？
3. 甲、庚的房屋买卖合同是否有效？庚是否已取得房屋所有权？为什么？
4. 谁有权收取 M 房屋 2 个月的租金？为什么？
5. 谁应承担 M 房屋火灾损失？为什么？
6. 谁有权享有 M 房屋火灾损失的保险金请求权？为什么？

二、答案精讲

1. 就甲对乙的 100 万元借款，如乙未起诉甲履行借款合同，而是起诉甲履行买卖合同，应如何处理？请给出理由。

答案：

答案一： 本案应按照民间借贷法律关系作出认定和处理。理由是：根据《最高人民法院关于审理民间借贷案件适用法律若干问题的规定》第 24 条第 1 款，当事人以签订买卖合同作为民间借贷合同的担保，借款到期后借款人不能还款，出借人请求履行买卖合同的，人民法院应当按照民间借贷法律关系审理，并向当事人释明变更诉讼请求；当事人拒绝变更的，人民法院裁定驳回起诉。《最高人民法院关于审理民间借贷案件适用法律若干问题的规定》第 24 条第 2 款，根据按照民间借贷法律关系审理作出的判决生效后，借款人不履行生效判决确定的金钱债务，出借人可以申请拍卖买卖合同标的物，以偿还债务；就拍卖所得的价款与应偿还借款本息之间的差额，借款人或者出借人有权主张返还或补偿。

答案二： 应当按照抵押合同处理。根据《民法总则》第 146 条第 1 款"行为人与相对人以虚假的意思表示实施的民事法律行为无效"，认定买卖合同无效；进而，又根据《民法总则》第 146 条第 2 款"以虚假的意思表示隐藏的民事法律行为的效力，按照有关法律规定处理"，认定隐藏的行为为抵押合同，应当按照抵押合同处理。

难度： 难

考点： 民间借贷与买卖型担保（以物抵债协议）

命题和解题思路： 民间借贷中，出借人为了保障自己的利益，往往又与借款人签订一个买卖合同，约定将借款人的某项财产附条件地转让给出借人，以抵偿借贷钱款。该买卖合同的性质如何界定，以及出现借款不能清偿时如何处理纠纷，提供救济？理论与实务多有争议。本着合同自由的原则，既不能武断否认该类合同的效力，也不能因为法无明文而放任不理。对此，最高人民法院专门颁布司法解释解决此类问题，该解释背后的法理基础到底如何，成为本年度命题人考查的切入点，而且有意识地让考生开启主观思维，允许自圆其说地开放性作答。命题选材以及考查意图，均值得点赞！

考生如果知道命题意图而且恰好知道2015年《民间借贷规定》第24条的规定，回答当然快捷准确。解题思路还可以从合同自由、合同效力机制、履行不能规定等一般性地给出答案。也可以通过《民法总则》有关法律行为的效力新规，给出合理的解题方案。还有一种思路就是从抵押担保的角度寻找解决路径。官方答案只给出了两个解决路径，似有欠缺。

答案解析：

答案解析（一）：

《民间借贷规定》第24条明确规定，涉案合同关系应该按照民间借贷法律关系处理。按照民间借贷法律关系审理作出的判决生效后，借款人甲不履行生效判决确定的还款义务的，出借人乙可以申请拍卖M商品房，就拍卖款优先受偿。第24条的解决路径，实际上认为甲、乙之间的房屋买卖合同实质上是为他们之间的民间借贷提供担保。由于担保关系的从属性和补充性，先应该处理主债关系（借款关系），然后处理从债关系（买卖型担保或以物抵债关系）。该解释实际上否认了甲乙之间买卖合同关系，因而并没有判令甲履行买卖合同的交付并转移房屋所有权的义务。依第24条提出处理方案存在一些瑕疵，即在房屋抵押权未经登记而有效设立的情形下，通过拍卖涉案标的物，强令实现债权人乙的抵押权，在法理上欠缺说服力，而且有违反民事诉讼法上的"不告不理"原则之嫌！

答案解析（二）：

《民法总则》颁布之后提供了一条解决甲、乙之间诉讼纠纷的路径，即认为甲、乙双方实施了"以虚假的意思表示隐藏民事法律行为"，即表面虚假的房屋买卖合同掩盖了双方真实的"抵押合同"，从而认定：买卖合同无效，而抵押合同有效！进而按照抵押合同关系处理本案。考生通过这一思路解决问题，当然应当鼓励和肯认，也达到了命题人的考查目的。但该答案的解决方案并没有把问题解决完，即如何处理一个"有效"的抵押合同。如果进一步回答：判令双方履行M房屋抵押权的登记义务；或者判令甲在M房屋的价值范围内履行还款义务。这才是圆满解决问题的答案。

2. 就 S 企业对丙的 200 万元借款，甲、丁、戊各应承担何种责任？为什么？

答案：根据《个人独资企业法》第 31 条的规定，"个人独资企业财产不足以清偿债务的，投资人应当以其个人的其他财产予以清偿"。甲仅于 S 企业财产不足以清偿债务时以个人其他财产予以清偿。丁应承担连带保证责任；根据《担保法》第 19 条的规定，未约定保证责任形式的按照连带责任保证承担责任。戊不承担责任，其质权因丧失占有而消灭。

难度：中

考点：个人独资企业的投资人责任承担、混合担保、质权的消灭

命题和解题思路：本题命题人将个人独资企业法的责任机制与混合担保责任机制结合起来设问，具有较大的综合性，好在考查深度较浅，难度不是很大。解题时领会《个人独资企业法》对投资人责任承担形态规定，并对"混合担保"这一常考重点予以掌握，可以准确作答。

答案解析：

S 企业对丙成立 200 万元借款债务，首先应由 S 企业承担清偿责任，由于 S 企业属于个人独资企业，其投资人应以个人财产对企业的对外债务承担无限责任（《个人独资企业法》第 31 条），甲为 S 企业的投资人，其应于 S 企业的财产不足以清偿该 200 万元债务时承担补充清偿责任。

该 200 万元债务成立时，丁为此提供保证担保，由于为约定保证方式，其应与主债务人 S 企业（或甲）共同承担连带保证责任（《担保法》第 19 条）。

戊虽以轿车为债权人丙设立质押，以担保丙的债权实现，但由于丙让戊取回轿车，丙的质权因丧失占有而消灭，故戊对该笔借款无须承担清偿责任（《最高人民法院关于适用〈中华人民共和国担保法〉若干问题的解释》第 87 条规定，出质人代质权人占有质物的，质押合同不生效；质权人将质物返还于出质人后，以其质权对抗第三人的，人民法院不予支持）。

> **难点解析**：依照原《物权法》或《民法典》的"区分原则"的规定精神，戊作为担保人，与债权人丙缔结了有效的质押合同，由于质权并未有效设立，戊不承担就轿车变价并将变价款优先清偿债务的责任，但仍应该在轿车价值范围内向丙承担相应的代为清偿责任。

3. 甲、庚的房屋买卖合同是否有效？庚是否已取得房屋所有权？为什么？

答案：合同有效，庚知情并不影响合同效力。庚已取得所有权，甲系有权处分，庚因登记取得所有权。

难度：中

考点：区分原则；不动产所有权变动要件

命题和解题思路：本题间接考查了区分原则和善意取得制度。重点是追问：买受人取得房屋所有权的根据是什么？是通过有权处分而取得还是通过善意取得制度而取得？命题人将善意取得制度作为干扰点使用，对善意取得的前提条件（无权处分）进行考查。解答本题的关键在于准确地判断出甲系有权处分。

答案解析：

关于甲与庚的买卖合同效力问题：由于区分原则的确认，债权合同的效力不受处分权欠缺的影响，仅需通过合同行为的效力评价机制来检讨。本案中，对甲与庚的买卖合同，不存在任何合同法或民法总则中瑕疵情形，是有效合同。

关于庚是否能够取得房屋所有权，取决于是否满足不动产物权变动要件：处分权、有效合同、变更登记三要件；如果欠缺处分权，取决于是否符合"善意取得"六要件。甲与庚签订房屋买卖合同时，甲仍为房屋所有权人，故甲在与庚签订合同时为有权处分，此时，庚是否知道甲、乙之间的买卖合同并不影响甲、庚之间的买卖合同的效力。此题比较简单，考生只要不被题干中涉及的众多当事人之间的一系列法律关系所迷惑，紧扣"甲系有权处分"这一点，就能准确地做出回答。

4. 谁有权收取 M 房屋 2 个月的租金？为什么？

答案：甲有权收取。甲为有权占有，租赁合同有效，甲可收取房屋法定孳息。

难度：中

考点：孳息的收取与孳息所有权归属；不当得利

命题和解题思路：既然 M 房屋的所有权属于庚，甲未经庚同意将 M 房屋出租给知情人辛，属于擅自出租他人之物。命题人的考查意图在于擅自出租他人之物者是否有权收取租金，并通过"无权处分"制度和孳息归属制度对考生进行干扰。解题时首先要弄清楚本题追问的是"收取权"而非"所有权归属"，然后再搜寻"孳息收取权"的相关法律依据或理论依据。方可对症下药，正确作答。

答案解析：

甲虽然擅自出租庚的房屋，且承租人辛知情，但甲辛的租赁合同不因此存在效力瑕疵，为有效合同。依照租赁合同的内容，出租人有权受领租金。而且，《物权法》第 116 条第 2 款也规定，对于法定孳息，当事人有约定的，按照约定取得。甲与辛在租赁合同中显然约定了租金归出租人甲取得。故出租人甲有权收取合同约定的 2 个月租金。

难点解析：但需注意：①甲擅自出租他人之物，并非合法用益物权人，且租金属于法定孳息，因此甲的收取权依据不应是《物权法》第116条的规定："天然孳息，由所有权人取得；既有所有权人又有用益物权人的，由用益物权人取得。"同时，由于甲不是所有权人，甲与辛的合同也不是买卖合同，故也不应该依据《合同法》第163条规定"标的物在交付之前产生的孳息，归出卖人所有，交付之后产生的孳息，归买受人所有"来解释甲拥有收取权的原因（官方解析依据《合同法》第163条的买卖合同标的物孳息规定和《物权法》第116条孳息的取得规定来解释，显然在围绕"所有权归属"做文章，有失偏颇！须知，买卖合同与租赁合同存在实质区别）。②甲虽然有权取得租金，但因擅自出租，对房屋所有者庚而言，成立不当得利。

5. 谁应承担M房屋火灾损失？为什么？

答案：应由甲承担。根据《合同法》第142条的规定，除非当事人另有约定，标的物风险自交付时起转移。

难度：中

考点：买卖合同的风险分担中的"交付主义"

命题和解题思路：命题人的考查意图明确，就是买卖合同标的物的风险负担规则。解题时围绕所有权的移转与标的物毁损灭失的风险承担之间的关系，正确理解和应用"交付主义"，即可正确作答。

答案解析：

《合同法》第142条规定："标的物毁损、灭失的风险，在标的物交付之前由出卖人承担，交付之后由买受人承担，但法律另有规定或者当事人另有约定的除外。"根据题干中给出的信息，甲虽然将房屋出卖给庚，且已经办理了房屋所有权的变更登记，因而该房屋的所有权人变更为庚，但是，买卖合同的风险分担规则以交付为要件，所以该房屋灭失的风险应当由甲承担。

需注意的是：假如房屋仍在租赁期间内，甲未从承租人辛处收回房屋，而出现了意外毁损风险，仍然由甲承担，而不应该由承租人辛承担，因为租赁合同并不适用"交付主义"，而是"所有权主义"。

难点解析：买卖合同的风险分担规则比较复杂，但以"交付主义"为原则，辅之"过错主义"，可以体系把握整套规则。**特别注意：只有买卖合同或类似标的物有偿转让合同中才适用这一套规则。**

适用原则	原则含义	具体适用
交付主义	标的物毁损、灭失的风险，在标的物交付之前由出卖人承担，交付之后由买受人承担	货交第一承运人：风险由买受人承担
		在指定地点货交第一承运人：风险由买受人承担
		出卖人依法提存：风险由债权人承担
		在途货物买卖：风险自合同成立时起由买受人承担
		不动产买卖：虽办理过户登记但未交付，出卖人承担
		所有权保留买卖：因交付由买受人承担
		试用买卖：买受人认可或视为认可前，出卖人承担
过错主义	风险发生前，因交付过错而未完成交付，过错方承担风险	买受人导致迟延交付：买受人自违反约定之日起承担风险
		买受人迟延收取：买受人自违反约定之日起承担风险
		买受人合理拒绝受领：买受人依法拒绝接受标的物或者解除合同的，风险由出卖人承担

6. 谁有权享有 M 房屋火灾损失的保险金请求权？为什么？

答案：庚享有请求权。根据《保险法》第 49 条第 1 款的规定，保险标的转让的，保险标的的受让人承继被保险人的权利和义务。

难度：难

考点：财产保险的保险利益的附随性

命题和解题思路：

保险合同是投保人与保险人约定保险权利义务关系的协议。保险合同是一种特殊合同类型，涉及投保人、保险人、被保险人、受益人等复杂法律关系主体，兼具私法与公法属性，由特别法加以调整。命题人在本题中试图考查考生对法律部门的交叉知识、基本理论与特殊规则的融合掌握能力，具有一定跨度和难度。不过，考生只要初步掌握《保险法》中有关保险合同的规则，尤其是保险利益的附随性规则的理解，不难正确作答。

答案解析：

依据《保险法》第 10 条规定，财产保险是以财产及其有关利益为保险标的的保险。被保险人是指其财产或者人身受保险合同保障，享有保险金请求权的人。投保人可以为被保险人。被保险人在保险事故发生时，对保险标的应当具有保险利益。

财产保险的保险利益与保险标的具有附随性，即保险标的的转移，基于保险标的的权利义务也随之转移（《保险法》第49条：保险标的转让的，保险标的的受让人承继被保险人的权利和义务），而且只有具有保险利益的被保险人才能向保险人主张保险金赔偿（《保险法》第48条）。

本案中，甲卖房前与某保险公司订立了保险合同（甲为被保险人），但随后甲将M房屋转让给庚，并办理了变更登记，完成了保险合同中保险标的的所有权转让，庚依法取得了房屋火灾保险合同中被保险人地位，对保险标的（M房屋）具有保险利益，依法在火灾事故发生时，享有相关保险金的请求权，有权向某保险公司主张5万元的保险金，而甲因丧失被保险人地位而不享有该项请求权。

需注意的是：M房屋的抵押权人虽依法享有保险标的物价值的代位求偿权，但依据债的相对性，只能针对抵押人主张，而不能依据保险合同向保险人主张。当然，即使乙对M房屋享有担保利益，但由于抵押权未经登记，不能主张抵押权，也不能享有房屋火灾保险金的代位权。

2016 年

一、试题（本题22分）

案情：

自然人甲与乙订立借款合同，其中约定甲将自己的一辆汽车作为担保物让与给乙。借款合同订立后，甲向乙交付了汽车并办理了车辆的登记过户手续。乙向甲提供了约定的50万元借款。

一个月后，乙与丙公司签订买卖合同，将该汽车卖给对前述事实不知情的丙公司并实际交付给了丙公司，但未办理登记过户手续，丙公司仅支付了一半购车款。某天，丙公司将该汽车停放在停车场时，该车被丁盗走。丁很快就将汽车出租给不知该车来历的自然人戊，戊在使用过程中因汽车故障送到己公司修理。己公司以戊上次来修另一辆汽车时未付修理费为由扣留该汽车。汽车扣留期间，己公司的修理人员庚偷开上路，违章驾驶撞伤行人辛，辛为此花去医药费2000元。现丙公司不能清偿到期债务，法院已受理其破产申请。

问题：

1. 甲与乙关于将汽车让与给债权人乙作为债务履行担保的约定效力如何？为什么？乙对汽车享有什么权利？

2. 甲主张乙将汽车出卖给丙公司的合同无效,该主张是否成立?为什么?

3. 丙公司请求乙将汽车登记在自己名下是否具有法律依据?为什么?

4. 丁与戊的租赁合同是否有效?为什么?丁获得的租金属于什么性质?

5. 己公司是否有权扣留汽车并享有留置权?为什么?

6. 如不考虑交强险责任,辛的2000元损失有权向谁请求损害赔偿?为什么?

7. 丙公司与乙之间的财产诉讼管辖应如何确定?法院受理丙公司破产申请后,乙能否就其债权对丙公司另行起诉并按照民事诉讼程序申请执行?

二、答案精讲

1. 甲与乙关于将汽车让与给债权人乙作为债务履行担保的约定效力如何?为什么?乙对汽车享有什么权利?

答案:(1)有效。因为我国《物权法》虽然没有规定这种让与担保方式,但并无禁止性规定。通过合同约定,再转移所有权的方式达到担保目的,是不违反法律的,也符合合同自由、鼓励交易的立法目的。

(2)答案一:乙享有的不是所有权,而是以所有权人的名义享有担保权。

答案二:由于办理了过户登记手续,乙享有所有权。

难度:难

考点:让与担保

命题和解题思路:合同效力与物权变动的相互交织是命题人进行民法案例分析题设计的常规套路。本次命题还尝试将理论中的争议观点(即物权法定原则的缓解)在考试中予以推行,而且将相关程序法问题(即诉讼管辖)引入实体法中考查。这对考生解题构成极大挑战!

在第一问中,命题人以交易习惯中存在的一种非典型担保形式为切入点,考查对物权法基本原则的理解和运用,同时间接地考查物权变动的区分原则。由于没有直接的法条依据,解题时需要通过法理类推分析得出结论,有一定的难度。本题的设计提示考生应该对民法相关领域的重要理论争议有所了解,对主流观点有所把握。

答案解析:

(1)我国《物权法》第5条规定了"物权法定原则",即物权的种类和内容由法律规定,当事人不能自由创设。而物权法只规定了抵押、质押和留置三种担保物权;合同法间接规定了"保留所有权"的担保机制(《合同法》第134条)。而本题甲、乙通过约定,旨在创设一种"动产让与担保物权"。依照《物权法》第15条的"区分原则",当事人设定物权的合同行为与物权变动分别按照不同的效力评判机制:合同成立即生效;未办理物权登记(或交付)的,不影响合同效力。甲与乙之间成立让与担保物权的约定，虽不符合"物权法定"原则，但该基本原则并不属于禁止性的强制规定，该约定并不因此而无效；该约定也不存在其他影响其效力的情形。因此，甲与乙关于将汽车让与给债权人乙作为债务履行担保的约定有效。

（2）动产所有权的让与担保，在物权法上的效力存在两种主流观点：一是严格遵循"物权法定原则"，当事人不能自行创设现有立法尚未认可的任何类型的物权，从而否认相应物权的设立；二是缓解"物权法定原则"的强制性，扩大物权法领域意思自治的空间，在不违反强制性规定和公共利益前提下，允许当事人创设社会经济生活中已经存在的新型物权种类。据此，本题中乙针对该汽车享有的权利，可以进行两种不同认定：其一，依据《物权法》第 23 条和第 24 条的规定，有关机动车的物权设立或转让，自交付时发生物权效力；未经登记的物权，不得对抗善意第三人。甲已向乙交付汽车并办理车辆的登记过户手续，故可以认定乙对汽车享有所有权。其二，依据"法无明文禁止即允许"原理，尊重当事人的真实意愿。甲、乙本意就是要在该汽车上设立以担保债权实现为目的的担保物权。据此，乙对汽车享有的不是所有权，而是让与担保物权。

2. 甲主张乙将汽车出卖给丙公司的合同无效，该主张是否成立？为什么？

答案：不能成立。

答案一：乙对汽车享有所有权，其有权处分该汽车。没有导致合同无效的其他因素。

答案二：虽然乙将汽车出卖给丙公司的行为属于无权处分，对甲也是违约行为，但无权处分不影响合同效力，法律并不要求出卖人在订立买卖合同时对标的物享有所有权或者处分权。

难度：易

考点：无权处分合同的效力

命题和解题思路：无权处分是否会导致相关合同的效力瑕疵，这已经通过立法和司法解释确立了明确的答案，理论中也将无权处分的买卖合同的效力规则扩展到其他处分合同（如抵押合同）。此次命题人仍将这一曾经的热点问题设问，基本上属于给考生的送分"大礼"。而且就原因解释而言，考生只要掌握物权法的"区分原则"和一般合同的无效事由，这样的"为什么"怎么解释都不会错。解题时如果领会了"行为人不管有没有处分权，都不会影响合同的有效性"，就会高效作答。

答案解析：

本题重点考查无权处分与合同效力的关系。乙将汽车出卖给丙公司，不论乙是否对汽车享有所有权，原则上均不影响乙与丙之买卖合同的效力。若按照前述第一种答案，乙对汽车享有所有权，则系有权处分，本题不存在其他导致合同无效的事由，故而合同有效。若认为乙只是享有汽车的担保物权，无权擅自处分担保标的物，则乙属于无权处分，而根据《最高人民法院关于审理买卖合同纠纷案件适用法律问题的解释》第3条第1款规定，当事人一方以出卖人在缔约时对标的物没有所有权或者处分权为由主张合同无效的，人民法院不予支持。故而，即便乙属于无权处分，也不影响乙、丙合同的效力。据此，原汽车所有人甲主张乙、丙的买卖合同无效，不能成立。

3. 丙公司请求乙将汽车登记在自己名下是否具有法律依据？为什么？

答案：有法律依据。因根据《物权法》的规定，汽车属于特殊动产，交付即转移所有权，不登记不具有对抗第三人的效力。本案中因为汽车已经交付，丙公司已取得汽车所有权。

难度：易

考点：特殊动产的物权登记

命题和解题思路：命题人试图通过追问物权登记请求权的基础来考查特殊动产的登记效力问题，也可能是考查动产善意取得问题，但这种提问方式并不能有效地达到其考查目的，本题存在考查目的不明确的瑕疵。当事人请求义务人（非登记机关）将一项财产登记在自己名下，其根据有多种，或基于合同约定，请求相对人履行合同义务，办理或协助办理汽车过户登记；或基于物权效力，主张对物权的权利宣示。解题时从两个方面分析，都应该算正确。实际上，本题有价值的考查点应该是：丙能否取得对该汽车的所有权？若丙取得所有权，能否对抗甲的物权主张？

答案解析：

乙与丙签订汽车买卖合同，乙依约将汽车实际交付给了丙，但未办理登记过户手续；丙公司仅支付了一半购车款，丙对甲将汽车作为担保物不知情。根据《物权法》第23条的规定，动产物权的设立和转让，自交付时发生效力。本题中，丙基于有效的买卖合同和交付，从乙处继受取得汽车所有权；或基于善意取得制度从无权处分人乙处取得汽车的所有权（《物权法》第106条）。作为所有权人，丙可以请求乙办理汽车的过户登记。

需注意：根据《物权法》第24条规定，汽车物权的设立与转让未经登记，不得对抗善意第三人。本题中甲将汽车作为担保物交付给乙，并没有让渡所有权的意思。乙擅自将该汽车转让给丙时甲对此并不知情。故即使丙取得汽车所有权，由于尚未办理登记手续，不能对抗善意第三人甲的物权主张。

4. 丁与戊的租赁合同是否有效？为什么？丁获得的租金属于什么性质？

答案：有效，因为尽管丁不享有所有权或处分权，但是并不影响租赁合同效力。其所得的租金属于不当得利。

难度：易

考点：合同效力、不当得利

命题和解题思路：本题命题人对债权合同的效力问题进行重复考查。类似问题基本可以通过物权法"区分原则"和合同法的合同效力规范得以解答。本题另一考点<u>关于租金属性的考查也会产生歧义答案</u>，因为租金的法律属性既可以从孳息角度回答，也可以从获利合法性角度回答。所以，该题解答较为容易。

答案解析：

丁盗走丙的汽车，转而出租给不知情的戊，并取得租金。丁将他人财产擅自出租给不知情的戊，租赁合同不存在恶意串通情形或双方虚伪情形，也不存在其他法定无效情形，故为有效合同。又根据《民法通则》第92条规定，丁出租他人财产所获得的租金（属于法定孳息），欠缺法律上的合法根据，对于原物所有权人丙而言属于不当得利，应予以返还。

5. 己公司是否有权扣留汽车并享有留置权？为什么？

答案：己公司无权扣留汽车并享有留置权。《物权法》第231条规定，债权人留置的动产与债权应该属于同一法律关系。而在本案中，债权与汽车无牵连关系。

难度：中

考点：留置权

命题和解题思路：命题人将民事留置权的适用条件进行考查，目的明确，较为浅显。解题关键在于区分民事留置权与商事留置权的适用条件。

答案解析：

根据《物权法》第230条规定，债务人不履行到期债务，债权人可以留置已经合法占有的债务人的动产，并有权就该动产优先受偿。同法第231条又规定，债权人留置的动产，应当与债权属于同一法律关系，但企业之间留置的除外。本题中，己公司以自然人戊上次来修另一辆汽车时未付修理费为由扣留该汽车，不符合"同一法律关系"条件，而且本案并不涉及企业之间留置，故而，己公司无权扣押该汽车并行使留置权。

6. 如不考虑交强险责任，辛的2000元损失有权向谁请求损害赔偿？为什么？

答案：辛有权向戊、己公司、庚请求赔偿，因为戊系承租人，系汽车的使用权人；庚是己公司的雇员，庚的行为属于职务行为，己应当承担雇用人（或雇主）责任；庚系肇事人（或者答直接侵权行为人）。

难度：中

考点：机动车交通事故责任；替代责任

命题和解题思路：命题人以机动车交通事故责任为切入点，综合考查了多种特殊侵权责任形态。从理论考查而言，本题测试考生对请求权基础的分析把握能力，具备一定难度。解题时重点把握替代责任的几种特殊情形。

答案解析：

根据《侵权责任法》第49条的规定，因租赁、借用机动车发生交通事故后属于该机动车一方责任的，由保险公司在机动车强制保险责任限额范围内予以赔偿。不足部分，由机动车使用人承担赔偿责任；机动车所有人对损害的发生有过错的，承担相应的赔偿责任。又根据《最高人民法院关于审理人身损害赔偿案件适用法律若干问题的解释》第8条的规定，法人或者其他组织的工作人员，在执行职务中致人损害的，由该法人或者其他组织承担民事责任。本题中，戊是汽车的承租使用人；庚是执行己公司工作任务的雇员，己应当承担雇用人（或雇主）责任；庚系肇事人（或者直接侵权行为人），故而，辛有权向戊、己公司、庚请求赔偿。

7. 丙公司与乙之间的财产诉讼管辖应如何确定？法院受理丙公司破产申请后，乙能否就其债权对丙公司另行起诉并按照民事诉讼程序申请执行？

答案：丙公司与乙之间的财产诉讼应该由破产案件受理的人民法院管辖。法院受理丙公司破产申请后，乙应当申报债权，如果对于债权有争议，可以向受理破产申请的人民法院提起诉讼，但不能按照民事诉讼程序申请执行。

难度：难

考点：涉及破产的诉讼纠纷管辖和申请执行

命题和解题思路：本题命题人直接考查破产诉讼纠纷的管辖制度，偏重程序法问题，综合性过于宽泛，对考生答题制造较大困难。解题时如能熟知《企业破产法》相关法条，也能正确作答。

答案解析：

根据《企业破产法》第21条规定，人民法院受理破产申请后，有关债务人的民事诉讼，只能向受理破产申请的人民法院提起。本题题干交代"现丙公司不能清偿到期债务，法院已受理其破产申请"，因此丙公司与乙之间的财产诉讼管辖，应该由破产案件受理的人民法院管辖。又根据《企业破产法》第19条规定，人民法院受理破产申请后，有关债务人财产的保全措施应当解除，执行程序应当中止。故而，法院受理丙公司破产申请后，乙应当在人民法院确定的债权申报期限内向管理人申报债权，如果对于债权有争议，可以向受理破产申请的人民法院提起诉讼。在法院受理破产申请后，破产程序应优先于普通民事诉讼、执行程序，因此有关债务人的保全措施应当解除，执行程序应当中止，所以乙不能按照民事诉讼程序申请执行。

2015 年

一、试题（本题 21 分）

案情：

甲欲出卖自家的房屋，但其房屋现已出租给张某，租赁期还剩余 1 年。甲将此事告知张某，张某明确表示，以目前的房价自己无力购买。

甲的同事乙听说后，提出购买。甲表示愿意但需再考虑细节。乙担心甲将房屋卖与他人，提出草签书面合同，保证甲将房屋卖与自己，甲同意。甲、乙一起到房屋登记机关验证房屋确实登记在甲的名下，且所有权人一栏中只有甲的名字，双方草签了房屋预购合同。

扫一扫　看微课视频

后双方签订正式房屋买卖合同约定：乙在合同签订后的 5 日内将购房款的三分之二通过银行转账给甲，但甲须提供保证人和他人房屋作为担保；双方还应就房屋买卖合同到登记机关办理预告登记。

甲找到丙作为保证人，并用丁的房屋抵押。丁与乙签订了抵押合同并办理了抵押登记，但并没有约定担保范围。甲、乙双方办理了房屋买卖合同预告登记，但甲忘记告诉乙房屋出租情况。

此外，甲的房屋实际上为夫妻共同财产，甲自信妻子李某不会反对其将旧房出卖换大房，事先未将出卖房屋的事情告诉李某。李某知道后表示不同意。但甲还是瞒着李某与乙办理了房屋所有权转移登记。

2 年后，甲与李某离婚，李某认为当年甲擅自处分夫妻共有房屋造成了自己的损失，要求赔偿。甲抗辩说，赔偿请求权已过诉讼时效。

问题：

1. 在本案中，如甲不履行房屋预购合同，乙能否请求法院强制其履行？为什么？

2. 甲未告知乙有租赁的事实，应对乙承担什么责任？

3. 如甲不按合同交付房屋并转移房屋所有权，预告登记将对乙产生何种保护效果？

4. 如甲在预告登记后又与第三人签订房屋买卖合同，该合同是否有效？为什么？

5. 如甲不履行合同义务，在担保权的实现上乙可以行使什么样的权利？担保权实现后，甲、丙、丁的关系如何？

6. 甲擅自处分共有财产，其妻李某能否主张买卖合同无效？是否可以主张房屋过户登记为无效或者撤销登记？为什么？

7. 甲对其妻李某的请求所提出的时效抗辩是否成立？为什么？

二、答案精讲

1. 在本案中，如甲不履行房屋预购合同，乙能否请求法院强制其履行？为什么？

答案： 不能。理由是预约虽是合同，其目的在于订立主合同。按照最高人民法院买卖合同纠纷案件适用法律问题的司法解释，当事人签订认购书、备忘录等预约合同，约定将来订立买卖合同，一方不履行的，对方可请求其承担预约合同违约责任或者要求解除预约合同并主张损害赔偿。但是，法院不能强制当事人签订正式合同。乙可以按照《合同法》第113条请求赔偿，也可以根据第94条请求解除合同并请求赔偿。

难度： 难

考点： 预约合同的强制履行

命题和解题思路： 本题命题人通过追问预约合同的强制性问题，实则是考查违约责任承担方式中"实际履行"的限制规则。由于没有直接的法条依据，本题需要通过法理类推分析得出结论，有一定的难度。

答案解析：

预约合同是指约定将来签订一定合同的合同。本题中甲、乙草签的房屋预购合同即属于房屋买卖预约合同。《最高人民法院关于审理买卖合同纠纷案件适用法律问题的解释》第2条规定，一方不履行预约合同约定的订立合同的义务，对方可请求其承担预约合同违约责任或者要求解除预约合同并主张损害赔偿，但并没有明确排除"实际履行"违约责任承担方式。这要结合《合同法》第110条规定"当事人不能要求对方实际履行法律上不能履行或不适于强制履行的非金钱债务"来分析。订立本约属于行为债务，具有法律上的不可强制性，构成实际履行的法律不能，故乙不能请求法院强制甲履行订约义务。乙可以按照《合同法》第113条请求赔偿，也可以根据第94条请求解除合同并请求赔偿。

2. 甲未告知乙有租赁的事实，应对乙承担什么责任？

答案： 甲应对乙承担违约责任。甲应说明买卖标的物上有负担的事实而未说明，违反了法律规定的义务，在合同有效的情况下，应该纳入违约责任中。

难度： 中

考点： 买卖合同的瑕疵担保义务、违约责任

命题和解题思路：本题的主要意图在于考查民事责任的性质与分类，命题人将缔约过失责任与合同履行责任进行比较考查，具有一定的迷惑性。解题时若能识别这一意图并掌握二者的区别，也能正确作答。注意本题只需回答责任类型，无须表述理由，难度降低许多，但仍然要弄清判断的理由。

答案解析：

《合同法》第150条、第151条规定，出卖人就交付的标的物，负有保证第三人不得向买受人主张任何权利的义务，除非买受人事先对该权利负担知情。甲在订立正式房屋买卖合同之时因过失忘了告知买受人乙该房屋尚在租赁期间、存在第三人租赁权负担的事实，构成标的物的权利瑕疵。该瑕疵在买卖合同成立之时就存在，而且给付时未消除。需注意的是，合同诚信原则产生的附随义务伴随着合同缔结、合同履行，以及履行后的效力维持等各个环节。本案中告知义务不是合同履行的从给付义务，而是合同的附随义务，但也不属于先合同的附随义务（甲对房屋出租的隐瞒一直持续到合同履行之时），在合同有效的情况下，应该纳入违约责任中，而不是《合同法》第42条规定的缔约过失责任。标的物存在权利瑕疵时，买受人乙可请求出卖人甲除去权利负担，并可请求甲承担瑕疵履行的违约赔偿责任。

3. 如甲不按合同交付房屋并转移房屋所有权，预告登记将对乙产生何种保护效果？

答案：按照我国《物权法》第21条的规定，预告登记后，甲再处分房屋的，不产生物权效力。即乙对房屋的交付请求权具有物权性优先权，可以对抗所有的未登记的购买人。

难度：中

考点：预告登记的效力

命题和解题思路：不动产转让合同的预告登记是介于债法与物权法之间的一个制度，它赋予一个合同债权一定的物权对抗效力。命题人借此考查了考生的综合分析能力。

答案解析：

《物权法》第20条规定，不动产买受人签订不动产买卖合同后，为保障将来实现物权，可以向登记机构申请预告登记。预告登记后3个月内，未经买受人同意，出卖人处分该不动产的，不发生物权效力。据此规定，预告登记的效力在于限制不动产权利人对标的物的再次处分。乙进行预告登记后，甲虽仍为房屋所有权人，但他想"一房二买"再次转让该房屋给第三人时，第三人无法通过办理变更登记取得房屋所有权。这样，乙基于其先前与甲的买卖合同的债权能有效得以实现，达到保障自己未来物权的取得。这也是债权"物权化"一种体现，乙通过合同预登记，对房屋的其他买受人可进行物权性抗辩，阻却其取得物权，从而保障自己物权的实现。预告登记的保护效力在登记之日起三个月后失效。

4. 如甲在预告登记后又与第三人签订房屋买卖合同，该合同是否有效？为什么？

答案：预告登记后，甲与第三人签订的房屋买卖合同有效，只是不发生物权变动的效力，如果甲不履行，将对第三人承担违约责任。

难度：易

考点：物权变动的区分原则

命题和解题思路：命题人通过预告登记制度考查了物权变动的区分原则，考查角度新颖，有一定的迷惑性。考生对合同的有效性容易判断，但对其背后的法理基础却不太容易把握。但只要是捕捉到了该题的命题意图，原因分析也会秒"get"！

答案解析：

《物权法》第15条规定，当事人之间订立有关设立、变更、转让和消灭不动产物权的合同，除法律另有规定或者合同另有约定外，自合同成立时生效；未办理物权登记的，不影响合同效力。办理房屋买卖预告登记后，甲仍为房屋所有权人，再次向第三人出卖房屋仍属有权处分，其与第三人所订立的房屋买卖合同，也不存在其他的无效情形。虽然甲与乙的合同进行了预告登记，但根据《物权法》第20条规定，该预告登记只是阻却了第三人通过变更登记取得房屋所有权，而不能办理物权登记，不影响债权合同的效力，这就是"区分原则"的真正含义所在。据此，甲与第三人订立的房屋买卖合同有效。当甲不能履行房屋过户登记义务时，构成合同履行不能，其需对第三人承担违约责任。

5. 如甲不履行合同义务，在担保权的实现上乙可以行使什么样的权利？担保权实现后，甲、丙、丁的关系如何？

答案：如果甲不履行合同义务，乙可以选择向保证人丙主张保证责任或者向抵押人丁实现抵押权。无论丁还是丙履行担保责任后，都有权向甲追偿。或者丁、丙可向甲追偿，也可以要求对方（丁或者丙）承担一半的份额。

难度：难

考点：混合担保；追偿权

命题和解题思路：命题人旨在考查同一债权分别成立两个不同类型担保权时如何处理担保权实现的顺位和份额，以及相应的追偿问题。涉及混合担保、连带担保、追偿权的行使等多个制度，法律关系复杂，综合性较强，有一定难度。解题时抓住"混合担保"这个关键点，回忆相关法条规定，逐步分析解答。

答案解析：

本案中甲为了履行对乙的债务，先后找到丙和丁作为担保人，丙作为保证人和乙成立保证担保，乙对丁的房屋设立抵押担保，此为典型的"混合担保"，即第三人的物保与第三人的人保共同为一项债权"混合"担保。此种情形下，根据《物权法》第176条的规定，两个第三人共同担保一项债权的，如果事先没有约定各自担保的份额和顺位，则债权人可以就物的担保实现债权，也可以要求保证人承担保证责任，即两个担保人成立连带担保责任。据此，本案乙享有选择权，可以选择丁实现房屋抵押权或者选择丙承担保证责任。该条法律还规定，担保人承担担保责任后可以向债务人进行追偿。又根据《最高人民法院关于适用〈中华人民共和国担保法〉若干问题的解释》第38条规定，当事人对保证担保的范围或者物的担保的范围没有约定或者约定不明的，承担了担保责任的担保人，可以向债务人追偿，也可以要求其他担保人清偿其应当分担的份额。因此，在丙、丁二人承担完担保责任后，可向债务人甲追偿；若丙或丁不能从甲获得追偿，丙、丁可以<u>相互请求追偿</u>相应的份额。

6. 甲擅自处分共有财产，其妻李某能否主张买卖合同无效？是否可以主张房屋过户登记为无效或者撤销登记？为什么？

答案： ①不能主张无效。即使没有处分权，也不影响合同效力。②不可以主张房屋登记过户为无效或者撤销登记，对于善意的乙不得主张无效。

难度： 难

考点： 夫妻共有财产的处分；房产登记的撤销

命题和解题思路： 本题将夫妻身份关系中的财产行为效力进行考查，表面上是合同是否无效的简单判断，但既涉及财产法与身份法相关规则的适用区别问题，还涉及夫妻财产行为的内部效力与外部效力的区分问题，本来就很复杂，而且还存在许多学理争议，要将解答做得既合理又合法，并不容易。但本题设问的表述让考生很容易"讨巧"，因为关于合同是否无效在区分原则下很容易判断，而且是否可以主张撤销登记机关的行政行为似乎又不是一个纯粹的民法问题［此观点的法条依据是《最高人民法院关于适用〈中华人民共和国婚姻法〉若干问题的解释（三）》第1条］，一个民事主体一般不太可能去挑战一个登记行为的有效性，故从技术上就可以正确地回答前两问，至于原因分析也容易找到合理的说辞，这样本题命题人的考查目的就会落空。

答案解析：

（1）《婚姻法》第17条规定，夫或妻对夫妻共同所有的财产，有平等的处理权。该平等权意指因日常生活需要而处理夫妻共同财产的，<u>任何一方均有权决定</u>［《最高人民法院关于适用〈中华人民共和国婚姻法〉若干问题的解释（一）》第

17条]。甲与乙签订买卖合同出卖夫妻共有房屋时，是为了出卖旧房换大房，属于"日常生活需要"，甲单独决定卖房，是行使平等的"决定权"，不构成无权处分，该买卖合同不需要共有人妻子李某的追认，合同效力不受此影响（其实，即使构成无权处分，也不因此导致合同无效）。据此，李某不能仅凭此理由主张房屋买卖合同无效。

（2）合同签订后，李某知道了丈夫甲擅自卖房并表示不同意，但甲还是瞒着妻子与乙办理了房屋过户登记手续。对此"重要的家事处理决定"本应夫妻平等协商，取得一致意见。但《最高人民法院关于适用〈中华人民共和国婚姻法〉若干问题的解释（一）》第17条规定，买受人有理由相信其为夫妻双方共同意思表示的，另一方不得以不同意或不知道为由对抗善意第三人。受让人乙签合同前查验过登记簿（所有权人只有甲），办理过户登记手续时仍不知道该房屋为夫妻共有，按照前述司法解释的立法意旨，李某也不能以"不同意"为由，主张房屋过户登记为无效或者撤销登记，来对抗善意的买受人乙。需要指出的是，甲不构成无权处分，因此乙并不是根据《物权法》第106条关于善意取得制度的规定而取得房屋所有权的，而是通过正常的房屋买卖合同、办理过户登记而取得涉案房屋所有权。

7. 甲对其妻李某的请求所提出的时效抗辩是否成立？为什么？

答案：不成立。由于双方为夫妻共同财产制，夫妻关系存续是诉讼时效期间中止的法定事由。

难度：难

考点：离婚损害赔偿请求权的时效

命题和解题思路：在夫妻关系中考查诉讼时效制度，这是命题中一个新颖的考查角度。考生需掌握诉讼时效的客体（限制对象）、诉讼时效期间的起算点、时效期间的变化事由等基本规定，还要了解婚姻法等特别法对时效制度的特殊规定，方能准确作答。

答案解析：

甲与李某为夫妻，婚内甲擅自处分夫妻共有房屋侵害了李某的财产共有权，李某可以向甲主张财产损害赔偿。但由于夫妻特殊的身份关系，婚姻持续期间其财产利益具有法定的共同性，这种相互之间的财产性请求权不具有可诉性，通常只能在离婚时提起，且受到法律的严格限制[《最高人民法院关于适用〈中华人民共和国婚姻法〉若干问题的解释（一）》第29条]。本案中李某因丈夫擅自处分共有财产受到侵害的，在婚内只能向法院提起共同财产分割请求[《最高人民法院关于适用〈中华人民共和国婚姻法〉若干问题的解释（三）》第4条]，或者在离婚时请求多分得共有财产（《婚姻法》第47条）。如果离婚后才发现共有财产受到侵害的事实，也可以自发现之日起 2 年内请求通过再次分割共同财产而获得赔偿［《最高人民法院关于适用〈中华人民共和国婚姻法〉若干问题的解释（一）》第 31 条］。因此李某离婚时可以因甲擅自处分共有财产而提起财产损害赔偿请求的，具体而言可请求多分或全分共同财产。而且这一请求权的诉讼时效是从离婚时起算的。所以，无论是财产损害，还是人身损害（《婚姻法》第 46 条），原告的请求权诉讼时效期间在离婚时只是刚刚开始启动，被告不可以时效已过予以抗辩。

> **易混淆点解析**：一般情况下，李某的损害赔偿请求权所受到的时效限制，是在知道侵权事实之后的 2 年，且会因客观障碍在最后 6 个月内中止下来。但本案的特殊性在于离婚损害赔偿请求权是夫妻身份关系之中的请求权，应按照特别法规定和婚姻法伦理原则处理，不能按照一般时效规则处理。"婚姻关系存续"造成的"请求"障碍，也不属于时效中止的客观障碍。或者说，无论损害事实发生在婚姻关系持续期间的哪一个时间段，都不能成为时效中止的事由。从知道之日起，其时效期间始终处于"停止"状态，直到离婚时才"开启"。甲对其妻的时效抗辩不成立，其理由不应该从"时效中止"制度中寻找解释，而应该从"时效停止"角度理解。

> **特别注意**："时效中止"的使用条件是：原时效期间已经开始但尚未届满，而在运行的"最后 6 个月"发生了不可克服的权利行使客观障碍。

2014 年

一、试题（本题 22 分）

案情：

2 月 5 日，甲与乙订立一份房屋买卖合同，约定乙购买甲的房屋一套（以下称"01 号房"），价格 80 万元，并约定，合同签订后一周内乙先付 20 万元，交付房屋后付 30 万元，办理过户登记后付 30 万元。

扫一扫　看微课视频

2 月 8 日，丙得知甲欲将该房屋出卖，表示愿意购买。甲告其已与乙签订合同的事实，丙说愿出 90 万元。于是，甲与丙签订了房屋买卖合同，约定合同签订后 3 日内丙付清全部房款，同时办理过户登记。2 月 11 日，丙付清了全部房款，并办理了过户登记。

2 月 12 日，当乙支付第一笔房款时，甲说：房屋已卖掉，但同小区还有一套房屋（以下称"02 号房"），可作价 100 万元出卖。乙看后当即表示同意，但提出只能首付 20 万元，其余 80 万元向银行申请贷款。甲、乙在原合同文本上将房屋相关信息、价款和付款方式作了修改，其余条款未修改。

乙支付首付 20 万元后，恰逢国家出台房地产贷款调控政策，乙不再具备贷款资格。故乙表示仍然要买 01 号房，要求甲按原合同履行。甲表示 01 号房无法交付，并表示第二份合同已经生效，如乙不履行将要承担违约责任。乙认为甲违约在先。3 月中旬，乙诉请法院确认甲丙之间的房屋买卖合同无效，甲应履行 2 月 5 日双方签订的合同，交付 01 号房，并承担迟延交付的违约责任。甲则要求乙继续履行购买 02 号房的义务。

3 月 20 日，丙聘请不具备装修资质的 A 公司装修 01 号房。装修期间，A 公司装修工张某因操作失误将水管砸坏，漏水导致邻居丁的家具等物件损坏，损失约 5000 元。

5 月 20 日，丙花 3000 元从商场购买 B 公司生产的热水器，B 公司派员工李某上门安装。5 月 30 日，李某从 B 公司离职，但经常到 B 公司派驻丙所住小区的维修处门前承揽维修业务。7 月 24 日，丙因热水器故障到该维修处要求 B 公司维修，碰到李某。丙对李某说：热水器是你装的，出了问题你得去修。维修处负责人因人手不够，便对李某说：那你就去帮忙修一下吧。李某便随丙去维修。李某维修过程中操作失误致热水器毁损。

问题：

1. 01 号房屋的物权归属应当如何确定？为什么？

2. 甲、丙之间的房屋买卖合同效力如何？考察甲、丙之间合同效力时应当考虑本案中的哪些因素？

3. 2 月 12 日，甲、乙之间对原合同修改的行为的效力应当如何认定？为什么？

4. 乙的诉讼请求是否应当得到支持？为什么？

5. 针对甲要求乙履行购买 02 号房的义务，乙可主张什么权利？为什么？

6. 邻居丁所遭受的损失应当由谁赔偿？为什么？

7. 丙热水器的毁损，应由谁承担赔偿责任？为什么？

二、答案精讲

1. 01 号房屋的物权归属应当如何确定？为什么？

答案：01号房屋的物权应归属于丙。甲在向丙出售该房屋时依法享有所有权，不构成无权处分；而且甲、丙基于合法有效的买卖合同于2月11日办理了过户登记手续，即完成了不动产物权的公示行为，01号房屋所有权人甲变更为丙。

难度：易

考点：基于法律行为的不动产物权变动

命题和解题思路：本题命题人通过追问房屋的产权归属，其实是对不动产物权转让的三个要件的考查，即出让人对不动产享有处分权、转让合同有效及不动产过户登记完成。本题设置了丙知道甲与乙签订合同的事实，容易使得考查误认为丙为恶意第三人从而认定合同无效。只要仔细斟酌，便可正确作答。

答案解析：

《物权法》第9条规定："不动产物权的设立、变更、转让和消灭，经依法登记，发生效力；未经登记，不发生效力，但法律另有规定的除外。"甲、丙之间签订房屋买卖合同合法有效，甲作为所有权人具有完全的处分权，并办理了过户登记转移，条件全部满足，因此丙取得01号房屋所有权。

值得注意的是，丙虽然知情甲、乙之间的买卖合同，但丙的行为属于正常的交易行为，并不构成对第一买受人乙的恶意串通行为，不符合《合同法》第52条规定的无效情形，故合同合法有效。

2. 甲、丙之间的房屋买卖合同效力如何？考察甲、丙之间合同效力时应当考虑本案中的哪些因素？

答案：甲、丙之间于2月8日形成的房屋买卖合同，该合同为有效合同。尽管甲已就该房与乙签订了合同，但甲、丙的行为不属于违背公序良俗的行为，也不违反法律、行政法规的强制性规定，不存在无效的因素。丙的行为仅为单纯的知情，甲、丙之间的合同不属于恶意串通行为，因其不以损害乙的权利为目的。

难度：中

考点：房屋买卖合同的效力判断

命题和解题思路：本题设计具有综合性、开放性、理论性。第一问不难回答。第二问围绕房屋买卖合同的效力影响因素，全面考查《民法总则》法律行为、合同行为、多重买卖、商品房买卖等相关知识点。当然解题时要结合本案情节来考量合同效力因素。

答案解析：

《最高人民法院关于适用〈中华人民共和国合同法〉若干问题的解释（二）》第15条规定："出卖人就同一标的物订立多重买卖合同，合同均不具有《合同法》第五十二条规定的无效情形，买受人因不能按照合同约定取得标的物所有权，请求追究出卖人违约责任的，人民法院应予支持。"从正面视角，本案甲实施了"一房二卖"，甲、丙的合同行为中，当事人行为能力达标、意思表示真实，内容合法；从反面视角，其不具备《合同法》第52条所规定的无效情形。本题中丙虽然明知甲、乙就01号房的买卖在先订立，可能在一定程度上损害了原合同当事人甲的利益，但为了鼓励交易，我国司法实践并不认为该类合同构成恶意串通损害第三人利益的行为。另外，涉案房屋不属于"商品房"，不适用《最高人民法院关于审理商品房买卖合同纠纷案件适用法律若干问题的解释》第10条的适用条件。买受人乙不能主张甲、丙的房屋买卖合同无效。

3. 2月12日，甲、乙之间对原合同修改的行为的效力应当如何认定？为什么？

答案：

答案一：2月12日，甲、乙之间修改合同的行为，该行为有效，其性质属于双方变更合同。双方受变更后的合同约束。

答案二：该修改行为是一个独立的合同行为，双方就标的、价格等合同主要要素重新订立了房屋买卖合同。订立02号房屋买卖合同是对01号房买卖合同的补救措施，对原合同的内容和效力不存在影响。该新订合同是双方当事人真实意思的体现，不具备任何合同无效情形，属有效合同。

难度：中

考点：合同的变更（合同的订立）

命题和解题思路：针对本题，在解析之前，不妨让我们对命题人考查意图进行讨论。本小题并非继续考查合同的有效或无效问题，而是考查合同修改行为之性质及其法律后果，即该修改行为的性质到底是变更了原合同，抑或重新订立了另一合同？本书作者持后一观点。合同法强调当事人的意思自治，在不违背公序良俗的前提条件下，法律允许当事人变更合同或重新订立合同。由于甲、乙原合同的标的物已经转让给丙，且已完成过户登记，在此情形下，甲、乙协商变更原合同或者补充订立新合同是非常合乎常情的，只要不存在《合同法》所规定的合同无效之情形，甲、乙之间对原合同修改或重订当然是有效的。

答案解析：

（一）《合同法》第77条第1款规定："当事人协商一致，可以变更合同。"因此，甲、乙之间受变更后的合同约束。

（二）如果说仅仅是合同内容的变更，则意味着原合同被新合同替代，原合同不复存在；如果是对原合同不能履行的补救，而重新订立另外一个合同，那就涉及两个合同的效力和履行问题。这一解释符合命题人后面的问题设置意图。由于双方合同修改行为涉及标的物和价款两要素的根本变化（合同必要条款决定合同成立甚至合同的性质），毋宁说双方重新订立一个房屋买卖合同，即甲、乙之间先后订立了两份合同——01号房屋买卖合同和02号房物买卖合同。

02号房屋买卖合同的效力同样不存在任何瑕疵，为有效合同。

4. 乙的诉讼请求是否应当得到支持？为什么？

答案：乙与甲通过协商变更了合同，且甲、丙之间的合同有效且已经办理了物权变动的手续，故乙关于确认甲、丙之间合同无效、由甲交付01号房的请求不能得到支持。但是，乙可以请求甲承担违约责任，乙同意变更合同不等于放弃追索甲在01号房屋买卖合同项下的违约责任。

难度：难

考点：第三人对合同无效的主张；实际履行的限制；违约责任

命题和解题思路：本题考查"一房二卖"情形下合同无效的认定，以及合同实际履行请求与违约责任的并用问题。解题时需要先弄清乙的诉讼请求包括：①确认甲丙针对01号房的买卖合同无效；②请求甲履行修改之前的甲、乙之间01号房的买卖合同，交付房屋；③承担原合同的迟延交付的违约责任。其实②与③项请求均围绕着交付01号房买卖合同产生，具有逻辑关联，可以一并处理。厘清原告乙主张所依据的涉案合同，有助于清晰作答。

答案解析：

首先，乙作为第三人是否可以主张一个已然有效的合同无效呢？通过第2问的分析已知甲丙的合同为有效合同，如果仅以此为由认定①项请求不应该被支持，显然不符合命题人的意图（或者说命题人有重复考查之嫌）。第三人挑战一个有效房屋买卖合同的效力，可能性在于：第一，该第三人是该合同的特殊利害关系人（如被代理人、监护人或法定代理人），且为善意第三人；第二，该房屋为商品房，且需具备"出卖人与第三人恶意串通，另行订立商品房买卖合同并将房屋交付使用，导致买受人无法取得房屋"（《最高人民法院关于审理商品房买卖合同纠纷案件适用法律若干问题的解释》第10条）。本案中乙的请求均不符合这些特殊条件，其主张甲、丙合同无效不应支持。

其次，看后两项请求。从"一物二卖"角度而言，甲、乙双方于2月5日签订了01号房屋的买卖合同，因不存在无效情形而有效。双方后来签订02号房屋合同时，并未约定解除或终止双方01号房屋的买卖合同，该合同对双方仍有约束力。但是由于该合同的标的物01号房所有权已经依法转让给丙，因而成立履行不能，乙请求违约方甲继续履行01号房的交付义务，不能获得法院支持（《合同法》第110条）。另外，"迟延履行"的前提是"实际履行了，只是迟延地履行了"。既然甲可以摆脱继续履行义务（房屋交付义务），也逻辑地不存在交付迟延责任问题。故后两个请求也不能获得法院支持。但乙可请求甲承担原合同履行不能的违约责任（非迟延履行责任）。

5. 针对甲要求乙履行购买02号房的义务，乙可主张什么权利？为什么？

答案：乙可请求解除合同，甲应将收受的购房款本金及其利息返还给乙。因政策限购属于当事人无法预见的情形，且合同出现了履行不能的情形，乙有权解除合同，且无须承担责任。

难度：中

考点：情势变更；合同解除与违约责任

命题和解题思路：本题命题者设计"政策限购导致合同无法履行"的情节来考查情势变更原则的适用。关键是要与不可抗力区分开来，正确把握情势变更规则的适用条件。

答案解析：

本题中，甲、乙之间变更合同，成立以 02 号房为标的物的房屋买卖合同，因政策原因，造成合同无法履行。而限购限贷政策系当事人订立合同时无法预见的重大变化，且不属于不可抗力或商业风险之情形，继续履行显失公平，属于情势变更范围，所以乙有权解除合同或者变更合同。同时，若主张合同解除后，双方存在对待返还义务，故乙可请求甲返还已付购房款本金和利息（但不得主张因过错导致的损害赔偿）。

> **易混点解析**：所谓情势变更，是指合同有效成立后，因不可归责于双方当事人的原因发生情势变更，致合同之基础动摇或丧失，若继续维持合同则显失公平，故允许当事人变更合同内容或者解除合同。其与不可抗力的区分要点是：①不可抗力主要是自然灾害等原因导致，而情势变更虽不可归责于当事人，但也不是来自自然界的因素，主要是国家政策方面的原因。②不可抗力强调不能履行而合同目的不能实现；而情势变更则强调继续履行导致明显不公平。本案乙的付款义务并非不可履行，只是其他贷款成本过高，继续筹款明显不公平。

6. 邻居丁所遭受的损失应当由谁赔偿？为什么？

答案：应当由丙和 A 公司承担。张某是受雇人，其执行职务的行为，由 A 公司承担侵权赔偿责任。丙聘请没有装修资质的 A 公司进屋装修，具有过错，也应对丁的损失承担赔偿责任。

难度：中

考点：无意思联络的数人侵权、职务侵权

命题和解题思路：侵权责任承担的替代机制属于侵权责任法重要考点，本次命题人选择职务侵权进行考查。本题还巧妙考到"多因一果"的责任承担问题，增加了题目的难度。解题时，重点把握二人以上分别侵权造成同一损害后果的责任承担机制，即可正确作答。

答案解析：

根据《侵权责任法》第 34 条第 1 款规定，用人单位的工作人员因执行工作任务造成他人损害的，由用人单位承担侵权责任。张某因操作失误砸坏水管致丁的财

产受损，成立一般侵权责任，张某系 A 公司指派的装修工，属于因执行工作任务致害，应由 A 公司承担侵权赔偿责任；同时，丙聘请不具备装修资质的 A 公司进行专修，对丁的损害的发生具有一定的原因力，A 公司的侵权行为与丙的侵权行为结合一起共同造成丁的损害，二者应按照其原因力大小及过错程度承担按份责任。

7. 丙热水器的毁损，应由谁承担赔偿责任？为什么？

答案：B 公司承担。李某的维修行为，构成表见代理，其行为后果由 B 公司承担（合同上的赔偿责任）；或者李某虽然离职，但经维修处负责人指派，仍为执行工作任务，应由 B 公司承担（侵权责任）。

难度：中

考点：表见代理

命题和解题思路：本题考查表见代理的成立。表见代理是民法总论里的重要知识点。所谓表见代理，是指基于被代理人的过失或被代理人与无权代理人之间存在特殊关系，使相对人有理由相信无权代理人享有代理权而与之为民事法律行为，代理行为的后果由被代理人承担的一种特殊的无权代理。解答本题的关键在于，判断李某与 B 公司之间是否构成代理关系。考生需要根据题目材料里所给出的信息，准确地判断出李某具有代理维修处的权利外观。

答案解析：

李某从 B 公司离职，但经常到 B 公司派驻丙所在小区的维修处门前承揽维修业务，在丙向该维修处求助时，维修处负责人指派李某前往维修，李某具有代理维修处的权力外观，相对人善意无过失，故构成表见代理。产生有权代理的后果，即由被代理人 B 公司承担李某维修不慎造成的损害后果。

> **难点解析**：B 公司指派李某承担维修工作，李某的维修行为，究竟是辅助行为，还是表见代理、雇佣行为、职务行为？殊值讨论，因为其决定了责任承担主体和责任性质的不同。
>
> （1）"辅助"解析：李某为 B 公司的履行辅助人，根据合同相对性原理，B 承担履行瑕疵的合同责任。
>
> （2）"代理"解析：李某从 B 公司离职，但经常到 B 公司派驻丙所在小区的维修处门前承揽维修业务；之前由李某安装该热水器；在丙向该维修处求助时，维修处负责人当面指派李某前往维修，丙有理由相信李某仍为职务代理人，善意无过失。被代理人 B 承担李某侵权或违约的法律后果。
>
> （3）"雇佣"解析：李某受雇于 B 公司，职务侵权，B 承担雇主侵权责任。

2008 年

一、试题（本题 23 分）

案情：

A 房地产公司（以下简称"A 公司"）与 B 建筑公司（以下简称"B 公司"）达成一项协议，由 B 公司为 A 公司承建一栋商品房。合同约定，标的总额 6000 万元，8 个月交工，任何一方违约，按合同总标的额 20% 支付违约金。合同签订后，为筹集工程建设资金，A 公司用其建设用地使用权作抵押向甲银行贷款 3000 万元，乙公司为此笔贷款承担保证责任，但对保证方式未作约定。

B 公司未经 A 公司同意，将部分施工任务交给丙建筑公司施工，该公司由张、李、王三人合伙出资组成。施工中，工人刘某不慎掉落手中的砖头，将路过工地的行人陈某砸成重伤，花去医药费 5000 元。

A 公司在施工开始后即进行商品房预售。丁某购买了 1 号楼 101 号房屋，预交了 5 万元房款，约定该笔款项作为定金。但不久，A 公司又与汪某签订了一份合同，将上述房屋卖给了汪某，并在房屋竣工后将该房的产权证办理给了汪某。汪某不知该房已经卖给丁某的事实。

汪某入住后，全家人出现皮肤瘙痒、流泪、头晕目眩等不适。经检测，发现室内甲醛等化学指标严重超标。但购房合同中未对化学指标作明确约定。

因 A 公司不能偿还甲银行贷款，甲银行欲对 A 公司开发的商品房行使抵押权。

问题：

1. 若 B 公司延期交付工程半个月，A 公司以此提起仲裁，要求支付合同总标的额 20% 即 1200 万元违约金，你作为 B 公司的律师，拟提出何种请求以维护 B 公司的利益？依据是什么？

2. 对于陈某的损失，应由谁承担责任？如何承担责任？为什么？

3. 对于陈某的赔偿，应当适用何种归责原则？依据是什么？

4. 对于乙公司的保证责任，其性质应如何认定？理由是什么？

5. 若甲银行行使抵押权，其权利标的是什么？甲银行如何实现自己的抵押权？

6. 丁某在得知房屋卖给汪某后，向法院提起诉讼，要求 A 公司履行合同交付房屋，其主张应否得到支持？为什么？

7. 汪某现欲退还房屋，要回房款。你作为汪某的代理人，拟提出何种请求维护汪某的利益？依据是什么？

8. 如果A公司不能向B公司支付工程款，B公司可对A公司提出什么请求？

二、答案精讲

1. 若B公司延期交付工程半个月，A公司以此提起仲裁，要求支付合同总标的额20%即1200万元违约金，你作为B公司的律师，拟提出何种请求以维护B公司的利益？依据是什么？

答案：请求仲裁机构适当减少违约金。依据《合同法》规定，约定的违约金过分高于造成的损失的，当事人可以请求人民法院或者仲裁机构予以适当减少。

难度：易

考点：违约金酌减

命题和解题思路：有关违约金酌减的问题，《合同法》及《最高人民法院关于适用〈中华人民共和国合同法〉若干问题的解释（二）》早已有所规定，只要考生领会题干中"若B公司延期交付工程半个月，A公司要求支付合同总标的额20%即1200万元违约金"的目的意义，即可轻松作答。

答案解析：

A、B公司在合同中约定：标的总额6000万元，8个月交工，任何一方违约，按合同总标的额20%支付违约金。本题假设B公司延期交付工程半个月，因为迟延履行的期限并不长，B公司的违约行为给A公司造成的损失也不算太大，所以A公司要求B公司支付全部违约金1200万元，明显高于造成的损失。根据《合同法》第114条第2款后段的规定："约定的违约金过分高于造成的损失的，当事人可以请求人民法院或者仲裁机构予以适当减少"，所以B公司可以请求仲裁机构适当减少违约金。实务中，判断是否"过分"，一般依据实际损失与标的额的比例酌定，违约金高于实际损失的30%，可请求酌减；违约金低于实际损失额的70%，可请求适当增加或依实际损失处理。

2. 对于陈某的损失，应由谁承担责任？如何承担责任？为什么？

答案：应由丙建筑公司承担责任。陈某的损失系刘某造成，而刘某系丙公司的雇员，其在执行工作任务中非因故意或重大过失致人损害的，由雇主承担责任。最终由张、李、王三人承担连带责任，因为丙公司系由其三人出资的合伙企业。

难度：中

考点：雇主责任、合伙人责任

命题和解题思路：雇主责任属于侵权责任法上典型的替代责任，不过雇主责任与用人单位责任稍有不同，《最高人民法院关于审理人身损害赔偿案件适用法律若干问题的解释》对雇主责任的规定多了"雇员因故意或者重大过失致人损害的，（雇员）与雇主承担连带责任"的情形，这是本题的丢分点。合伙人对合伙企业债务承担连带责任，属于典型的送分点。

答案解析：

陈某是因为刘某施工时不慎掉落手中的砖头被砸伤的，该损失是否由刘某直接承担，取决于是否存在替代责任的情形。根据《最高人民法院关于审理人身损害赔偿案件适用法律若干问题的解释》第9条第1款前句的规定，"雇员在从事雇佣活动中致人损害的，雇主应当承担赔偿责任；雇员因故意或者重大过失致人损害的，应当与雇主承担连带赔偿责任"，因为刘某系丙公司的雇员，并且刘某系"不慎"砸伤陈某，不属于故意或重大过失致人损害的情形，应当由雇主丙公司承担责任。

在具体的责任承担上，因丙公司由张、李、王三人合伙出资，根据《合伙企业法》第2条第2款前句的规定，"普通合伙企业由普通合伙人组成，合伙人对合伙企业债务承担无限连带责任"，因此最终由张、李、王三人承担连带责任。其实，准确表述应该是先由丙公司承担，不足部分由张、李、王三人连带承担。其依据是《民法总则》第104条：非法人组织的财产不足以清偿债务的，其出资人或者设立人承担无限责任。

> **法律适用**：《侵权责任法》并未规定"雇用责任"，而是分别使用"用人单位责任"与"个人劳务责任"予以概括，改变了《最高人民法院关于审理人身损害赔偿案件适用法律若干问题的解释》雇主责任中雇员承担"重过失连带责任"的规定！《侵权责任法》是一般法但却是新法，应以新法为准。

3. 对于陈某的赔偿，应当适用何种归责原则？依据是什么？

答案：应当适用过错推定原则。因为侵权责任法规定建筑物、构筑物或者其他设施及其搁置物、悬挂物脱落、坠落造成他人损害，适用过错推定原则。

难度：易

考点：物件致害归责原则

命题和解题思路：本题只要熟练掌握物件致害归责原则的相关规定，即可轻松作答。

答案解析：

陈某系被工人掉落的砖头砸伤，属于物件致害的情形。根据《侵权责任法》

第 85 条前句之规定,"建筑物、构筑物或者其他设施及其搁置物、悬挂物发生脱落、坠落造成他人损害,所有人、管理人或者使用人不能证明自己没有过错的,应当承担侵权责任",对于陈某的赔偿,应当适用过错推定原则。

4. 对于乙公司的保证责任,其性质应如何认定?理由是什么?

答案:乙公司的保证责任性质上属于连带责任保证,因为担保法规定对保证责任性质约定不明的,保证人承担连带责任保证。

难度:易

考点:保证方式未约定或约定不明的推定

命题和解题思路:本题只要熟悉担保法对保证方式未约定或约定不明的推定,即可轻松作答,属于送分题。

答案解析:

乙公司为 A 公司向甲银行之贷款承担保证责任,但对保证方式未作约定,根据《担保法》第 19 条的规定,"当事人对保证方式没有约定或者约定不明确的,按照连带责任保证承担保证责任",因此乙公司应当承担连带责任保证。

> **易混点解析**:适用连带推定规则的前提是"没有约定或者约定不明确",尤其要认定"明确约定"的表述,《担保法》第 17 条规定,"债务人不能履行债务时,由保证人承担保证责任"属于明确约定了一般保证方式,即不属于"约定不明",不能推定为"连带保证"!

5. 若甲银行行使抵押权,其权利标的是什么?甲银行如何实现自己的抵押权?

答案:权利标的是建设用地使用权,不包括商品房。甲银行实现抵押权时,应当将商品房与建设用地使用权一并处分,但就商品房所得价款无权优先受偿。

难度:难

考点:建设用地使用权抵押的特别规定

命题和解题思路:由于房屋具有依附土地存在的特性,处理房地产关系时应遵循"地随房走"或"房随地走"原则。因此,若土地上已存在建筑物,一般来讲,在实现抵押权时应当将建筑物和建设用地使用权一并处分,才能实现建设用地使用权现实的使用价值和交换价值。因此,本题实现抵押权时,尽管新增的建筑物不属于抵押财产,仍可以将其与建设用地使用权一并处分。但处分后,由于新增的建筑物不属于抵押财产,处分新增建筑物所得的价款,抵押权人没有优先受偿的权利，只能作为普通债权人行使权利。

答案解析：

A公司以建设用地使用权作抵押向甲银行贷款3000万元，因为抵押当时土地上的商品房还未施工建设。根据《物权法》第200条的规定，"建设用地使用权抵押后，该土地上新增的建筑物不属于抵押财产。该建设用地使用权实现抵押权时，应当将该土地上新增的建筑物与建设用地使用权一并处分，但新增建筑物所得的价款，抵押权人无权优先受偿"，甲银行抵押权的权利标的是建设用地使用权，新增的商品房不属于抵押财产；甲银行实现抵押权时，应当将商品房与建设用地使用权一并处分，但就商品房所得价款无权优先受偿。

> **易混点解析：** "房地一体主义"意即实现抵押权时"一并处分"，应遵循"地随房走"或"房随地走"原则。根据《物权法》第182条的规定，"以建筑物抵押的，该建筑物占用范围内的建设用地使用权一并抵押。以建设用地使用权抵押的，该土地上的建筑物一并抵押。抵押人未依照前款规定一并抵押的，<u>未抵押的财产视为一并抵押</u>"。
>
> 但并不意味着房地一体，就必须"一并受偿"，要区分三种情形：
>
> （1）抵押权设立时，房地一体，若房地一起抵押则一并受偿；分别抵押则一并处理，但分别受偿。
>
> （2）抵押权设立时，有地无房，抵押权实现时有地有房，则一并处理，但不得对房屋价款受偿。
>
> （3）抵押权设立时，有地无房，但房屋约定为"浮动抵押"范围，则实现时一并处理，一并受偿。

6. 丁某在得知房屋卖给汪某后，向法院提起诉讼，要求A公司履行合同交付房屋，其主张应否得到支持？为什么？

答案： 不能得到支持。房屋买卖合同有效；且汪某已经取得商品房所有权，A公司构成履行不能。

难度： 中

考点： 履行不能

命题和解题思路： 履行合同义务的请求能否得到法院支持，取决于三个方面：①合同是否有效；②被请求人是否拥有法定抗辩事由；③实际履行是否可能。本题主要考查合同实际履行规则。考生需掌握实际履行或继续履行，作为一种合同救济机制，其实受到诸多限制，需要对合同法的相关履行制度全面把握。

答案解析：

A 公司在将商品房卖给丁某后又再次卖给汪某，并为汪某办理了产权登记，属于典型的一房二卖。因为汪某"不知该房已经卖给丁某的事实"，所以汪某并不构成"第三人恶意串通"，不符合《最高人民法院关于审理商品房买卖合同纠纷案件适用法律若干问题的解释》第 10 条规定的无效情形。汪某已经办理了房屋所有权转移登记，故汪某取得商品房所有权。所以丁某要求 A 公司履行合同交付房屋，A 公司构成履行不能，根据《合同法》第 109 条"法律上不能履行"的规定，丁某的主张不能得到支持。

需要说明的是，丁某可以依据《最高人民法院关于审理商品房买卖合同纠纷案件适用法律若干问题的解释》第 8 条规定，"无法取得房屋的买受人可以请求解除合同、返还已付购房款及利息、赔偿损失，并可以请求出卖人承担不超过已付购房款一倍的赔偿责任"，请求 A 公司承担其他违约责任。

7. 汪某现欲退还房屋，要回房款。你作为汪某的代理人，拟提出何种请求维护汪某的利益？依据是什么？

答案： 请求解除合同，退房，并要求返还已付房款和利息；另可主张人身损害赔偿。因为该房屋无法居住，无能实现合同目的，汪某享有法定解除权。合同解除后，依据对待返还义务，主张返还已付房款及利息；因房屋化学成分超标构成加害给付，万某可请求侵权赔偿责任（包括精神损害赔偿）。

难度： 中

考点： 法定解除权、解除的法律后果

命题和解题思路： 本题的关键在于判断汪某是否享有合同解除权，"购房合同中未对化学指标作明确约定"，由此推知双方未就化学指标约定合同解除权，因此应继而判断汪某是否享有法定解除权。

答案解析：

汪某入住后，全家人出现皮肤瘙痒、流泪、头晕目眩等不适，该房屋存在质量缺陷已经不适合居住，汪某购房目的无法实现。根据《合同法》第 94 条第（四）项规定，"当事人一方有其他违约行为致使不能实现合同目的"，当事人可以解除合同。根据《合同法》第 97 条规定"合同解除后，尚未履行的，终止履行；已经履行的，根据履行情况和合同性质，当事人可以要求恢复原状、采取其他补救措施，并有权要求赔偿损失"，所以汪某解除合同后，还能请求退房、退款和赔偿损失。

需要注意的是：本题中汪某已经依照有效合同获得了房屋所有权并入住使用，只是房屋存在质量瑕疵。虽然涉案房屋属于商品房，但并不符合《最高人民法院关于审理商品房买卖合同纠纷案件适用法律若干问题的解释》第 8 条、第 9

条所规定的"双倍房款返还"的惩罚性规则,所以代理人不能依法请求所付房款的双倍返还来最大限度维护汪某的利益。但可考虑人身损害中的精神损害赔偿,如果足够严重的话!

8. 如果 A 公司不能向 B 公司支付工程款,B 公司可对 A 公司提出什么请求?

答案: B 公司可对 A 公司主张违约责任,并可就建设工程款对建设工程主张优先权。

难度: 中

考点: 违约责任、建设工程款的优先受偿

命题和解题思路: A 公司不能向 B 公司支付工程款,属于违约行为,B 公司可以主张违约责任。此外,本题还涉及建设工程款的优先权问题。为保护承包人的利益,承包人还可请求拍卖或折价建设工程并得以优先受偿。此条救济路径是本题的失分点和难点所在。

答案解析:

A 存在违约行为,B 公司可以主张违约责任;此外根据《合同法》第 286 条后句的规定,"发包人逾期不支付的,除按照建设工程的性质不宜折价、拍卖的以外,承包人可以与发包人协议将该工程折价,也可以申请人民法院将该工程依法拍卖。建设工程的价款就该工程折价或者拍卖的价款优先受偿",本案中商品房不属于不宜折价、拍卖的建设工程,因此 B 公司可以请求法院将该工程拍卖或折价,并就相应价款优先受偿。

第四部分　命题人模拟金题

论述题

一、试题（本题为民法、民事诉讼法融合试题）

案情：

1996年，狄某与妻子孙某因房屋拆迁分得A房。当年孙某去世，狄某搬去与女儿狄某某、女婿丁某共同居住在某小区公寓。

2000年7月5日，丁某经与妻子狄某某商量，决定将A  扫一扫　看微课视频

房出售给万某。双方约定："房屋价款10.8万元，协议生效后由万某先付定金1万元，丁某交付老产权证时再付9万元，丁某协助办理房屋过户手续后，付清余款8000元。"协议签订当日，丁某代狄某收到万某购房定金1万元，并出具收条一份。同年8月22日，丁某收到余款9万元，并将老房产证及钥匙交付万某。

2001年7月，万某将A房出租给赵某，约定租期3年。8月，赵某经万某同意后，对房屋进行了装修。9月，房屋装修时加装的防盗网脱落砸伤了行人张某。10月，张某因赔偿数额协商未果，向法院提起诉讼。

2002年5月，赵某未经万某的同意将房屋转租给了李某，约定租期4年。万某知道后一直未置可否。

2003年8月，万某主张赵某、李某之间的转租合同无效。

2012年，丁某以办新证为由从万某处借走房屋老产权证，之后为狄某办理了新房产证。由于丁某换领新证后拒绝为万某办理过户手续，且狄某、狄某某称对丁某售房一事不知情，双方诉至法院。

问题：

1. 2000年7月之前，涉案A房的权属状态如何？为什么？
2. 2000年7月，丁某向万某出售A房的行为，属于何种性质？为什么？
3. 2001年10月，张某因被防盗网砸伤起诉，该案的适格被告是谁？为什么？
4. 2003年8月，万某提出转租合同无效，法院应如何处理？为什么？
5. 2012年，万某是否有权请求狄某为其办理过户手续？为什么？

6. 结合本案中房屋买卖合同和所有权变动的关系，试述物权法理论中"区分原则"的含义及其适用（要求观点明确，逻辑清晰、说理充分、文字通畅；总字数不得少于500字）。

[案例来源：
①《最高人民法院公报》2018年第2期：万学全、万兵诉狄平等人房屋买卖合同纠纷二审案；②《最高人民法院公报》2017年第3期：汤某与连云港光鼎置业有限公司、灌南县开源物业管理有限公司生命权、健康权、身体权纠纷一审案]

二、命题总思路

本题以真实案例为基础，以热点问题为导向，综合考查了遗产共有、无权代理、无权处分、区分原则、房屋转租、合同的履行、物件致害责任等多个民法知识点和当事人适格、原告和被告地位的确定等民诉知识点。虽然所涉人物较多，但法律关系却并不复杂。解题时，可按照时间先后，厘清当事人之间的法律关系，准确把握每一题的考查意图，并不难作答。

三、答案精讲

1. 2000年7月之前，涉案A房的权属状态如何？为什么？

答案：A房属于狄某和狄某某共有，其中狄某占四分之三份额；狄某某占四分之一份额。因为孙某去世前，A房属于狄某与孙某夫妻共有，孙某去世后，共有房屋的一半属于遗产，由孙某同属第一顺位的两位法定继承人狄某和狄某某各继承其中一半。继承开始后，遗产分割之前，A房由狄某和狄某某共有。

难度：中

考点：遗产的共有

命题和解题思路：家庭关系中的共有与一般共有在产生基础和维系依据上存在区别，它涉及相关法律行为的效力、登记的效力以及责任承担的制度设置，这是本题的理论性考查目的所在。解题重点在于把握遗产的范围以及特殊家庭关系中的共有形态。

答案解析：

诉争房屋系狄某与其妻孙某婚姻期间内取得的合法财产，应为夫妻共有。孙某去世，诉争房屋归属于孙某份额应作为遗产由其配偶狄某和其女儿狄某某依法继承，在狄某某既未明确放弃继承，亦未进行析产分割前，本案诉争房屋应为狄某、狄某某共有。其中A房的一半产权份额应属于狄某单独享有，不应纳入遗产范围。另外，虽然在老房产证上，A 房屋产权登记在狄某名下，之后也一直未做变更登记，但因继承取得财产所有权，自继承开始时发生物权变动效（《物权法》第 29 条），故 A 房并非产权登记名义人所有，而属于两继承人共有。

值得注意的是：狄某某的丈夫丁某对该份房产不享有共有权。理由：①A 房尚未分割，丁某配偶的继承权尚未实现，丁某无法通过夫妻共有关系对 A 房享有权利；②丁某只是女婿身份，不属于法定继承人范围，不能以自己的名义对 A 房享有继承权。

2. 2000 年 7 月，丁某向万某出售 A 房的行为，属于何种性质？效力如何？

答案：丁某出售 A 房屋的行为属于无权代理，但代理行为有效。

难度：难

考点：无权处分；无权代理；家事代理权

命题和解题思路：本题集中考查共同居住的家庭成员，将其他家庭成员名下房屋出卖给他人，该行为的性质认定及效力状态。解题时须判断房屋所有人是否知情并默认，并正确区分无权代理与无权处分的构成要件。

答案解析：

通过前述分析已知诉争房屋属于狄某和狄某某共同所有，且在老房产证上，房屋产权登记在狄某名下。丁某只是狄某的女婿，不属于家事代理权的身份范围。其卖房时虽然取得房屋共有人狄某某的同意，但并未得到狄某的同意。故丁某卖房没有合法权利来源。但在丁某与万某磋商并签订涉案房屋买卖合同，以及丁某代狄某收定金的过程中，可以看出丁某是以产权登记人狄某的名义实施买卖行为的，并非以其自己名义，故该行为应属无权代理，而非无权处分。狄某在房屋出卖前至本案诉讼发生时一直与丁某、狄某某共同居住。狄某将房屋钥匙、产权证书均交由丁某持有，并事实上交付给万某，且在房屋转让后至诉讼发生时约 12 年时间内从未对诉争房屋买卖、房款交付提出过异议，足见该无权代理已被权利人追认，或者成立表见代理，故该代理行为有效。

3. 2001 年 10 月，张某因被防盗网砸伤起诉，该案的适格被告是谁？为什么？

答案：适格被告应为承租人赵某。因为建筑物的悬挂物脱落致人损害的，由负有维修义务或者管护义务的所有人、管理人或者使用人承担过错推定责任。房屋租赁期间，承租人赵某加装的防盗网应当由赵某承担管护义务，对相关损害承担责任。因此，该案的适格被告是赵某。

难度：中

考点：当事人适格；原告和被告地位的确定

命题和解题思路：本题结合物件致人损害责任考查适格被告的确定。应当注意区分"适格被告"和"形式上的被告"。"形式上的被告"是原告起诉时主张的被告,只要明确即可。具体而言,张某在起诉时可以将房屋产权证上的所有人狄某和狄某某、房屋买受人万某、承租人赵某等一并告上法庭。但本题考查的是"适格被告",即根据民事实体法的规定本案应由谁承担民事赔偿责任。因此,考生解答本题必须结合《侵权责任法》规定的物件致人损害责任方可作出判断。

答案解析:

根据《侵权责任法》第85条的规范解释,当建筑设施的所有人与管理人或使用人不为同一主体时,应由实际使用人承担责任。本案的实际使用人是承租人赵某,且是由赵某加装的防盗网致人损害,出租人万某(房屋管理人)对防盗网的脱落并不存在过错,而承租人赵某(房屋实际使用人)是房屋和防盗网的实际管理人和使用人,存在安装过失或管理过失。因此应当由赵某承担侵权责任。据此,本案的适格被告应为赵某。

4. 2003年8月,万某提出转租合同无效,法院应如何处理?为什么?

答案: 万某若以转租未经其同意为由主张转租合同无效,不能得到法院的支持;但万某若以转租期限超过承租人剩余租赁期限为由,主张转租合同无效的,法院应认定超过部分无效。万某知道赵某擅自转租后6个月未表示异议视为其同意转租,转租合同合法有效。转租期限超过承租人剩余租赁期限的,人民法院应当认定超过部分的约定无效。

难度: 中

考点: 房屋转租;合同部分无效

命题和解题思路: 考生要重点把握转租情形中的推定同意,以及转租合同无效的不同事由。

答案解析:

出租人知道或者应当知道承租人转租,但在6个月内未提出异议,其以承租人未经同意为由请求解除合同或者认定转租合同无效的,人民法院不予支持。未经出租人同意的转租合同效力以是否超过法律规定的6个月异议期为标准,出租人万某在知道违法转租1年内均未提出异议,视为同意,法院不宜认定合同无效。既然涉案转租合同已经成为视为同意的有效合同,当事人若以转租期限超过原租赁合同期限为由主张转租合同无效的,法院应本着交易效益和交易安全原则,不宜全盘否认该转租合同效力,应以部分无效处理(《城镇房屋租赁合同解释》第15条)。

5. 2012年,万某是否有权请求狄某为其办理过户手续?为什么?

答案: 万某有权请求狄某为其办理过户手续。因为房屋买卖合同有效,对狄某具有拘束力,而且合同履行是可能的。

考点: 合同的拘束力、合同的实际履行

难度：中

命题和解题思路：本题考查代理合同的效力拘束范围以及合同履行的可能性。解题时需正确理解代理行为的效力归属，以及合同救济中的实际履行规则的运用。

答案解析：

既然代理行为有效，丁某实施代理行为的效果应当归属于被代理人狄某（也包括狄某某），即涉案房屋转让合同应直接约束狄某、狄某某。狄某作为房产登记名义人，也是合同一方当事人，应依约履行转让房屋所有权于买受人万某，并办理过户手续的义务。该履行行为不存在履行不能的情形，义务人不得据此抗辩。

6. 结合本案中房屋买卖合同和所有权变动的关系，试述物权法理论中的"区分原则"的含义及适用（要求观点明确，逻辑清晰、说理充分、文字通畅；总字数不得少于500字）。

难度：难

考点：物权变动的区分原则

命题和解题思路：本小题根据法考时代主观题部分的命题新变化和新要求，将民法学科相关基本原理结合案例进行考查。物权变动的"区分原则"是物权法中理论性强、实用性大的一项基本原则，需要结合法条、实务案例予以理解和把握。

答案要点：

（1）含义：物权变动的区分原则是指通过买卖、赠与、用益、设立担保等法律行为进行物权变动时，应当将法律行为的效力与物权变动的效果区别对待，即法律行为的效力依照法律行为效力机制判断，而物权变动是否发生则依据物权变动规则判断；而且，因欠缺公示不发生物权变动效果的，法律行为的效力不因此受影响，但是法律行为无效时则会影响物权变动的发生。

物权变动区分原则是中国民法对传统德国民法"物权行为理论"创造性继受的结果。区分原则的建立不但支持了"物权绝对性"基本法理，而且为构建"物—债二元体系"、厘清物权法和债权法不同制度功能、建立完备的物权变动规则、区分当事人的不同法律责任等，提供了科学的准则。

（2）适用："区分原则"仅适用于以法律行为为基础的物权变动情形，具体适用情形包括：不动产转让（买卖、赠与、互换）；不动产抵押；动产转让（买卖、赠与、互易）；动产质押。

从本案来看，1996年，孙某去世后，其法定继承人狄某和狄某某即取得A房的所有权，由于其所有权变动并非基于法律行为，故不适用"区分原则"，登记与否不影响共有人取得物权。而在2000年，丁某擅自将涉案共有房屋出卖给万某，买卖合同依照法律行为的代理制度成为有效合同；但房屋所有权由于没有完成过户登记手续,并没有转移给买受人。交付产权证和交付房屋(钥匙),均不属于物权法上规定的"公示"方式,不产生物权变动的效果。这是"区分原则"的典型体现。

案例分析题(一)

一、试题(本题为民法、民事诉讼法融合试题)

案情:

2016年2月,莲坞公司与金陵公司签订了《借款合同》,双方约定:由金陵公司于2016年2月27日向莲坞公司提供借款1000万元用于公司经营,借款期限为2年。随后莲坞公司的大股东魏某与金陵公司签订《保证合同》,为前述借款提供担保。担保合同签订后,金陵公司如约向莲坞公司提供借款1000万元。

扫一扫 看微课视频

2016年8月,金陵公司与莲坞公司签订《商品房买卖合同》,约定终止前述借款合同关系,建立商品房买卖关系,将借款转化为购房款,双方经对账清算。

2016年10月,莲坞公司与金陵公司再次签订《借款合同》,约定莲坞公司向金陵公司借款500万元。10月9日,金陵公司如约向莲坞公司提供借款。

2016年11月18日,莲坞公司又与金陵公司签订了《最高额抵押合同》,约定将莲坞公司的厂房为自2017年2月3日至2018年2月3日期间莲坞公司向金陵公司的连续借款中,在4000万元的最高额内提供抵押担保,担保的范围仅为借款本金。该抵押担保已依法进行登记。

2017年2月3日至2017年12月1日期间,莲坞公司先后向金陵公司借款达2500万元。

2017年12月30日,莲坞公司向金陵公司借款1000万元。

2018年1月3日,金陵公司将其对莲坞公司的1500万债权转让给云深公司,并通知了莲坞公司。此前金陵公司欠莲坞公司2000万元工程款到期未还。

2018年1月23日,莲坞公司因违法经营,法院依法查封其名下所有财产。

2018年2月3日,莲坞公司对金陵公司的借款债务到期,均未能偿还。金陵公司于2018年7月1日诉至法院,请求法院判决就莲坞公司的担保财产优先受偿。

诉讼期间,莲坞公司被查封的厂房意外失火被烧毁,经查,莲坞公司为其厂房向保险公司投了火灾险。

问题：

1. 2016年8月，莲坞公司与金陵公司签订的《商品房买卖合同》有何特殊性？是否有效？产生哪些法律后果？

2. 本案中最高额抵押担保的债权何时确定？为什么？

3. 债权确定时，莲坞公司提供最高额抵押担保的债权金额最多可能为多少？为什么？

4. 2018年1月3日，莲坞公司收到债权转让通知后是否有权向云深公司抵销1500万元？为什么？

5. 莲坞公司的厂房被焚毁之后，金陵公司可以主张什么权利？

6. 除起诉之外，金陵公司还可通过何种方式维护其合法权益？

[案例来源：

①最高人民法院指导案例72号：汤龙、刘新龙、马忠太、王洪刚诉新疆鄂尔多斯彦海房地产开发有限公司商品房买卖合同纠纷案；②最高人民法院指导案例95号：中国工商银行股份有限公司宣城龙首支行诉宣城柏冠贸易有限公司、江苏凯盛置业有限公司等金融借款合同纠纷案]

二、命题总思路

本题融合了民法、民事诉讼法的内容，以最高人民法院发布的指导案例为切入点，主要考查借款合同与最高额抵押的相关内容，穿插民事纠纷的解决方式、债权让与、抵销以及保证担保等内容，涉及法条包括《物权法》《合同法》《担保法》和《最高人民法院关于审理民间借贷案件适用法律若干问题的规定》。本题的难点集中在对最高额抵押从属性、可变性、代位性的特殊规定的理论把握，因此即使考场提供法条查阅，如果不熟悉相关理论和基础知识，短时间内也无济于事。

三、答案精讲

1. 2016年8月，莲坞公司与金陵公司签订的《商品房买卖合同》有何特殊性？是否有效？产生哪些法律后果？

答： 该合同属于房屋买卖、债务清偿（或以物抵债）的复合合同。合同有效。其产生的法律后果包括：①双方建立房屋买卖关系，且金陵公司1000万元购房款的履行义务完成；②双方1000万元的借款合同关系因清偿而终止；③魏某对该项借款的保证责任消灭（或不再承担保证责任）。

难度： 中

考点：以物抵债的效力；债的清偿；担保合同的从属性

命题和解题思路：司法实践中经常出现借款合同债务人为了清偿债务，与债权人协商通过将债务人的其他财产转让给债权人以抵借款的协议纠纷。这种以物抵债协议的名称和内容是否影响其有效性，需要结合现代合同理论予以分析。该种协议纠纷所涉及的多重法律关系变化，也需要综合考量其他民法制度的适用。

答案解析：

本案当事人所签订的《商品房买卖合同》实际上是一个包含多重标的与内容的复合合同，并非一个纯粹的商品房买卖合同，它将房屋买卖与债务清偿融合在一起。在合同自由原则之下，该合同既不违反《物权法》关于禁止流押的规定，也不属于《最高人民法院关于审理民间借贷案件适用法律若干问题的规定》中关于让与担保的情形，更不具备《合同法》规定的无效情形，这种以房抵债协议是有效的。

有效的合同能够产生当事人所追求的法律后果。双方签约后，其商品房买卖合同关系建立并生效，金陵公司作为购房人据此已经支付了相关购房款，履行了己方的付款义务。同时，原借款合同因为以物抵债（或代物清偿）而得以终止。基于担保关系的从属性原理，由于主债务已经消灭，为此提供担保的从合同也相应消灭，魏某不再承担保证责任。

2. 本案中最高额抵押担保的债权何时确定？为什么？

答案：2018年1月23日确定。因为最高额抵押中抵押财产被查封时，抵押权人的债权确定事由成立。

难度：易

考点：最高额抵押债权的确定

命题和解题思路：最高额抵押担保的债权是一个可变债权，这不同于普通抵押担保，也不同于浮动抵押的抵押物的可变性，考生须对此有清晰认识。本题只要牢记最高额抵押中抵押权人的债权确定发生的几种情形，即可正确作答。

答案解析：

根据《物权法》第206条规定，最高额抵押中抵押权人的债权确定发生在以下几种情形：①约定的债权确定期间届满；②没有约定债权确定期间或者约定不明确，抵押权人或者抵押人自最高额抵押权设立之日起满二年后请求确定债权；③新的债权不可能发生；④抵押财产被查封、扣押；⑤债务人、抵押人被宣告破产或者被撤销；⑥法律规定债权确定的其他情形。本题中，虽然约定的债权确定期间（至2018年2月3日）尚未届满，但2018年1月23日，莲坞公司包括涉案抵押财产的厂房在内的所有财产被法院依法查封，此时担保债权确定。

3. 债权确定时，莲花坞公司提供最高额抵押担保的债权金额最多可能为多少？为什么？

答案：2500万元。因为在该债权确定之前，其间实际发生的借款为3500万元；但向第三人云深公司依法转让了1500万元；2016年10月双方发生的500万元借款，若经双方同意，也可以纳入本案最高额抵押的债权总额中。据此计算，在不考虑其他变化因素的情况下，涉案债权余额最多可以是2500万元。

难度：难

考点：最高额抵押的担保债权可变性；抵押权从属性的特殊性

命题和解题思路：最高额抵押区别一般抵押的一个显著特征就是其担保的主债权具有可变性，因此需要有特殊的债权确认规则。在最高额抵押担保期间，主债权的部分消灭、转让或者添加都是允许的。与此相关，抵押权的从属性也显示特殊形态，《物权法》明文规定了最高额抵押权不随主债权转让而移转。解题时在掌握担保物权的一般特点的前提下还要弄清特殊担保物权的特殊性所在。

答案解析：

莲坞公司在最高额抵押设立期间先后向金陵公司借款2500万元和1000万元。根据《物权法》相关规定，最高额抵押担保的债权确定前，抵押权人与抵押人可以通过协议变更债权确定的期间、债权范围以及最高债权额；而且可以将最高额抵押权设立前已经存在的债权转入最高额抵押担保的债权范围。本案中双方之前发生的500万元借款，是非常有可能转入后来签订最高额抵押担保的总额中。又根据《物权法》第204条规定，最高额抵押担保的债权确定前，部分债权转让的，最高额抵押权不得转让，由此可知金陵公司转让给云深公司1500万元债权后，其最高额抵押的担保债权相应减少1500万元。至2018年1月23日，莲坞公司被查封财产时，最高额抵押担保的债权最多可以被确定为2500万元。

4. 2018年1月3日，莲坞公司收到债权转让通知后是否有权向云深公司主张抵销1500万元？为什么？

答案：有权主张抵销。理由是：莲坞公司接到债权转让通知时，其对让与人金陵公司享有2000万元的工程款债权，且该债权先于转让的债权到期，故莲坞公司可以依法行使抵销权，向受让人云深公司主张相应数额（1500万元）的债务抵销。

难度：中

考点：债权让与；法定抵销

命题和解题思路：抵销的构成要件是法考中稍有难度的知识点，本题考查债权让与中的法定抵销，解题时需要对抵销的构成要件以及债权让与中的抵销权援用机制理解到位，即可正确作答。

答案解析：

2018 年 1 月 3 日金陵公司将其对莲坞公司的 1500 万元债权转让给云深公司，并通知了莲坞公司，其债权让与对莲坞公司发生效力。根据《合同法》第 83 条规定，债务人接到债权转让通知时，债务人对让与人享有债权，并且债务人的债权先于转让的债权到期或者同时到期的，债务人可以向受让人主张抵销。本题中，金陵公司向云深公司转让的债权清偿期至 2018 年 2 月 3 日，在此之前莲坞公司对金陵公司的工程款债权业已到期，金陵公司未予偿还，因此 2018 年 1 月 3 日莲坞公司收到债权转让通知后有权向云深公司主张抵销 1500 万元。

5. 莲坞公司的厂房被焚毁之后，金陵公司可以主张什么权利？为什么？

答案： 金陵公司可对房屋烧毁后的保险金行使抵押权，优先受偿自己的债权。抵押权具有物上代位性，当抵押物毁损灭失后，抵押权人可以就获得的保险金、补偿金等优先受偿。

难度： 中

考点： 抵押物的物上代位性

命题和解题思路： 物权担保制度的功能在于通过对担保物交换价值的支配，来保障担保权人的债权实现，因此当担保物毁损灭失后，其替代价值尚存的，依然应当，并可以满足担保物权的这一功能实现。这就是担保物权"物上代位性"的法理基础。掌握这一点，也是解答本题的关键。

答案解析：

《物权法》第 174 条规定，担保期间，担保财产毁损、灭失或者被征收等，担保物权人可以就获得的保险金、赔偿金或者补偿金等优先受偿。被担保债权的履行期未届满的，也可以提存该保险金、赔偿金或者补偿金等。据此，抵押权具有物上代位性，抵押物毁损灭失之后，抵押权人可以对其代位物行使抵押权，故金陵公司可对房屋烧毁后的保险金行使抵押权，优先受偿自己的债权。

6. 除起诉之外，金陵公司还可通过何种方式维护其合法权益？

答案： ①与莲坞公司协商解决；②请求人民调解委员会等组织进行调解；③适用特别程序向法院申请实现担保物权。

难度： 中

考点： 民事纠纷的解决方式（内容）；实现担保物权案件的申请（申请条件）

命题和解题思路： 民事纠纷的解决方式是主观题经常考查的知识点，主要涉及和解、调解、仲裁和诉讼等救济方式的适用。除此之外，本题主要涉及对实现担保物权的非讼程序的考查。如果考生仅从几类宏观的民事纠纷解决方式入手思考，未能结合民诉法规定的具体制度答题，很可能会遗漏申请实现担保物权程序。本题提醒考生，对于具体民事纠纷的解决方式，可以遵循民诉法规定的、从诉讼内到诉讼外的逻辑顺序逐一排除后予以确定，以防遗漏。

答案解析：

民事纠纷解决方式中，和解与调解的适用只要遵循当事人自愿原则即可，其适用几乎不受限制，本题也自然可以适用。本题并未提及双方存在仲裁协议，因此不可以用仲裁方式解决。

担保物权既可以通过诉讼方式实现，也可以通过非讼渠道实现。本案中金陵公司除了起诉之外，还可以向担保财产所在地或者担保物权登记地的基层法院申请实现担保物权。申请时应当向法院提交证明担保物权存在、证明实现担保物权条件成就、担保财产状况的说明等材料。

案例分析题（二）

一、试题（本题为民法、民事诉讼法融合试题）

案情：

2013 年，胡某与李某结婚，当年生育一子胡子木。

2014 年 3 月 15 日，胡某未与妻子李某商量，用私房钱 8000 元在某专卖店购买了一台电脑，买回第二天发现该电脑为冒牌电脑，立即找到该店交涉，但一年多都未解决问题。

扫一扫　看微课视频

2016 年，胡某在一次夫妻争吵后擅自将该电脑以 3000 元的价格卖给了不知情的同事刘某，李某对此极为不满。

2016 年 11 月，因胡某与其他女子保持不正当两性关系，婚姻无法为继，李某与胡某协议离婚。双方同意胡某"净身出户"，儿子胡子木由李某单独抚养 6 年，6 年后胡某每月向儿子支付抚养费 3000 元，直至其成年。

2017 年 5 月，胡某来到前妻李某住处要求探望胡子木，遭到李某无端拒绝。

2018 年 10 月，胡子木在幼儿园将另一小朋友眼睛打伤，需支付 8 万元赔偿费。此事发生后，胡某认为李某对胡子木管教不严，未尽到监护职责，主张由其抚养胡子木，遭李某拒绝后，就此向法院提起诉讼。

问题：

1. 2016 年，若胡某向专卖店主张撤销电脑的买卖合同，法院是否支持？为什么？

2. 李某可否以丈夫擅自处置夫妻共有财产为由对抗刘某而索回电脑？为什么？

3. 若胡子木向胡某请求支付抚养费，其诉讼时效期间如何确定？为什么？
4. 2017年5月，李某拒绝胡某探望儿子胡子木是否构成侵权？为什么？
5. 2017年10月，胡子木造成的8万元人身损害赔偿费应如何承担？
6. 胡某就胡子木的抚养权向法院起诉，该案属于何种类型的诉？为什么？

［案例来源：本题取材于多个真实案例，因案例来源较多，不再一一列出］

二、命题总思路

夫妻关系、亲子关系中的权利义务与纯粹财产关系存在本质区别。如何理解和适用婚姻法的特殊规则和《民法总则》的一般规则，是检验考生将民法知识运用于日常家庭纠纷能力的重要切入点。本案例问题设计围绕着合同效力、代理权、诉讼时效、权利义务等一般民法制度在婚姻家庭领域的特殊应用，并结合民诉中的变更之诉，深度考查应试者的理解能力和反思能力。

三、答案精讲

1. 2016年，若胡某向专卖店主张撤销电脑的买卖合同，法院是否支持？为什么？

答案：不支持。撤销权已过除斥期间。

难度：易

考点：撤销权的除斥期间

命题和解题思路：《民法总则》对法律行为的撤销制度做了重要改变，尤其是撤销权除斥期间根据撤销事由的不同做了不同安排。考生应当注意，对规则变化的正当性、合理性须有一定把握。解题时只需记住规则，把握案情事实，针对性作答即可。

答案解析：

《民法总则》第152条规定，因受欺诈实施的法律行为可以撤销，该撤销权自当事人知道或者应当知道撤销事由之日起一年内行使。胡某2014年3月购买电脑后马上去专卖店交涉，即为知道欺诈事由，到2016年主张撤销，已超过一年。除斥期间为不变期间；除斥期间经过撤销权即消灭。

2. 李某可否以丈夫擅自处置夫妻共有财产为由对抗刘某而索回电脑？为什么？

答案：不可以。刘某有理由相信胡某卖电脑取得妻子李某同意（或相信胡某可以单独处理家庭财产）。

难度：难

考点：家事平等处理权的推定

命题和解题思路：家事代理权和夫妻财产平等处理权是夫妻关系的重要内容，也是立法与实务争议较多的制度，有一定的理论深度和难度。解题时，一方面需要把握夫妻平等财产处理权的含义，另一方面需要掌握婚外第三人"善意"的认定。

答案解析：

根据《最高人民法院关于适用〈中华人民共和国婚姻法〉若干问题的解释（一）》第17条规定，夫或妻在处理夫妻共同财产上的权利是平等的。因日常生活需要而处理夫妻共同财产的，任何一方均有权决定。他人有理由相信其为夫妻双方共同意思表示的，另一方不得以不同意或不知道为由对抗善意第三人。注意，由于家事代理权和家庭财产平等处理权的存在，婚外第三人的"善意"可以简单予以推定。妻子李某若要否认丈夫胡某的擅自处分行为，需要证明刘某"明知出卖人的妻子不同意"！丈夫胡某享有平等而独立的夫妻财产处理权，该其处置家用电脑的行为对妻子有效。

3. 若胡子木向胡某请求支付抚养费，其诉讼时效期间如何确定？为什么？

答案：不需确定。该请求权不受诉讼时效期间的限制。

难度：中

考点：诉讼时效适用的除外情形

命题和解题思路：本题虽涉及理论争议问题，但考试目的仍只是现行法律的识记型考查。解题时记住并理解诉讼时效客体的除外规定即可正确作答。

答案解析：

诉讼时效的客体（即受限制的民事权利）一般为债权请求权，但基于身份关系产生的债权请求权（或身份请求权）涉及伦理秩序的维护和特殊群体的基本保障，其行使不受时间的限制。所以，我国《民法总则》第196条规定，请求支付抚养费、赡养费或者扶养费请求权不适用诉讼时效的规定。

4. 2016年5月，李某拒绝胡某探望儿子胡子木是否构成侵权？为什么？

答案：构成侵权。离婚父母基于身份地位对未成年子女享有探视和被探视的权利。李某的无端阻挠既侵害了胡某的探视权，同时也构成对胡子木的被探视权的侵害。

难度：难

考点：探视权与被探视权

命题和解题思路：纯粹身份权的概念及相关制度已经引起法考命题的注意。解题时应准确把握亲属法上的探望权（探视权）具有权利与义务的交互与叠加特性。

答案解析：

父母探望不与自己一起生活的子女，是法律保护的合法权益，任何人不得妨害或侵害。离婚夫妻有义务配合前妻或前夫对子女的探望。同时，身份关系中权利总是与对等的义务相互交织，探视子女既是对子女享有亲权的体现，同时也是亲权人对子女的义务，反言之，被探视也是子女对父母享有的合法权益。因此，李某不让父亲胡某探望胡子木，也构成对胡子木被探望权的侵害。

5. 2017年10月，胡子木造成的8万元人身损害赔偿费应如何承担？

答案： 胡子木若有自己的财产，可先从其财产中支付。不足部分由与其一起生活的李某承担。李某承担确有困难的，由胡某补充承担。

难度： 难

考点： 被监护人致害他人的责任承担

命题和解题思路： 本题考查目的多元，还涉及理论争议的共识把握。解题时需要把握监护责任的无过错性、替代性、补充性；还需把握离婚父母监护责任合理分配规则。

答案解析：

根据《侵权责任法》第32条规定，无民事行为能力人、限制民事行为能力人造成他人损害的，由监护人承担侵权责任。监护人尽到监护责任的，可以减轻其侵权责任。有财产的无民事行为能力人、限制民事行为能力人造成他人损害的，从本人财产中支付赔偿费用。不足部分，由监护人赔偿。该条规定实质上体现了监护人承担的是补充性替代责任。欠缺行为能力的人可以依法独立承担侵权赔偿责任，其前提是他们有独立充足的个人财产。只有在其财产基础没有或不足时，监护人才替代他们担责，因而为"补充性替代"。

再看离婚父母的监护责任承担问题。父母离婚不影响监护资格，也不应该影响其监护义务。但由于与孩子生活一起的一方，在时间和精力上更有能力、更能有效地实施监护，因而其监护义务理应更高。所以首先应由该方承担监护人的赔偿责任。考虑到对受害方救济的充分性，以及该方的经济负担能力，让另一方承担补充赔偿责任，不失公平合理。

6. 胡某就胡子木的抚养权向法院起诉，该案属于何种类型的诉？为什么？

答案： 该案属于变更（形成）之诉。胡某起诉的目的在于改变既有的抚养法律关系，即将胡子木的抚养人由李某变更为胡某，因此，本案属于变更（形成）之诉。

难度： 中

考点： 变更之诉（内容）

命题和解题思路：诉的分类属于民事诉讼法中的理论型考点，难度较高。本题所涉及的变更之诉更是法考中的高频考点。本题结合案例素材，考查对于诉的具体类型的识别。解答本题没有明确的法律依据，需要考生掌握三种诉的分类的具体内涵作出判断，这完全符合法考时代主观题的考查特点。考生正确解题，应结合胡某的起诉目的以及各类诉的概念，方可作出准确判断。

答案解析：

变更之诉，是指原告请求法院以判决改变或消灭既存的某种民事法律关系的诉。通过诉讼对民事法律关系的主体、客体和内容中任何一个要素的改变均属于变更之诉。本案中胡某意在通过法院判决，将胡子木的抚养人由李某变为其自己，这是对胡子木原有抚养法律关系主体的变更。因此，本案属于变更（形成）之诉。

案例分析题（三）

一、试题

案情：

2012年3月，郭某（男）与李某（女）登记结婚。2014年3月，郭某以自己的名义购买了A房屋，并将产权登记在自己名下，妻子李某后来知情，并未提出异议。

2017年5月，郭某委托某物业公司将A房出售，但在物业公司登记资料时声称自己未婚。后业务员范某为了慎重起见通过私人途径查知郭某已婚，并将郭某隐瞒已婚的事情在其他业务员之间传播。郭某一气之下终止了该售房中介委托。

扫一扫　看微课视频

2017年7月，郭某作为B有限责任公司的法定代表人，擅自以B公司名义（加盖B公司公章）为其亲戚周某向C银行所借50万元贷款提供连带保证担保。

同年8月，郭某以个人名义向丁某借款20万元，用于B公司的资金周转，并以A房屋提供抵押，已签订抵押合同但未办理抵押登记。对此次借款及抵押事项，妻子李某均不知情。

2018年2月，郭某与李某协议离婚，但因财产分割问题存在重大分歧，遂转为诉讼离婚。

问题：

1. 2014年3月，郭某购买的A房是否属于夫妻共同财产？为什么？

2. 2017年5月，物业公司是否应承担对郭某人格利益的侵权责任？为什么？

3. 2017年7月，对于周某所负C银行的50万元借款债务，B公司是否应当承担责任？为什么？

4. 依2018年最高人民法院出台的《关于审理涉及夫妻债务纠纷案件适用法律有关问题的解释》（不考虑司法解释溯及力问题），债权人丁某如欲主张李某对其丈夫郭某的20万元债务承担连带责任，能否得到法院支持？为什么？

5. 郭某对该房屋所设立的抵押合同及抵押权效力如何？为什么？

[案例来源：

①最高人民法院指导案例50号：李某、郭某阳诉郭某和、童某某继承纠纷案；

②最高人民法院（2015）民申字第3299号：侯向阳与商都县众邦亿兴能源材料有限责任公司、韩福全等民间借贷纠纷申诉、申请民事裁定书]

二、命题总思路

本题主干部分由最高院指导案例50号改编而来，对于《民法总则》中的个人信息权、法人对外责任等重要内容予以重点考查，同时关照了夫妻共同债务认定这一司法实务与学界热点，结合了民诉中的自认和认诺。这就要求考生对民法的知识体系融会贯通，对各个部门法领域综合掌握。

三、答案精讲

1. 2014年3月，郭某购买的A房是否属于夫妻共同财产？为什么？

答案：A房属于夫妻共同财产。因为该房屋是夫妻婚姻持续期间所取得的财产，而且双方没有有效的相反约定。

难度：中

考点：夫妻共同财产推定制

解题思路：本题的重要干扰点在于，不动产的登记公示在夫妻财产认定中是否具有绝对性效力。只有在理论上正确把握特殊身份关系与一般财产关系的本质区别，才能排除干扰，正确作答。

答案解析：

涉案A房是在当事人结婚之后购买，购房款无论是否单独由郭某支付，也无论妻子李某是否知情，都属于家庭共同开支，房子应为夫妻共同购买。另外，虽然房子仅登记在丈夫一人名下，但由于夫妻身份关系的特殊属性，该登记并不具有物权法上物权变动的绝对公示效力。

2. 2017年5月，物业公司是否应承担对郭某人格利益的侵权责任？为什么？

答案： 应承担。

理由一：个人婚姻状况属于个人私密信息，权利人郭某明显不愿意他人知晓，物业公司业务员私自探知并传播，并造成权利人难堪，构成隐私权侵害。业务人员的职务行为，其法律后果由其单位物业公司承担。

理由二：个人婚姻状态信息既属于隐私权范畴，也属于个人信息范畴。业务员范某获取购房人的真实婚姻状态是其职责所需，并无不当，但不当使用、传播，给权利人带来不良感受，构成个人信息的侵害。业务人员的职务行为，其法律后果由其单位物业公司承担。

难度： 难

考点： 隐私权保护；个人信息权保护

命题和解题思路： 在信息社会，保证个人信息的隐秘、安全和正当合理使用成为日益迫切的需求。本题结合法律新规，考查考生对隐私权与个人信息权的模糊界限与理论争议的理解能力。考试目的较隐蔽，但设问并不刁难。

答案解析：

根据《民法总则》第111条规定："自然人的个人信息受法律保护。任何组织和个人需要获取他人个人信息的，应当依法取得并确保信息安全，不得非法收集、使用、加工、传输他人个人信息，不得非法买卖、提供或者公开他人个人信息。"个人信息与个人隐私存在区别。一般认为，隐私强调个人私密信息不被知悉和私人活动、私人空间不被擅自公开、侵扰；而个人信息的保护着眼于对个人信息的支配、利用和自主决定。对隐私权的侵害表现为非法披露、利用他人隐私，或者以违反社会公共利益、社会公德的其他方式侵害他人隐私。本题中郭某本来不愿意其婚姻状况被物业公司知晓，更不愿意该信息被不当传播。从隐私保护的角度，"刺探"就构成侵权；而从个人信息保护的角度，业务员虽可依法取得客户的婚姻信息，但其不但私自打探，还公开传播，构成个人信息侵权。同时，按照职务侵权的责任承担机制，行为后果由其单位承受。

3. 2017年7月，对于周某所负C银行的50万元借款债务，B公司是否应当承担责任？为什么？

答案： B公司应当承担责任。郭某与C银行签订的保证合同依法不具备无效情形，保证人应当承担保证责任，具体而言属于连带保证责任。另外，郭某作为B公司法定代表人以B公司的名义从事的民事活动，应由B公司承受法律后果。故对于债务人周某所负债务，保证人B公司应当向债权人C银行承担连带清偿责任。

难度：中

考点：法定代表人越权担保效力

命题和解题思路：本题以司法实践中常见的公司法定代表人越权对外提供担保为切入点，考查其效力问题。对此，《民法总则》已有明确规定，对于法定代表人的越权行为有效与否，关键点取决于该法律行为相对人之主观状态属于善意还是恶意。

答案解析：

根据《民法总则》及《公司法》相关规定，法人的法定代表人以法人名义从事的民事活动，其法律后果由法人承受。《民法总则》第61条第3款新增了法定代表人越权行为规则："法人章程或者法人权力机构对法定代表人代表权的限制，不得对抗善意相对人。"如果相对人于实施法律行为之时，不知道或者不应当知道法定代表人的行为超越了该法人章程或者权力机构对其代表权的限制，即属于善意相对人；反之，知道或者应当知道法定代表人的行为超越了该法人章程或者权力机构对其代表权的限制，即属于恶意相对人。本题中，B公司负连带保证责任之约定由其法定代表人所签，且盖有公章，善意的债权人有理由相信法定代表人的行为系公司的真实意思表示，因此保证合同有效。

《公司法》第16条第1款规定："公司向其他企业投资或者为他人提供担保，依照公司章程的规定，由董事会或者股东会、股东大会决议；公司章程对投资或者担保的总额及单项投资或者担保的数额有限额规定的，不得超过规定的限额。"然而，本条对于公司法定代表人违反该款规定以公司名义对外提供担保所签合同的效力并未明确规定，这也一直是审判实务中的争议点。当前的主流观点（最高人民法院公报案例亦持这一立场）认为，该条为管理性强制规范而非效力性强制规范，其立法本意在于限制约束公司主体行为，仅涉及内部决策程序，而不得约束外部主体，因此违反该规定并不导致担保无效。

4. 依2018年最高人民法院出台的《关于审理涉及夫妻债务纠纷案件适用法律有关问题的解释》（不考虑司法解释溯及力问题），债权人丁某如欲主张李某对其丈夫郭某的20万元债务承担连带责任，能否得到法院支持？为什么？

答案：不能得到法院支持，因为该笔个人借款并未用于夫妻共同生活，也非共同生产经营所负债务。

难度：难

考点：夫妻共同债务认定

命题和解题思路：夫妻共同债务的认定是困扰实务审判的一大难题，学界对于《最高人民法院关于适用〈中华人民共和国婚姻法〉若干问题的解释（二）》

第24条的夫妻共同债务推定规则的批判亦是由来已久。2018年1月，最高人民法院出台《关于审理涉及夫妻债务纠纷案件适用法律有关问题的解释》，试图对夫妻共同债务的认定规则予以进一步明确。解题时需注意，该司法解释放弃了饱受诟病的"时间推定"标准，而采用"债务用途"标准，对于举证责任的分配也有较大变化。

答案解析：

根据《婚姻法》及有关司法解释的规定，对于以夫妻一方个人名义所负债务，要认定为夫妻共同债务，必须符合"三共"标准之一：①夫妻另一方签字、事后追认（有共同意思表示）的债务；②为共同家庭日常需要所负债务；③超出家庭日常生活需要但用于夫妻共同生活、共同生产经营所负债务。本题中李某对郭某借款一事并不知情亦未追认，不属于夫妻的共同意思表示。同时，从20万元借款的金额、用途来看，可以认为超出了日常生活的需要。最后，该借款用于举债配偶所在公司的生产经营，而妻子并未参与其生产经营活动，难以认定为用于"夫妻共同生产经营"。因此，郭某对丁某的20万元债务应当认定为个人债务而非夫妻共同债务。李某对该债务不承担连带清偿责任。

5. 郭某对A房屋所设立的抵押合同及抵押权效力如何？相关民事责任如何承担？

答案： 抵押权未设立，但抵押合同有效。丁某可要求郭某在抵押物的价值范围内对债务承担连带清偿责任。

难度： 难

考点： 无权处分效力；不动产抵押；物权区分原则

命题和解题思路： 本题考查了对物权变动的"区分原则"以及合同效力规范的理解。解答此类题型时，只需注意对合同效力和物权变动效力分别进行构成要件判断，即可轻松应答。此外需注意，未办理登记的抵押合同并非一张"废纸"，仍具有一定的债权效力。

答案解析：

首先，根据《物权法》第187条，基于法律行为变动物权时，不动产抵押采登记生效主义。由于A房屋未办理抵押登记，故抵押权尚未设立。其次，夫妻一方擅自抵押夫妻共有房屋，无论是否构成无权处分，都不影响抵押合同效力。

由于抵押权未有效设立，债权人丁某不能行使抵押权而主张就A房屋的变价款优先受偿。但在债权合同（抵押合同）仍然有效的情况下，债权人丁某可基于抵押合同要求抵押人郭某履行合同义务，向其主张在A房屋的价值范围内对20万元借款债务承担清偿责任。

案例分析题（四）

一、试题

案情：

2011年5月，利达公司与凯威公司签订了《改性沥青加工合同》，约定利达公司提供基质沥青暂定2000吨，凯威公司加工成改性沥青，加工单价1250元/吨。同年6月19日至7月17日，凯威公司收到利达公司基质沥青1930.2吨，凯威公司为利达公司加工改性沥青1489.84吨。2011年12月6日，经凯威公司确认，凯威公司尚存有利达公司基质沥青440.36吨。2011年基质沥青单价4756元/吨。

扫一扫　看微课视频

2014年11月20日，利达公司向凯威公司发函催告返还剩余沥青，凯威公司随即告知库存基质沥青已经灭失，并声称利达公司尚欠付凯威沥青加工费约4万元。

经查，基质沥青如果在仓库中存放，避免日照和雨淋，可以存放2~3年。2011年12月6日至2014年11月20日期间，利达公司一直未向凯跃公司主张返还440.36吨基质沥青，凯威公司亦未通知利达公司基质沥青已经灭失的情况。

2015年，利达公司向一审法院起诉请求：凯威公司归还基质沥青440.36吨或支付按相应市价计算的沥青款及利息。

庭审中，凯威公司主张合同名义上虽是凯威公司与利达公司签订，但实际上是案外人靳某某冒名与对方公司签约并履行合同。签订合同时，凯威公司的公章由靳某某控制，凯威公司仅为靳某某开具发票，其并未收到基质沥青。

2017年，本案再审中，双方当事人均认可2017年基质沥青的价格为2700元/吨。

问题：

1. 若案外人靳某某冒用凯威公司名义属实，凯威公司是否应该承担涉案合同的相关责任？为什么？

2. 若利达公司尚欠付凯威公司加工费4万元属实，凯威公司是否可以就存留沥青行使相应留置权？为什么？

3. 依照《民法总则》的规定，利达公司基于物权主张凯威公司返还存留沥青的请求权，是否受诉讼时效限制？为什么？

4. 利达公司向改威公司主张沥青灭失的赔偿请求权，是否已过诉讼时效期间？为什么？

5. 假如你是再审法官，针对一审原告的实体请求，你将如何处理？并说明裁判理由。

［**案例来源**：最高人民法院（2017）最高法民再332号：辽宁顺达交通工程养护有限公司与盘锦凯跃经贸有限公司承揽合同纠纷案］

二、命题总思路

本题基于真实案例设题，案件经一审、二审至再审，说明焦点问题存在较大的理论与实务分歧，符合法考时代对考生主观能力的考查趋势。本题围绕一个加工承揽合同的订立和履行，综合考查无权代理合同的效力归属、留置权的构成、物权请求权和债权请求权的时效限制、财产损失赔偿的范围等知识点。

三、答案精讲

1. 若案外人靳某某冒用凯威公司名义属实，凯威公司是否应该承担涉案合同的相关责任？为什么？

答案：应当。靳某某的行为构成表见代理，或靳某某的无权代理被凯威公司追认。

难度：中

考点：表见代理；无权代理合同的追认

命题和解题思路：现实社会经济活动中，冒名行为时有发生，如何区分诈骗型冒名与代理型冒名，事关民事制度的适用和当事人利益保护。本题重点围绕无权代理的构成及其法律后果的归属设问，解题并不困难。

答案解析：

如靳某某擅自以凯威公司的名义签订并履行合同，因凯威公司的公章由靳某某控制，并由凯威公司开具涉案合同履行的发票，使得相对人利达公司有理由相信靳某某拥有代理权，成立表见代理。另外，2011年12月6日凯威公司对剩余基质沥青进行了书面确认，也构成对靳某某无权代理的追认，代理行为对被代理人凯威公司有效，凯威公司应承担涉案合同的法律后果。

2. 若利达公司尚欠付凯威公司加工费属实，凯威公司是否可以就存留沥青行使相应留置权？为什么？

答案：可以行使留置权。加工承揽合同的剩余材料与加工合同存在牵连关系，符合留置权成立要件。

难度：中

考点：留置权的构成

命题和解题思路： 本题考查留置权的适用范围和构成要件。加工合同中的原材料是否可以成为留置权的客体是解题关键。

答案解析：

《合同法》第 264 条规定："定作人未向承揽人支付报酬或者材料费等价款的，承揽人对完成的工作成果享有留置权，但当事人另有约定的除外。"一般情况下，占有工作成果成为加工人享有留置权的必要条件。但加工后的剩余材料也应属于加工人占有的"工作成果"范围，也具有留置权成立所需的"牵连关系"，可以成为加工人担保其加工费债权的留置物。凯威公司可就剩余原材料行使相应的留置权。

3. 依照《民法总则》的规定，利达公司基于物权主张凯威公司返还存留沥青的请求权，是否受诉讼时效限制？为什么？

答案： 该物权返还请求权受诉讼时效的限制。因为沥青属于动产，当事人并未予以登记。

难度： 中

考点： 物权请求权诉讼时效制度变化

命题和解题思路： 本题着重考查对《民法总则》关于诉讼时效客体的立法变化的理解和适用。针对性明确，难度较低。

答案解析：

本案在定做人提供原材料的加工承揽合同中，原材料以及工作成果属于定作人所有，定做人请求加工承揽人返还剩余原材料，属于物权请求权。在《民法通则》时代，基于物权本身效力的原物返还请求权，一般是不适用诉讼时效制度的。但《民法总则》第 196 条明确限定"不动产物权和登记的动产物权的权利人请求返还财产"不适用诉讼时效的规定，将"未登记的动产"的返还请求权纳入诉讼时效的适用范围。本题明确指示考生依照《民法总则》规定作答。

4. 利达公司向凯威公司主张沥青灭失的赔偿请求权，是否已过诉讼时效期间？为什么？

答案： 未过诉讼时效期间。该请求权诉讼时效期间起算点为 2014 年 11 月 20 日凯威公司告知库存基质沥青已经灭失之时，至 2015 年起诉时未届满 2 年。

难度： 难

考点： 诉讼时效的适用；时效期间的起算

命题和解题思路： 本题的案件审理发生在《民法总则》施行之前。有关诉讼时效的规则适用和理论基础应遵照《民法通则》规定。

答案解析：

首先，利达公司基于物权受到侵害（沥青因管理不善而灭失）而产生的赔偿请求权是债权请求权，当然受诉讼时效期间的限制。其次，本案审理时，《民法总则》尚未施行，应按照旧法规定的期间和起算点处理。最后，该2年期间应自权利人知道受侵害时起算。2014年11月20日利达公司向凯威公司发函催告返还剩余沥青，凯威公司随即告知库存基质沥青已经灭失，至起诉时（2015年）未届满2年。

5. 假如你是再审法官，针对一审原告的实体请求，你将如何处理？并说明裁判理由。

答案：

（1）不支持第一项请求。现经证实，留存的基质沥青已经灭失，返还不能。

（2）支持第二项请求。存留沥青灭失，其相应价值存在偿还可能。加工人基于合同关系依法占有定作人的财产，具有法定保管义务，对保管物的毁损灭失应当承担赔偿责任。

（3）赔偿范围：按照损失发生时的市场价格计算，不应该按照合同订立或合同履行时的市场价格。在损失发生时间无法确定时，可按照庭审期间双方认可的市价2700元/吨计算。

（4）责任减免：原告利达公司对留存沥青长期怠于主张取回，对损失发生存在一定过失，应承担适当责任，即相应减少被告凯威公司基于前项赔偿标准下赔偿数额。

难度： 难

考点： 原物返还的条件、损害赔偿的请求权的基础、赔偿范围、免责事由

命题和解题思路： 本题通过"考生判案"的设题模式，主要目的在于考查应试者对法律规则和法律基础理论的应用水平。但仍然是围绕民事责任的构成和承担进行设问考查。解题时切莫被这一"阵势"吓到！

答案解析：

依照物权法一般原理，返还原物请求权成立的前提是原物尚存，法院的裁判结果应该具有强制执行的可能性。本案既然可以查证涉案存留沥青已经灭失，就不应该支持第一项请求。

根据《合同法》第265条规定："承揽人应当妥善保管定作人提供的材料以及完成的工作成果，因保管不善造成毁损、灭失的，应当承担损害赔偿责任。"又根据《侵权责任法》第19条规定，侵害他人财产的，财产损失按照损失发生时的市场价格计算。物权损害赔偿请求权的救济是以对物的损失的填补为原则，对于种类物，在市场上可以购得，在不能返还原物的前提下，也无法确定沥青何时"损失"的，可按照双方当事人认可的该种类物的市场价格认定赔偿数额。

凯威公司对存留沥青的保管义务是基于加工承揽合同而产生，并非无因管理。基于有偿合同而产生的管理责任，不适用"轻过失免责"原则。留存沥青的灭失，也并非不可抗力因素导致，不存在此种免责事由。

根据《侵权责任法》第26条规定，被侵权人对损害的发生也有过错的，可以减轻侵权人的责任。本案中，2011年12月6日利达公司明知加工人处存留440.36吨基质沥青，但直至2014年11月20日，其间一直未向凯威公司主张返还。由于利达公司长期怠于取回剩余基质沥青，对可能出现的沥青数量或性能减损甚至灭失，应当承担相应责任。

桑磊法考，前命题人团队授课

2020主观题网络班次设置

主观题专题突破班
前命题人直播授课　每科锁定数个考点　深度广度全面突破

授课时间： 7月1日—8月10日

课程内容： 各科在总结历年命题规律的基础上，精选极少数核心考点进行专题突破，深度讲解；阅卷中心组织专业辅导老师批改试题20道。

授课资料： 《专题突破内部讲义》一套（7本）。

主观题应试集训班
做题能力训练　阅卷中心批卷　全面提升能力

授课时间： 8月11日—9月10日

课程内容： 深度解析往年真题和高质量模拟金题，前阅卷人团队传授解题技巧，批改试题50道，并组织模拟测试，强化答题能力。

课程特点： 前命题人团队直播讲解；前阅卷人团队倾心指导；为每位学员批改试题50道；直播精品内部课程（可回放）。

授课资料： 《命题人内部AB卷》。赠送《命题人30题》和《主观题十年真题精讲》。

主观题冲刺保过班

权威预测考点试题　快速提升答题能力

不过关 全额退费

授课时间： 9月中旬—10月10日

课程特点： 独家全新三十余道预测题，含多学科交叉试题，全部由前命题人团队按照规范流程命制；权威预测2019年法考主观题必考点；由前命题人团队直播讲解，40个小时以上课程，透析命题思路、解题方法等；批改30道试题，以练促学，学练结合，提高10~30分。

授课资料：《终极主观题》一套（2本）。

备　　注： 提前报名主观题保过班，如果客观题考试未过，全额退费。

主观题终极通关班

专题突破班+应试集训班+冲刺班（非保过）

授课时间： 7月1日—10月10日

授课资料： 内部资料《专题突破内部讲义》一套（7本）、《命题人内部AB卷》、《终极主观题》一套（2本）。赠送《命题人30题》和《主观题十年真题精讲》。

咨询电话：400-839-3366

报名通道：扫描下方二维码